山西师范大学"全域旅游背景下旅游规划创新研究"资助项目

# 旅游规划编制体系创新研究

张世满　王月芳　尚　莹　等

山西出版传媒集团

山西人民出版社

图书在版编目（CIP）数据

旅游规划编制体系创新研究 / 张世满等著. —— 太原：山西人民出版社，2018.12
ISBN 978-7-203-10502-2

Ⅰ. ①旅… Ⅱ. ①张… Ⅲ. ①旅游规划—编制—研究—中国 Ⅳ. ①F592.1

中国版本图书馆 CIP 数据核字（2018）第 189256 号

**旅游规划编制体系创新研究**

| | |
|---|---|
| 著　　者： | 张世满　王月芳　尚　莹　等 |
| 责任编辑： | 员荣亮 |
| 复　　审： | 刘小玲 |
| 终　　审： | 秦继华 |
| 装帧设计： | 立　方 |

| | |
|---|---|
| 出 版 者： | 山西出版传媒集团·山西人民出版社 |
| 地　　址： | 太原市建设南路 21 号 |
| 邮　　编： | 030012 |
| 发行营销： | 0351 - 4922220　4955996　4956039　4922127（传真） |
| 天猫官网： | http://sxrmcbs.tmall.com　　电　话：0351 - 4922159 |
| E —mail： | sxskcb@163.com 发行部 |
| | sxskcb@126.com 总编室 |
| 网　　址： | www.sxskcb.com |

| | |
|---|---|
| 经 销 者： | 山西出版传媒集团·山西人民出版社 |
| 承 印 厂： | 山西立方印业有限公司 |

| | |
|---|---|
| 开　　本： | 787mm×1092mm　1/16 |
| 印　　张： | 18.5 |
| 字　　数： | 300 千字 |
| 印　　数： | 1—1000 册 |
| 版　　次： | 2018 年 12 月　第 1 版 |
| 印　　次： | 2018 年 12 月　第 1 次印刷 |
| 书　　号： | ISBN 978-7-203-10502-2 |
| 定　　价： | 88.00 元 |

# 作者简介

**张世满** 男，1959 年生，山西山阴人，毕业于山西大学历史系，获历史学博士学位，曾在波兰华沙大学、日本立教大学留学。现任山西大学历史文化学院（旅游学院）教授、博士生导师，山西师范大学互联网+与旅游产业升级协同创新中心特聘教授，是教育部硕士、博士学位论文通讯评审专家库成员，山西省政府特聘旅游发展咨询专家。

从 1993 年开始，主要从事旅游学教学与研究，教授过 8 门本科生、研究生课程，指导毕业各类研究生 50 多位。先后在《经济地理》《经济问题》《城市发展研究》《旅游学刊》《中国旅游报》等刊物、报纸发表旅游学术论文 20 多篇。主撰、参撰或主编《山西导游》《走遍山西》《旅游与中外民俗》《碛口旅游发展》《2013—2018 年山西旅游业发展分析与展望》（按年度已连续出版 5 本）等著作近 10 部。主持完成多个国家级、省级科研项目，主持编制近 20 个各类旅游规划，参与或主持 300 多个不同类型旅游规划评审与论证。两次获得山西省社科优秀成果二等奖，一次山西省社科优秀成果三等奖，一次山西省高校社科优秀成果二等奖。目前正主持编写《山西省志·旅游志 1998—2017》。

# 序 言

这本书是我的 5 位研究生的硕士论文修改后的汇编，在本书与读者见面之际，有三方面的事情需要加以说明，权作本书序言。

## 一、关于研究生培养

山西大学旅游管理专业创办于 1993 年，经过 10 年的发展，2003 年获得硕士学位授予权，2004 年开始招收第一批旅游管理硕士生，至 2018 年秋已经连续招生 15 届。我是这一过程最完整的亲历者，也是我们学院在岗教师中资历最深的硕士生导师了，主要给学生讲授两门课，一是《旅游学研究的理论与方法》，二是《旅游管理专题研究》（侧重旅游规划）。在这 15 年里，旅游管理专业培养了四种类型的研究生，一是学术型研究生，二是在职教师硕士学位班，三是 MBA（工商管理硕士）旅游管理方向，四是 MTA（旅游管理专业硕士）。这四类研究生我都带过，学术型研究生一共带了 14 位，在职教师硕士指导了 14 位，MBA 旅游管理方向指导了 15 位，MTA 指导了 2 位，累计培养硕士生 45 位。

四种类型的研究生培养方式与要求是不尽相同的。学术型研究生培养时间为 3 年，全日制学习，相对而言最为规范，学位含金量最高，是研究生培养的主战场；在职教师学位班是为了解决中职、高职院校教师硕士学位而开设的阶段性（2010—2014 年招收 4 届）学位班，利用假期上课学习，在职不脱产完成学位论文；MBA 教育是由山西大学经济管理学院主办，有部分学员有志于旅游管理方向，MBA 中心聘请我来做导师，主要指导他们的学位论文撰写；MTA学员跟随学术型研究生一起上课，只是学制短些（2年），论文侧重于实践。我所指导的各类研究生，除了个别因特殊原因没能完成学业，都顺利毕业拿到了硕士学位，现在大都是各自工作单位的骨干力量。

不用避讳，在上述四种研究生培养上，花精力最多、要求最严的还是这14位学术型研究生，他们的论文质量是最好的。这倒不是厚此薄彼，而是客观差异使然。本书所汇集的5篇论文都是由学术型研究生所完成。

## 二、我的旅游规划实践与思考

在指导研究生之前，我从事旅游教学与研究已经十多年了。从1993年学院招收首批旅游管理专业学生开始，我就从历史专业转过来做旅游教学与研究。先后为本科生教过旅游学概论、中国旅游地理、客源国概况、世界三大宗教概况、毕业论文指导等课程，同时做一些旅游研究，参与或主编了《山西导游》《走遍山西》《旅游与中外民俗》等著作。

大约从2000年前后开始介入旅游规划的编制与评审。最早参加的是北京大学王恩涌教授主持编制的《皇城相府旅游总体规划》评审，随后不久与山西大学美术学院霍耀中教授共同主持了皇城相府南书院开发项目，即《皇城相府旅游深度开发策划方案》（2003年）和《皇城相府中国字典博物馆设计布展》（2004年）。之后，我们又共同主持编制了介休崇宁堡旅游开发规划，即《王家大院旅游景区三期开发详细规划》（2004年）、《碛口旅游发展总体规划》（2005年）、《永和县旅游发展规划》（2006年）、《离石市安国寺景区旅游总体规划》（2007年）、《太谷任村乡农业生态旅游区总体规划》（2007年）、《应县山阴代县跨区域旅游规划》（2008年）、《右玉县旅游发展规划》（2009年）、《夏县泗交风景区旅游总体规划》（2009年）、《历山保护区舜王坪游步道建设项目专项规划》（2010年）、《清徐县旅游发展规划》

（2010年）、《文水则天庙景区旅游规划》（2011年）、新疆《农六师五家渠市旅游发展总体规划》（2011年）、宁武《芦芽山国家级自然保护区生态旅游总体规划》（2012年）、《万荣孤峰山景区旅游发展方向及项目策划》（2012年）、《朔城区旅游发展规划》（2013年）等近20个各类旅游规划的编制。最近几年，参与了《山西省十三五旅游发展规划纲要》编制，主持编制了《介休虹霁寺景区旅游总体规划》（2015年）、《朔州十三五旅游发展规划纲要》（2016年）以及《朔州长城文化旅游专项规划》（2017年）等。

21世纪以来，山西省旅游规划进入繁忙期与繁荣期，全省各地每年要编制大量不同类型的规划，这些规划都要由政府主管部门组织进行评审。本人有幸成为评审专家队伍的一员，所以在最近十几年里，每年都要受邀参加数十个各级、各类型旅游规划的评审或中期研讨。这些规划涉及省、市、县域旅游发展规划、跨区域旅游发展规划、旅游景区开发总体规划、详细规划以及乡村旅游规划等不同类型，规划编制单位来自全国十几个省市，涵盖北京、上海、广州、深圳、西安、南京、苏州、杭州、宁波、武汉、成都、天津、石家庄、郑州、太原等地，大小规划公司应有尽有，实力与水平参差不齐。评审与研讨规划的过程也是学习和开阔视野的过程，从中了解到旅游规划的新理念、新思路、新方法、新探索，对旅游规划的认识因此而不断升华。毋庸讳言，这些规划鱼龙混杂、差异很大，其中不乏上等优质的规划成果，同时也有不少粗制滥造、不敢恭维的劣质规划，从而发现了规划编制中存在的种种问题与弊端，结合自己主持的项目，开始思考如何改善与提升旅游规划编制水平的问题。

结合碛口古镇规划的实践，率先在《城市发展研究》发表了《历史文化名镇保护、建设、旅游规划"三位一体"编制模式的探讨》（2007年第4

期），讨论了由同一家规划公司完成三种规划的可能性、好处及技术要求；之后陆续在《中国旅游报》发表了《旅游规划应该处理好的八种关系》（2011/8/12）、《旅游规划应着力的八个要点》（2012/7/13）、《旅游规划创新八则》（2013/5/10）、《中小型景区规划应"三规合一"》（2015/6/17）4篇系列文章，从不同的角度总结、讨论提升旅游规划编制水平的方法与路径，并探索提升景区规划效率的问题，提出并论证了中小型景区多规融合的问题。此外，还系统梳理了改革开放30多年来山西旅游规划的发展轨迹与阶段性特点，完成专题文章《山西旅游规划研究》（2012年）。

上述旅游规划的实践与探索为本书的构想与出版奠定了基础。

**三、本书成稿始末**

本书缘起应该追溯到2011年。培养研究生最重要的一环是论文选题，题目是否得当关乎研究生培养的成败。旅游管理是一门实践性较强的学科，选题不宜偏向理论，而应该在理论指引下面向实践发现课题。在这种理念的引导下，我的前面几届研究生硕士论文多选重要景区展开研究，学生们先后写过平遥古城、介休绵山、太原晋祠、阳城皇城相府、陵川王莽岭、大同古城等山西著名景区，主要是围绕开发与经营管理，以问题导向的思路进行调研，并给出问题的解决方案，具有一定的现实参考价值，都顺利通过论文答辩。

从2010年开始，随着本人旅游规划经验的积累以及对规划中存在的问题的思考，开始有意识地引导研究生围绕旅游规划来选题。写规划类论文必须有相关的实践经历作基础，所以，从2010级研究生开始，每届学生我都让她们在山大文景旅游规划公司实习一年，一方面接触不同类型的规划成果，学习规划理论与方法；另一方面，承担具体的规划任务，甚至做规划项目负责人，在实践中发现问题、讨论问题、寻找对策，通过解决问题来提升研究能力。从2010级的王月芳开始，2011级的尚莹，2013级的于晓燕，2014级的康小青，2015级的卢珊珊都经历了这样的过程。实习过程就是历练的过程，有任务、有苦恼、有挑战、有压力，但更多的是收获与提高。在此基础上选定硕士论文，写起来就比较顺利。

上述5位硕士生的论文选题都是在自己亲自实践基础上，在我的引导下选定的。某种意义上说，这5篇文章是我们师生一起尝试着对旅游规划编制体系与方法创新的系列探索。

到2010年，山西省各市旅游发展规划新一轮编制基本结束，这些规划无一例外我都参加了评审或研讨，在接触这些规划的过程中，我意识到一些重要的问题，介于省县之间的市域旅游发展规划究竟应当怎么做？其特殊性、必要性和重要性在哪里？怎样处理与上面的省级规划、下面的县级规划的关系，科学把握宏观与微观的"度"，做到上下有机衔接，起到承上启下的作用？应当重点解决什么问题？这些问题如果弄不明白，做出来的规划就可能是盲目的和没有价值的，或者僭越权限，做了应该由省级或县级规划来做的事情，或者流于形式，为了规划而规划，可有可无，起不到实际作用。针对这些问题，2010级王月芳同学的论文题目选定为：《市域旅游发展规划研究——以山西省地级市为例》。经过一年半的努力，顺利完成了这篇论文（参见本书第一单元，这是在出版前经过修改的版本），比较系统全面研究市域旅游发展规划的编制问题，这在国内尚属首次，其开创价值明显。

2011级尚莹同学的论文是针对跨区域旅游资源的开发和经营管理来写的。这一选题可以追溯到2008年我和霍耀中教授一同主持的山西省旅游局委托的《应县山阴代县跨区域旅游规划》，这是山西省第一个跨市域旅游规划，由此引出跨区域旅游资源区的开发问题。除了跨国旅游资源外，一个国家内既有跨省域资源，比如长江、黄河、长城、大型山脉等，也有不少跨市域自然旅游资源，更有许多跨县域旅游资源，对于这样的资源规划与开发，就不同于那些隶属于同一个行政区的资源。这样的资源区规划由谁来主导编制？编制过程中有哪些特殊问题需要解决？开发及经营的主体应该是谁？相关行政区域怎样协调、合作？利益相关者的职责与权益怎样体现与落实？这些问题都需要专门研究。基于这些问题与思考，尚莹同学撰写了论文《跨行政区旅游资源规划与开发研究》。应该说，这也是第一篇结合案例比较全面系统地探讨跨区域旅游资源开发的文章，具有创新价值(参见第二单元，这是出版前修改后的文章)。

《旅游规划通则》自 2003 年颁布实施以来，对于指导和规范各类旅游规划的编制起到了很好的作用。但是，其中存在的与实践脱节的问题也逐渐显现。比如，就旅游区(景区)而言，《通则》要求应编制总体规划、控制性详细规划、修建性详细规划，同时也指出"小型旅游区可直接编制控制性详细规划"。这样一来，小型景区在规划编制上就面临两种选择，一是总体规划与详细规划都编制，一是只编制控制性详细规划。但两种选择都不是最佳。一个小景区既要编制总规又要编制两种详规，既费时费力，又可能出现规划之间衔接不当难以实施等问题；如果仅编制控规，既没有总规的指导，又没有后续修规落实，同样会遇到很多问题。正是基于这一困惑，立足于规划的适用性与经济性，我在中国旅游报上发表了《中小型景区规划应"三规合一"》一文，即主张将总规、控规、修规三者融合，编制一个综合性规划解决问题。2013 级于晓燕同学的论文《中小型景区三规合一旅游规划编制体系研究》，就是围绕这一问题所做的系统梳理与全面论述（参见第三单元，这是出版前修改后的文章），其理论与实践意义显而易见。

最近一些年，在中国旅游大发展的过程中，乡村旅游遍地开花，成为一大旅游热点，乡村旅游规划的编制自然受到越来越多的关注。作为最基层一级行政单位，我们发现，发展旅游的乡村除了要编制旅游规划外，还要编制"乡村经济发展规划""乡村建设规划""村庄整治规划""土地利用规划"等，如果是古村落还需编制"传统村落保护与发展规划"。不同类型的规划分别由不同的主管部门主导，编制单位不可能是一家。由于它们相互之间沟通协调不足，多从部门要求出发进行规划，这样不可避免地会造成规划内容重叠、不一致，甚至相互矛盾的现象，而且成本高、效率低、难以落地。从这样的现实出发，2014级康小青同学撰写了《基于多规融合的旅游型乡村综合性规划研究》（参见第四单元），试图在多规融合理念下，打破部门壁垒，通过以一种规划为主导（或旅游规划或保护规划）、兼容相关规划重要内容，为旅游型乡村编制一个综合性较强的规划解决上述问题。这种探索的必要性及理论与现实价值毋庸置疑。

乡村旅游规划的困惑还不止多规并存且矛盾，就从狭义的乡村旅游规划而言，仍存在规划依据缺失、编制体系混乱等问题。国家旅游局 2003 版《旅游规划通则》将旅游规划分为旅游发展规划与旅游区规划两大类，各级行政单位应编制旅游发展规划，开发旅游的区域（景区）应编制旅游区规划（包括总体规划和详细规划）。乡村既是一级行政单位，又是发展旅游的一个不大的区域（类似景区）。那么，乡村的旅游规划究竟应该按照发展规划还是旅游区规划的要求来编制，《通则》并没有给出明确的答案。这样就导致乡村旅游规划编制体系的混乱，有的编制乡村旅游发展规划，有的按照旅游区要求既编制总规又编制详规，成果五花八门，难以从体系上统一。这种局面应该说是不正常的，也反映出乡村旅游规划的不成熟。基于上述背景，2015 级卢珊珊同学仍然选择乡村旅游规划作为研究对象，完成了《基于规划整合的"新型"乡村旅游规划编制体系研究》一文（参见第五单元）。不同于康小青同学所探索的不同类型乡村规划的融合，卢珊珊同学重点研究旅游发展规划、旅游区总体规划、控制性详细规划、修建性详细规划的整合，从而以一种新的旅游规划类型，即新型乡村旅游规划，来解决乡村旅游规划编制依据不明确所造成的困惑与混乱，并简化乡村旅游规划，同时完善《旅游规划通则》对规划类型的划分。这一构想与探索无疑具有理论与现实意义。

历时 6 年，当上述 5 篇硕士论文完成之后，一部旅游规划编制体系创新研究的书稿也就水到渠成了。这 5 篇硕士论文既相对独立，又存在关联，特别是后面 3 篇联系更紧密，分别从不同的维度研究旅游规划所面临的不同的现实问题。

在我将要退休、结束硕士研究生培养之前，将其汇集起来，并进行必要的修改，以文集的形式加以出版，了却了我持续将近十年的心愿，也算我们师徒 6 人共同献给旅游规划界的一份礼物。书中有我们面对困惑的思考和探索，也有企图打破常规的创新尝试，5 篇论文由于都是探索性研究，难免不够成熟，可能存在这样那样的问题甚至舛错，还望读者批评指正，共同为中国旅游规划的健康发展尽力。

张世满

2018 年 6 月于山西大学

# 目 录

序 言

**第一单元　全域旅游背景下市域旅游规划研究——以山西省地级市为例**

王月芳　张世满

## 第二单元 跨行政区旅游资源规划与开发研究

尚　莹　张世满

第三单元 中小型景区"三规合一"旅游规划编制体系研究

于晓燕 张世满

## 第四单元　基于多规融合的"旅游型乡村"综合性规划研究

康小青　张世满

**第五单元 基于规划整合的"新型"乡村旅游规划编制体系研究**

卢珊珊 张世满

# 第一单元

## 全域旅游背景下市域旅游规划研究——以山西省地级市为例

王月芳 张世满

**摘 要：**从 2015 年初步提出到 2018 年扎实推进，经过多年的探索和实践，全域旅游正在从理念转变成实践并在实践的基础上不断丰富和发展。围绕新时期旅游业发展战略定位，用全域旅游思维引领新时期旅游规划发展工作，充分发挥旅游规划在旅游业发展中的基础性、战略性作用。全域旅游发展时代已经来临，在推动旅游业快速发展的过程中，搞好旅游规划是重要的战略步骤之一。只有制定并落实科学合理的市域旅游规划，用全域旅游的理念规划提升旅游发展规划，才能为地级市指明旅游产业发展的正确路径，从而推动市域旅游健康发展。但目前来看，国内编制的市域旅游规划实践成果很多，但对市域旅游规划的学术研究成果却相对较少。

在这样的背景下，本文首次将市域旅游规划从区域旅游规划中专门提出，初步梳理了有关市域旅游规划研究成果，厘清了市域旅游规划地位，总结了市域旅游规划特点，并明确了市域旅游规划与国土规划、省域旅游规划、县域旅游规划以及其他规划的关系。同时，本文以山西省七个地级市旅游发展规划为例，从编制实践的角度出发，重点探讨了市域旅游规划的主要编制内容，即旅游规划基础研究、核心内容研究（旅游产业发展目标设定与战略选择、市域旅游形象定位与设计、市域旅游产业布局以及市域旅游产品优化）、客源市场分析与定位、近期行动计划，以期对新一轮市域旅游产业发展规划的编制实践提供有益借鉴。此外，本文还指出了已编制完成的市域旅游规划存在的一些普遍问题：旅游资源选择无主次、市场营销战略和途径基本雷同、旅游要素空间布局不合理、缺少近期行动计划等等。针对规划中存在的这些问题，本文给出了相应的意见和建议。

**关键词：** 市域旅游规划；空间布局；旅游要素

# 第一章　引　言

## 1.1 研究背景

2016 年 1 月 29 日,在全国旅游工作会上,时任国家旅游局局长的李金早指出,推进全域旅游是我国新阶段旅游发展战略的再定位,是一场具有深远意义的变革。进入新的发展时期,贯彻落实中共中央"创新、协调、绿色、开放、共享"五大发展理念,必须改变过去传统的旅游发展思路、战略和模式,推动我国旅游从"景点旅游"向"全域旅游"的转变。2017 年政府工作报告中,创建全域旅游示范区这项工作被明确提出,可见已经得到了国务院的高度认可。从省级层面看,2017 年 9 月国务院下发了《关于支持山西省进一步深化改革促进资源型经济转型发展的意见》(国发【2017】42 号),文件提出要积极推进山西省全域旅游示范区建设。山西作为国家转型综改试验区,面对煤炭等传统优势产业的大幅下滑,提出把文化旅游作为产业结构调整的重要突破口,省、市、县三级规划协调、资源互动、工作联动,扎实打造全域旅游,推动旅游业跨越式发展。

编制旅游规划是知识经济时代在旅游业的体现,也是克服开发盲目性的重要手段。20 世纪 90 年代以来全国各地已普遍掀起了编制旅游规划的热潮,市域旅游规划也于实践中产生,并在编制内容与过程上呈现多样化的发展态势。但是,到目前为止市域旅游规划仍处于理论研究和实践探索的双重发展之中,尚未形成完整而且成熟的编制理论思想和编制体系。

文章以全域旅游为背景,在总结已有研究的基础上,将市域旅游规划从区域旅游规划这一大概念中专门提出来尝试着加以探讨。总体来看,市域旅游规划是宏观的和战略性的,在某种程度上讲,它比较抽象,较难归纳总结。再加上它介于省与县两级规划之间,规划者对规划大小尺度"松与紧"的把握难度较大,致使市域旅游规划参差不齐、良莠并存,从而直接影响实施阶段规划的可行性和实用性。因此,从实践意义上讲,针对市域旅游规划,提出适当的编制要求和合理的编制原则是有必要的，为现阶段全域旅游视角下的市域旅游规划编制提出对策建议，也是各类旅游规划逐步科学化、规范化的必然发展趋势。

## 1.2 研究内容

本文在广泛吸取有关区域旅游规划研究成果，着重总结山西省其中的七个地级市市域旅游规划编制内容的基础上，对市域旅游规划的必要性、功能定位、战略使命、编制程序、技术方法和重点编制内容以及在规划工作中遇到的一系列重要问题，进行全面、系统、扼要的论述。不仅对市域旅游规划的实践工作有现实借鉴意义，而且对逐步建立和完善市域旅游规划理论体系有所裨益。

## 1.3 研究方法与框架

### 1.3.1 研究方法

#### 1.3.1.1 文献研究法

文献研究是社会科学研究的基础，它是人们获取相关知识的重要媒介。笔者利用中国知网等网络资源收集大量与论文相关的期刊文献，积极汲取其精髓，并加以活化应用。同时，考虑选题的实践意义较强，笔者利用工作之便，在导师的帮助下，积极联络规划公司及旅游行政部门，收集与论文相关的规划说明书、文本及图件等资料，为进一步分析研究奠定基础。

#### 1.3.1.2 案例分析与研究法

案例分析法是指把实际工作中出现的问题作为案例进行系统分析研究。笔者在理论阐述的基础上，重点选取山西省七个典型的市域旅游规划（朔州市、太原市、吕梁市、运城市、晋中市、长治市和大同市），分析研究旅游规划现阶段存在的问题，从而得出一般性结论并试图指出解决问题的途径和方法。

#### 1.3.1.3 归纳演绎法

归纳论证是由个别到一般的论证方法；演绎论证则是从一般性命题推导出个别性的分析方法。文章的观点是在归纳大量旅游规划的基础上提出来的，而不是凭空想象，是立足于规划实践和理论依据的。笔者运用归纳法对各市旅游规划进行总结，形成对市域旅游规划更全面、深入的认识，指出其共有问题。同时，又运用演绎法，剖析问题出现的内在原因，提出完善改进规划的对策方法。

### 1.3.1.4 系统分析法

系统分析法主张将事物作为相互联系、相互作用的要素集合而加以系统研究，强调系统各部分的关联和整体作用，长于全局性把握。市域旅游规划的研究对象是市域旅游系统，市域旅游系统下又有很多子系统做支撑，因而，系统分析法理应作为本研究的主要研究方法之一。

### 1.3.2 研究框架

本文的研究框架如下图所示：

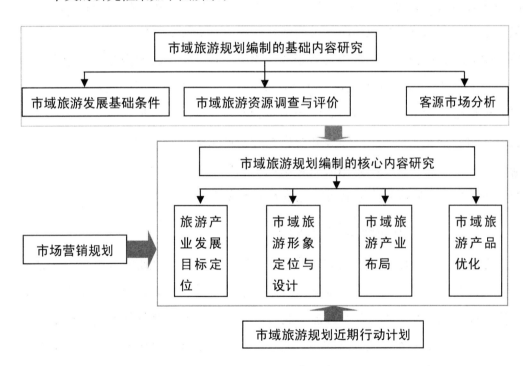

图 1.1 论文研究框架

## 1.4 全域旅游研究文献综述

### 1.4.1 概念分析

"全域旅游"是一个较新的热门概念，李金早 2016 年初在《全域旅游大有可为》中提出"全域旅游"。针对该概念，厉新建提出了"八全"和"四新"的理解，构建了全域旅游的基本框架，同时提出全域旅游的发展要重视当地居民的潜在效应。蒙欣欣也提出"四全"和"三化"的阐述。本文认为全域旅游就是指，各行业积极融入其中，各部门齐抓共管，居民共同参与，充分利用目的地全部的吸引物要素，为前来旅游的游客提供全过程、全时空的体验产品，从而全面地满足游客的全方位体验需求。这些概念大多强调全域旅游的"全"，突出了全域旅游本身广泛的涵盖范围及重大影响力，以及它所引起的全域旅游时代的旅游导向。

### 1.4.2 文献研究及评述

通过网络检索，笔者输入"全域旅游"及与其含义相关的中文关键词，对中国学术期刊全文数据库 CNKI 进行全面检索，然后找到其相关文献进行阅读筛选，最后通过搜索浏览与全域旅游相关的专业研究专著和知名网站，共选取了与全域旅游相关的文章若干篇，其中大多刊载在旅游学刊、中国旅游报等旅游相关报刊上。通过对 70 多篇文献的阅读，对全域旅游这一目前十分热门的旅游话题的文献研究现状做了归纳整理：全域旅游作为旅游产业发展的下一个阶段，将有很大的发展空间和发展前景，虽然学界和业界都对全域旅游有着高度关注，发展迅速，前景看好，但是因为全域旅游的概念从提出到现在时间还尚短，真正投入思考研究的还较少，且国内对全域旅游的理论研究大多不够科学全面。

### 1.4.3 发展全域旅游的意义和影响

专门针对全域旅游的意义和影响的这一特定方面的文献研究并不多。李金早从多个方面和角度提出了关于发展全域旅游的必要性以及如何快速发展全域旅游的措施和途径。石培华认为全域旅游将成为带领旅游业蓬勃发展的整体战略，他从战略层次上提出了全域旅游的几方面意义。黄细嘉认为全域旅游的实践将逐步推进文明旅游的进程。吴必虎认为五大发展理念是全域旅游的引领性指针，全域旅游是贯彻五大发展理念的综合载体，全域旅游和五大发展理念之间存在密切的引领和承载关系。全域旅游相对于现在的传统旅游业的改变是巨大的，如果真正从理论落实到实践，对旅游业的冲击是巨大的，中国旅游景象将会有翻天覆地的变化。

## 1.5 市域旅游规划的文献研究

### 1.5.1 研究现状

20 世纪 90 年代至今,市域旅游规划的大量实践成果推动着这一时期的理论研究进展。总体上看,市域旅游规划的研究处于初级阶段,目前,尚未出现市域旅游规划理论体系研究的专门著作。尽管有部分期刊论文对市域旅游规划予以关注,但论述视角大多基于个别地市规划案例。研究者从产品品位提升、后期调整完善、增长极理论运用、旅游地理区划及 WSR 系统方法论应用等角度初步探析了市域旅游规划的编制。如范家驹等(1996)强调地方特色文化内涵在旅游产品开发中的重要性,提出挖掘深层次文化内涵以提升浙江舟山市旅游产品文化品位;黄恩厚(2001)撰文讨论了南宁市旅游发展规划后期调整与完善过程中必须注意的十一个问题。周骏一等(2007)尝试引入增长极理论,构建旅游主、次级点轴系统和整体网络系统,指导四川省乐山市旅游空间布局。李先锋(2009)以《江西省南昌市旅游总体规划》为例,简要探析了旅游地理区划与区域合作等问题。张述林等(2009)将新兴的 WSR 系统方法论(物—事—人系统理论)引入到跨县域旅游系统,构建 WSR 三维分析模型,为编制跨县域旅游规划注入新活力,提供新思路。另外,许壮茂(2006)、王庆生(2007)也对广东潮州市、陕西延安市旅游规划发表了看法。戴军等(2011)在分析四川省遂宁市旅游资源特征、发展现状和存在问题的基础上,强调市域层面资源整合的重要性,并提出相应的整合策略。

从市域旅游规划实践与文献研究比较分析,不难发现,全国有条件的地级市基本都做了市域旅游规划,而对市域旅游规划的主要编制内容、战略使命等理论探讨的文献却少之又少,这并不符合"理论先于实践并指导实践"的发展规律。总之,目前,市域旅游规划存在着实践与理论研究的严重不平衡问题,即:偏重规划编制而轻视理论与方法研究。

### 1.5.2 问题的提出

在规划实践和理论探讨的基础之上,研究者对市域旅游规划展开探讨,分析了规划实践中存在的主要问题和不足,以推动旅游规划学术研究的发展。裴沛(2005)指出,学术上"国内尚无成熟的规范,旅游规划编制的总体指导思想、内容程序、方法等都缺乏深入研究。"[1]冯维波（2001）亦认识到"目前我国还未建立起系统旅游规划的理论体系，对各层次旅游规划编制内容的详尽程度与衔接、技术路线、编制方法等没有进行系统研究，也没有统一的技术操作规范，在一定程度上影响着规划的科学性和有效性。在一些地市规划中，受编制者主观因素和委托方影响，旅游规划往往质量不高、效果差。"[2]安瑞生（2005）在总结编制完成的山西省区域旅游规划的基础上，亦指出"市域旅游规划编制的实用度、客观程度和与实际结合程度的高低都未经过严密论证"。面对市域旅游规划编制规范性差、理论体系不完善、技术方法缺乏和可行性低等问题，叶新才等（2008）提倡建立适合市域范围的旅游规划理论与方法体系。

市域旅游规划介于省级和县级规划间，规划编制要正确处理与上下层次规划的衔接，确保规划的延续与稳定。王磐岩等（2004）提出，规划编制不应只是就事论事，不能只收集规划区的资料，更要注意其在高一层次区域中的宏观定位。那么，这就存在省、市、县旅游规划（尤其是地市级与县级）何者为先，谁要参考谁的问题。吴殿廷等在论述该问题时，认为两种方式各有不足，可形象比喻之：一种是空中楼阁型，即先做高层次规划，后做低层次规划，不足之处是这样的建筑地基不牢靠；第二种是一叶障目型，即先做低层次规划，后做高层次规划，不足之处是只知其一不知其二，不能有效进行资源整合，容易造成地区间盲目开发的局面。作者用"旅游规划无从做起"来表示对规划实践活动中"何者为先"的无奈。

从市域旅游规划的编制内容上看，市级与县级旅游规划在指导思想、发展战略、目标定位、形象策划、空间布局和保障措施等侧重点、内容和深度各有不同，在具体编制实践中也有轻重之分。唐继刚（2008）针对规范旅游发展规划内容问题，提出建议：根据不同行政级别，制定并强制推行不同的规划内容纲要。进一步看，叶新才等（2008）认为，市县级旅游发展规划不应仅涉及国家标准要求的十点基本内容，更要根据实际情况设立若干专题研究板块，其中，旅游用地专项

[1] 裴沛：《旅游规划研究发展趋势》，《产业经济》2005年第10期。
[2] 冯维波：《对我国旅游开发规划中若干问题的研究》，《重庆建筑大学学报（社科版）》2001年第3期。

规划的设立就极具实际意义。

通过阅读和分析文献，学者们主要从下面三个方面展开探讨，一是学术界对市域旅游规划自身理论和方法体系的构建呼声很高，实践活动也相应地推动着这方面研究成果的产生；二是如何正确看待和处理纵向层次旅游规划间的关系，专家学者大都赞同根据实际情况，辩证统一看待问题。三是关于市域旅游规划的编制内容的探讨，各级规划编制要有所侧重，内容方法应有所不同。

### 1.5.3 建议与对策

鉴于目前市域旅游规划存在的问题，部分学者结合实践活动，对市域旅游规划理论与方法体系的构建献计献策，提出了自己的看法与意见。冯维波（2001）提倡运用归纳演绎法，对地市旅游规划进行总结，形成具有普遍指导作用的理论。安瑞生（2005）强调在市域旅游规划中，要打破区域界限，加强线路组织和产品整合规划。在纵向规划衔接问题上，王磐岩（2004）指出，地区旅游业发展规划的制定，既要分析域内条件，又要了解域外环境。吴殿廷等（2006）针对"不同层次规划何者为先"的问题，提醒规划者和经营管理者，应"统筹考虑，上下结合，反馈调整，而不简单地自下而上或自上而下，使旅游规划既有战略性、前瞻性、系统综合性，又有较强的可操作性"。[①]在市域旅游规划编制内容上，作为省与县中间的一个行政区域，地市在旅游规划上更应发挥区域资源整合、统筹协作、引导发展等功能。戴军（2011）等在分析遂宁市旅游规划的基础上，提出旅游开发与规划的"四步策略"：一是管理和监督机构的建设；二是市县旅游形象策划与旅游功能的协调整合；三是优势资源板块式开发；四是支撑体系的协同合作。

---

① 吴殿廷等：《旅游规划中的若干问题》，《旅游科学》2006年第4期。

# 第二章　市域旅游规划概述

## 2.1 市域旅游规划编制实践

国内市域旅游规划研究成果大多建立在规划实践的基础上，从规划的编制内容、修编问题、理论应用和技术方法等视角做了初步研究。市域规划实践的发展对旅游规划研究提出了更高的要求，这有利于市域旅游规划理论体系的逐步完善。20世纪80年代，陈传康教授主持编制了《广东汕头市旅游开发总体规划》。1997年，郭来喜等编制完成了《北海市旅游业发展与布局总体规划（1997—2020）》。该规划采用当时诸多的先进技术，旅游资源普查全面，市场调查详细，是当时最系统的规划成果，为后来业界编制地方旅游发展规划提供了完整的参考样本。1992年至今，国内的规划研究机构和专家学者纷纷着手编制区域旅游规划，相应的市域旅游规划成果大量涌现。包括黑龙江哈尔滨市，河北石家庄市、邯郸市，海南三亚市、海口市，四川攀枝花市，新疆吐鲁番市，河南洛阳市，云南昆明等地市都相继编制了旅游发展规划。

就山西省旅游规划的发展脉络来看，山西省旅游直到1985年还是在没有规划指导的状态下起步发展的，旅游规划1985年末才进入人们的视野之中。我们这里以2000年为界，将山西省旅游发展规划大致分为两个阶段。第一个阶段是旅游规划起步阶段：1985—1999年，该阶段以事业性旅游发展规划为主。山西省市、县级旅游发展规划的制定工作直到90年代中期才开始全面进行。其中，1994—1996年是各市旅游发展规划编制的高峰时期，山西省十一个地级市为了与山西省"九五"旅游规划相配合，都相继出台了地级市旅游发展规划。第二个阶段为旅游规划全面发展阶段：2000年至今，该阶段以产业性规划为主。1998年4月，山西省旅游局启动了山西省旅游发展规划编制工作，1999年底基本完成了《山西旅游发展总体规划大纲（2000—2010）》，并于2000年通过评审。这个规划开启了山西旅游规划新纪元。在全省旅游发展规划大纲的引领示范下，进入21世纪全省11个市以及众多县（区、市）陆续完成了旅游业发展规划的编制，至此，山西省旅游规划进入大发展阶段。①

## 2.2 市域旅游规划的基本概念

随着旅游业的快速发展，旅游规划的重要性也愈加突显。理论上讲旅游业的发展需要在规划的指导下进行，但是，直到 1985 年中国的旅游业是在没有规划指导的状态下起步发展的。因此，在学术界旅游规划的概念体系长期以来众说纷纭，莫衷一是，更莫论规划体系中的市域旅游规划。总体而言，市域旅游规划的概念是随着旅游业及其规划的发展而产生并不断更新和完善的。

### 2.2.1 规划

规划在我们日常生活中使用范围广、频率高，其含义广泛，在不同的环境中有不尽相同的意义。根据最新《新世纪现代汉语词典》，规划是指"比较长远、全面的发展计划，包括方针、目标和步骤等"。

在管理学界，特别是对于一些规划师而言，规划就是编制规划方案，勾画出一定年限内希望实现的某些最终状态的详细图景，它所关注的就是提出一个未来的项目综合利用理想方案。

### 2.2.2 旅游规划

国内外的管理学家、规划理论与实践者基于不同学科背景和不同的着眼点，曾给旅游规划下过许多定义。但是，到目前为止，旅游规划在理论上，尚没有为各家所认可的明确定义。国家旅游局编制的《旅游规划通则》也没有为"旅游规划"定义。

基于各类定义的共性及规划实践，可以这样给旅游规划下定义：规划者在旅游地基本情况及旅游资源调查评价的基础上，以旅游市场的实际需求变化为依据，按照社会、经济和文化发展趋势要求和当地旅游业发展基础，以旅游产品设计为重点，对旅游地食、住、行、游、购、娱等消费要素及相关行业的有关开发、保护、管理等内容所进行的统筹部署和具体安排。

### 2.2.3 市域旅游规划

通过对中国知网期刊全文数据库的检索，分别以主题为检索项，对市域和旅

---

① 张世满：《山西旅游规划研究》，山西经济出版社，2012，第106—128页。

游规划进行二级检索，从 1998 年到 2018 年共有记录 83 条；而同样对县域旅游规划进行检索，得出的数据共有记录 236 条。从这个角度来看，能够反映出县域旅游规划研究成果量是市域旅游规划研究成果量的近三倍。通过学者对市域和县域两个不同层次旅游规划的关注和研究程度可知，市域旅游规划的学术研究还有待加强。从搜索出的文章内容看，对市域旅游规划的概念内涵，学者们大都采用区域旅游规划在地级市这一层次的具象化表述。而本文是从市域旅游规划实践的角度出发，参照《旅游规划通则》关于市域旅游规划的基本要求，采用更贴近实践意义的概念内涵。将市域旅游规划定义为：以地区社会经济发展战略为依据，与城市总体规划、土地利用规划相适应，与其他相关规划相协调，在市域范围内，从战略发展高度，综合考虑旅游资源和市场需求状况，制定市域旅游发展战略，安排空间布局，统筹部署各项旅游要素，以促进市域旅游业持续、健康、稳步发展。市域旅游发展规划更注重它的区域协同和宏观统筹功能。

## 2.3 市域旅游规划的特点

市域旅游规划与省域、县域旅游规划同属区域旅游规划范畴，具有全局性、综合性、地域性等诸多特点，但作为介于省级与县级之间的中等尺度规划，市域旅游发展规划具有其自身特点。

### 2.3.1 资源整合特性

一般而言，地级市区域范围广，旅游资源数量和种类多，特色各异。旅游开发初期，各县区旅游资源开发遇到各种问题。有些相邻的同类旅游资源被重复开发，缺乏个性；有些旅游资源等级优良，却尚未得到关注和发掘；有些旅游资源符合市场需求，发展潜力巨大，但规划发展方向定位错误。这时，需要一个更高层次的规划能从县区之上的高度进行区域资源整合。而市域旅游规划即是以地级市行政区域为规划范围，站在市域旅游发展的高度，暂且不考虑行政界限，将整个地级市看作一个区域整体，调查并梳理资源，面对多且散的资源点，从中挑选并确定重点旅游资源，进行区域旅游资源整合。此外，个别地级市还需要针对跨区域旅游产品整体进行协调整合。市域规划的资源整合有利于挖掘各区县旅游资源特色和差异性地域文化，实现市域旅游资源的优势互补，推动市域旅游产业可持续发展。

### 2.3.2 行政协调特性

由于市域内各旅游资源点隶属不同行政区县，极易出现景区景点各自为政的现象，造成县与县之间旅游信息与服务设施衔接不畅。因而，应在规划中将协调性、统筹部署作为一个重要的组织实践内容。根据县域实际情况，落实规划措施，建立合理的、有力的行政统筹机构与联系、运作机制，调整交通、文物、旅游、林业、水利等行政管理机构间的关系，统筹部署，协调好各部门人员之间、行政运行各个环节之间的关系。

### 2.3.3 方向引导特性

由于各省省域面积辽阔且县区数量众多，省域旅游规划主要确定了该省及下辖地级市的旅游产业发展方向，并未细分定位到县区级别。因此，县域旅游产业的发展定位就需要它的上一层规划，即市域旅游规划做出方向引导定位，以便省域与县域旅游产业发展规划的上下衔接。市域旅游规划就是从中观层次这一视角，对各区县旅游发展进行旅游功能定位，确定旅游发展大方向，发挥方向引导功能作用。

### 2.3.4 协同功能特性

除了资源整合、行政协调和方向引导三大特性，市域旅游规划在支撑系统内还具有协同功能特性，主要表现为：市域旅游市场的整体营销、六大旅游要素合作与空间布局协同、市域旅游基础设施共享、旅游相关政策的制定与共同遵守实施。只有充分发挥市域协同功能，实现区域合作和资源共享，以期优势互补，才能最终发挥市域整体优势，实现旅游产业的可持续发展。

## 2.4 市域旅游规划与其他规划的关系

在社会主义市场经济条件下，同国民经济建设相关的规划种类繁多，各种规划纵横交错、相互联系。旅游产业规划作为市域规划体系的组成部分，与国民经济社会发展规划、国土规划、城市规划等具有密切联系。为了进一步探讨市域旅游规划的编制内容，在此，有必要具体说明市域规划同其他规划的区别与联系。

### 2.4.1 市域旅游规划同国民经济与社会发展规划的关系

市级国民经济社会发展规划属于国民经济长期计划，侧重于制定发展方向和宏观经济指标,各部门发展速度、数量以及部门间的结构比例。[①]而市域旅游产业规划则侧重于根据国民经济形势,制定旅游产业目标体系以及对要素做出合理安排。这两项规划互为依据,相互促进。国民经济社会发展规划是市域旅游产业发展规划编制的重要参考文件,市域旅游规划中提出的旅游空间布局以及地区发展方向的确定,为国民经济社会发展规划的修编提供了重要依据。

### 2.4.2 市域旅游规划同国土规划的关系

根据国家计划委员会正式颁布的《国土规划编制办法》规定,国土规划的概念是:"根据国家社会经济发展的总的战略方向和目标以及规划区的自然、经济、社会、科技等条件,按规定程序制定的全国的或一定地区范围内的国土开发整治方案。"[②]市域旅游发展规划的涵义是"根据市域旅游业历史、现状和市场要素的变化所制定的目标体系,以及为实现目标体系在特定的发展条件下对旅游要素所做的安排。"[③]两者的涵义和基本任务都不相同,各有工作重点。前者重在国土开发整治,目标是促进地域经济综合发展,而后者从旅游产业发展角度出发,目的是优化旅游要素结构与空间布局。在旅游规划编制中,为了使市域规划中的具体产品得以落地实施,体现出较强操作性,通常市域旅游规划都会以国土规划为依据,关注土地利用情况,编写土地利用概念性规划。

### 2.4.3 市域旅游规划同省域旅游规划的关系

省域与市域旅游规划同属区域旅游规划范畴。省域旅游规划要兼顾全国和地级市两层旅游规划,起上下承启的功能,其重要作用不可替代。一般而言,一个省域旅游规划科学与否很大程度影响着下属地级市旅游产业发展方向制定的科学合理与否。与市域和县域旅游规划互补关系不同,省域旅游规划对地级市旅游规划的指导性功能更为显著,省域旅游规划某种意义上从宏观上确定了地级市大致的发展方向。因而,市域旅游规划编制前期需对上一级旅游规划认真解读,从宏观上把握地级市旅游产业的总体发展脉络。

---

① 中国城市规划设计研究院:《市域规划编制方法与理论》,中国建筑工业出版社,1992,第134页。
② 国家计委:《国土规划编制办法》(1987)。
③ 国家旅游局:《旅游规划通则》(GB/T18971—2003),2003。

### 2.4.4 市域旅游规划同县域旅游规划的关系

2003年发布的《旅游规划通则》明确规定，旅游发展规划的涵义是："根据旅游业历史、现状和市场要素的变化所制定的目标体系，以及为实现目标体系在特定的发展条件下对旅游发展要素所做的安排。"[1]据此，市域与县域旅游规划同属区域旅游规划范畴，其涵义基本上一致。只因规划对象不同，在地域范围、战略使命和编制重点等方面有所区别。一般意义上讲，县级旅游业发展规划均以市级旅游业发展规划为指导性依据，并结合实际情况进行编制。上下级规划必须紧密衔接，上一级规划是下级规划的依据，并指导下一级规划，下级规划是上级规划的基础和落实。[2]市、县级旅游发展规划应当相互衔接，相互协调，并遵循下级服从上级、局部服从全局的原则。

由于地区发展情况不同，市级与县级旅游规划编制顺序可根据实际情况有所调整。一般而言，地市应先编制市域旅游发展规划，这样，可以规定各县旅游发展方向，指导县域旅游规划的编制工作，而县域旅游规划即成为市域旅游产业规划落地深化的主要内容。当然，在个别地区，根据实际情况，也可以先编制县域旅游规划，后编制市域旅游规划。这样，县域旅游规划可以为编制市域旅游规划提供基础资料和地方建议，保证市域旅游规划切实可行。市域与县域旅游规划的编制顺序根据具体情况灵活掌握，但要做到两者之间相辅相成、相互补充，以保证旅游规划合理与一致。

### 2.4.5 市域旅游规划同各专业规划的关系

旅游规划是一种综合性极强的规划，涉及商业网点、农林水利、交通民航、基础设施、环境保护、历史文物、医疗卫生等规划。旅游空间布局和项目选址，可能和这些规划有冲突矛盾的地方。因此，市域旅游规划要同各部门反复协调，在资源（土地、资金、技术）约束情况下，综合平衡各专业规划同旅游规划的关系，确定旅游项目开发时序和规模，保证市域旅游规划的操作可行。

---

① 国家旅游局：《旅游规划通则》（GB/T18971—2003），2003。
② 国家旅游局：《旅游发展规划管理办法》（2000）。

# 第三章　市域旅游规划编制的基础研究

由于市域旅游规划所涉及区域范围较大，情况复杂，在进行市域旅游规划前期，有必要掌握并了解市域基本概况、旅游产业发展现状、旅游资源调查与评价以及客源市场概况等。这些内容虽然不属于市域旅游规划的核心编制内容，但它对于后期规划必不可少。

## 3.1 市域基本情况分析

规划前期，规划方必须采取实地调研与资料收集等方法把市域基本情况了解清楚。如果对市域基本情况都不了解就急于规划，则无异于无源之水、无根之木，既不能给后期规划提供基础资料，也无法保证规划成果的切实可行。对所规划的地级市了解越多，目标定位就可能越准确，后期规划的可行性就可能越强。一个规划做得好坏，不仅取决于规划者的知识储备与实践能力，也取决于规划者对地级市了解的程度。对于地级市区域基本情况的了解内容一般包括自然地理概况、人文历史概况和社会经济概况。

自然地理概况：一般而言，市域旅游规划所涉及的区域自然地理概况主要包括地质、地貌、气候、土壤、水文、生物资源等。这些信息不仅是规划者对规划区了解的基本内容，而且有助于规划方在分析资料或实地调研中发现新的旅游资源。在后期规划布局、生态环境保护、旅游资源考察和利用等诸多方面都需要利用前期资料的分析。

人文历史概况：相邻地级市在自然地理上的差异性有时表现不明显，而在人文历史上差异可能较大，主要包括区域历史沿革、民俗、建筑、文学、艺术等。

社会经济概况：地级市社会经济概况包括行政区划、经济基础、人口、国民经济发展状况等。

此外，需要说明的是，地级市基本情况的内容大部分可以从地方志、统计年鉴、政府工作报告等资料中收集整理而得来。

### 3.2 市域旅游产业发展概况

市域旅游产业发展概况是后期旅游产业规划的基础和依据。要了解地级市旅游产业发展概况，就应先回顾地级市旅游产业的发展历程，分析旅游产业的发展现状，并指出目前旅游产业发展存在的问题，最终，提出解决问题的对策以应对未来的发展挑战。市域旅游产业发展概况主要从以下三个方面着手。

第一，总结市域旅游产业发展的成就和经验。了解现状是发现和解决问题的前提。规划者要回顾地级市的旅游业发展历程，划分旅游产业发展阶段，了解地级市旅游业在各历史阶段的发展情况，对于好政策、好举措、好的营销战略与方式要概括总结，甚至可能还要继续运用和延续下去。晋中市就通过总结三十年旅游业发展的基本经验，提出"丰富旅游产品，打造旅游精品，创造旅游品牌，是晋中旅游业发展的支点"这样的发展思路，而且在做未来十年或二十年旅游发展规划时，可以考虑将这样的经验加以沿用。

第二，归纳目前地级市旅游发展存在的主要问题。事物的发展不是一帆风顺的，而是螺旋式上升的。不论哪个地级市在旅游发展的同时，有成就也必然有问题会暴露和显现。这时，就需要规划者能够更为理性和客观地总结旅游发展存在的主要问题。比如，有的地级市指导旅游产业发展的理念较为落后，有的产品结构过于单一，有的旅游要素配套不够完善，旅游产业链不够完整，有的市场营销投入力度和创新能力不够，还有的旅游体制与机制制约了当地的发展。这就需要规划者去发现存在的主要问题。

第三，针对主要问题提出对策，应对未来旅游发展挑战。发现问题是基础，解决问题才是关键。评判一个规划好与坏的一个标准就是规划对所发现问题解决得是否得当，是否切中要害。晋中市为了解决跨区域景区政出多门、疲于协调的问题，规划建议成立旅游发展委员会，主要对全市旅游产业通盘考虑和整体协调。这样就能有效打破行政区划和管理分割的限制，实现行政整合和统一管理。

### 3.3 市域旅游资源调查与评价

旅游资源调查与评价是编制市域旅游规划的基础工作之一。但是，市域旅游发展规划在这方面有其特殊要求。

### 3.3.1 旅游资源调查

旅游资源调查是开展资源评价等后期工作的前提与基础保障。所谓旅游资源调查是按照旅游资源分类标准，对旅游资源单体进行的研究和记录工作。市域旅游规划中旅游资源调查需着重说明调查对象的选定、调查类型的选择和技术方法的运用三个方面。

#### 3.3.1.1 选定调查对象

确定旅游资源调查对象是全面开展调查工作需解决的首要问题。市域旅游规划涉及地域范围广、资源种类数量多。这就会造成有些地级市，比如吕梁市，在市域旅游资源的选取上，将区域内几乎所有的资源点都表现在图件和文字上。再比如，运城市旅游发展规划编制组，将全市的 800 多个大小资源点全部标示在图件上，单单旅游资源现状图就做了三张。虽说这样做较为客观、不缺不漏、忠于实际，但却极易让人提出"规划没有轻重，资源选取不能突出重点"等质疑，也会在图件的视觉和可读性上给人造成困扰。因此，我们认为在编制市域旅游发展规划的过程中，在选定资源调查对象时，应从较高等级资源（三级以上）入手，切不可为了追求全面而将所有资源点都罗列在册。在此，我们以晋中市为案例，就旅游资源调查对象的选取方法做详细说明。根据《晋中市旅游发展总体规划》，规划组在调查分析数量庞大的单体资源的基础上，提出重在调查和分析区域内的"主要吸引物"，而这里的"主要吸引物"即是晋中市具有国际、国内和区域吸引力的主要旅游资源，根据其统计分析，晋中市主要吸引物有世界文化遗产 1 处，省级风景名胜区 2 处，全国重点文物保护单位 9 处，国家级森林公园 3 处，省级森林公园 3 处，省级自然保护区 5 处，国家 4A 级旅游景区 2 处，中国历史文化名城 2 座，首批国家级历史文化名镇和名村各 1 处。规划组对这 27 处主要吸引物详细调查分析，其他资源只做简要叙述。基本做到了有主有次，突出重点弱化一般，保证了资源点选择上的科学有效。因而，在调查区域内，市域旅游规划需选定以下旅游资源重点调查：①世界文化／自然遗产或自然文化双遗产；②国家/省级历史文化名城／镇/村；③国家／省级风景名胜区；④国家／省级文物保护单位；⑤国家／省级森林公园；⑥国家／省级自然保护区；⑦国家级 3A 级以上旅游景区；⑧

其他禀赋较高的旅游资源。除了等级高、知名度、美誉度高的资源点/区，规划者在资源调查中，还要着重发现和挖掘特色资源。对于尚未做规划的县区，我们还要着重实地调研，以期发现可以开发具有市场吸引力的旅游景区景点的旅游资源。当然，除了调查区域内部资源，必要情况下，需对规划区周边知名度高、影响力大、开发成熟的景区做基础调研和分析，以明确规划区与外部资源的竞合关系。

　　根据地市旅游规划的需要，市域旅游规划旅游资源调查对象的确定大体上可归纳为"四为主，四为辅"，即以重点资源为主，其他资源为辅；以一般意义的旅游资源为主，潜在资源为辅；以已开发和正在开发的资源为主，待开发的资源为辅；以规划区内部资源为主，区外资源为辅。

　　3.3.1.2 综合运用调查类型

　　根据《旅游资源分类、调查与评价标准（GB/T18972—2003）》，按照调查方式和精度要求的不同，旅游资源调查可分为两种类型：旅游资源概查和旅游资源详查。根据调查深度不同和规范要求，还可将调查分为普查、详细调查、一般调查、重点探勘等几种类型。[1]介于省与县之间，市域旅游规划不能只依靠某一种调查类型，而应综合运用旅游资源普查、详细调查和重点探勘三种方法。在旅游资源概查的基础上，对区域内的主要吸引物做详细调查，对代表调查区形象的资源单体还要重点探勘。具体如图1.2。

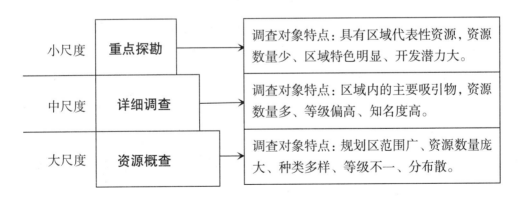

图 1.2　调查类型的综合运用

---

[1] 吴必虎：《区域旅游规划原理》，中国旅游出版社，2001，第125页。

### 3.3.1.3 引入先进的技术方法

市域旅游资源调查不仅要调查资源的数量、规模、分布地点、聚集情况，还涉及与旅游资源相关的地形地貌、生态环境、土地利用、交通、人文等各个层面，信息量大。规划组对旅游资源信息掌握全面与否很大程度上决定了后期旅游产品开发与规划的合理程度和可操作性，甚至决定了该规划成功与否。依照山西省太原市、吕梁市、朔州市旅游发展总体规划的调研概述，规划组大都采用以下四种传统模式和手段获取信息，即统计分析法、资料收集法、野外调查法和走访座谈法。在调研过程中，这类方法表现出耗时、工作量大、成本高、准确度低、效果差等不足之处。实际工作的需要呼吁规划者采用一些新技术、新方法，将先进的科学技术运用到市域旅游规划的调查和编制中，提高调研和后期编制的速度与效率。

通过文献研究，国内外学者在应用现代测绘技术开展旅游资源调查方面的研究较多。作为现代测绘技术的核心技术，"3S"技术是指遥感（GS）、全球定位系统（GPS）和地理信息系统（GIS）或三者的相互集成，构成对地观测、处理、分析、制图系统的技术，具有宏观性、综合性、周期短、动态性和空间数据管理、定位导航等功能，已广泛用于国土资源的开发、调查、评价、检测和预测等方面。[1]国内学者蒙吉军（2005）、叶新才（2009）、蔡渊博（2010）等着重对"3S"技术在旅游资源调查中的应用做了初步研究。通过梳理，其应用体现在以下几个方面：①为野外调查人员提供导航服务；②规划区旅游资源数量和空间地理分布的信息采集；③旅游资源地理坐标和高程的确定；④旅游资源地形地貌、生态环境的调查；⑤与旅游资源相关的交通、住宿、购物、娱乐设施等人文环境的调查；⑥旅游资源与客源市场的空间关系。以3S技术为主体的现代测绘技术在市域旅游规划领域的应用具有经济、客观、准确、高效等特点。值得一提的是，技术的应用不仅表现在资源调查上，在资源评价、空间布局、要素配置、游线组织等方面也表现出极强的优越性。这就决定了该技术势必在市域旅游规划技术方法领域占有一席之地，也成为学者们理论与方法研究的主要领域之一。

---

[1] 李红建：《现代测绘技术在交通与公路工程中的应用》，《科技咨询》2009年第8期。

### 3.3.2 旅游资源评价

市域旅游资源评价是在旅游资源调查的基础上进行的。旅游资源评价一般分为定量评价和定性评价两种类型。本文所参考的山西省七个规划，在资源评价部分，基本都是采取两种评价方式。这样能尽量地反映地级市旅游资源的真实情况，为后期规划提供可靠依据。

就评价内容看，市域旅游资源的评价基本上由旅游资源自身评价和旅游资源的开发评价两部分构成。旅游资源自身评价是在分析、整理实地调查资料基础上做出的评价集合系统，而旅游资源开发评价则是在资源自身评价基础上，综合分析市场需求、经济能力、科技水平等现实因子，对资源做出的开发评价。这两者之间既有联系，又不尽相同。旅游资源的这两个评价内容可根据各地市实际情况做出调整，不一定要面面俱到，但基本的评价内容较为稳定。

表1.1　朔州市与晋中市旅游资源评价的主要内容

| 《朔州市旅游发展总体规划》 | 《晋中市旅游发展总体规划》 |
| --- | --- |
| 第六章　旅游资源开发战略 | 第二章　旅游资源综合评价 |
| 一　旅游资源空间分布 | 一　旅游资源的富集度分析 |
| 二　旅游资源分等定级 | 二　旅游资源的定量评价 |
| 三　旅游资源开发评价 | 三　特色与潜力旅游资源分析 |
| 四　优先开发的旅游资源 | 四　旅游资源的开发重点与方向 |

资料来源：

山西省朔州市旅游发展总体规划（2011—2020），北京大学博雅方略旅游景观规划设计院，2011。

山西省晋中市旅游发展总体规划（2006—2020），南京智博旅游设计有限公司，2005。

《朔州市旅游发展总体规划》和《晋中市旅游发展总体规划》是山西省晋北和晋中地区较为典型的两个地市级规划。分析朔州市旅游资源评价内容，依照逻辑关系可将评价内容分为两个组群：①"旅游资源空间分布"和"旅游资源分等定级"作为现有资源的客观评价；②"旅游资源开发评价"是对现有资源开发条件的评价；"优先开发旅游资源的确定"即是在综合考虑资源现状与开发条件基础上的决策表现。综合考虑其他地市旅游规划相关的研究成果，市域旅游资源评价内容可归纳为如下两大类：

（一）旅游资源的自身评价。包括：①旅游资源数量、空间分布与聚集情况；②旅游资源富集度；③旅游资源类型与特色；④旅游资源自身价值与功能评价；⑤旅游资源自然、社会、经济、生态环境评价。

（二）旅游资源的开发条件与方向评价。①旅游资源开发价值与潜力资源评价；②旅游资源开发条件；③旅游资源开发方向的确定。

# 第四章　市域旅游规划编制的核心内容研究

## 4.1 旅游产业发展目标设定与战略选择

凡事预则立，不预则废。对于市域这个空间范围来说，旅游不是唯一的功能。而且旅游产业涵盖食、住、行、游、购、娱、安全、信息方方面面。市域旅游规划涉及面广，它的目标设定还要兼顾市域国土规划、专项规划等各个领域，因此，在综合考虑各要素基础上制定合理的旅游产业目标体系与战略途径就显得尤为必要。

首先，明确地级市在省域旅游产业发展中所充当的角色和需要完成的使命。规划前期，规划者要认真解读省级旅游业发展规划，深入了解和掌握地级市在省域旅游规划中的地位和大致的发展方向，明确发展任务和使命，并将省域旅游规划中该地级市的内容细化、具体化。下面以山西省运城市为例。通过对《山西省旅游业"十二五"发展规划》的解读，规划运城市在"十二五"期间，将依托解州关帝庙与盐湖，建设关公文化产业园，重点培育和建设以运城为主体的寻根觅祖区域性旅游目的地。为了与上级规划有效对接，2012 年《运城市旅游产业发展总体规划》将省域旅游规划所设定的发展方向和理念落到实处，提出紧紧抓住夏文化、官盐文化和关公文化三大卖点，将运城市建设成中国黄河文明、华夏文化遗产地型旅游目的地核心区域。

其次，确定以经济、社会、生态目标为主体的目标体系。规划本身就是为未来十年或二十年制定全面的发展计划。只有各项目标明确了，才会有后续具体规划内容的出现，才能将具体内容落在实处。若目标设定含糊，各个阶段要完成的任务不明确，规划的可操作性就大打折扣。因此，规划要将目标系统化，注重目标体系的建设。就经济目标而言，市域旅游规划主要是从产业角度考虑，将旅游业对当地 GDP 贡献值、旅游收入及增长率、旅游人次及增长率、A 级景区发展个数、三星级以上酒店发展个数等产业目标数量化、具体化和阶段化。需要特别说明的是，目标的设定不是凭空想象，而主要依据三个方面来考虑：一是本市前五年或十年的增长速度；二是省旅游规划设定的发展目标和速度，三是地级市国民经济发展目标。不切实际地将旅游产业地位提升过高，会使得规划目标难以实现，形同虚设，最终成为一纸空文；当然，过于保守的目标设定又不能激发区域发展潜能，无法实现促进市域旅游产业发展的目标。这就要求规划者有必要与当地政府部门做好沟通交流、征求意见的工作，以保证目标设定的科学合理。此外，旅游业的发展会影响当地政府、民众、投资商和生态环境等主体的利益，因此，除了经济目标，还需要考虑规划期限内的社会目标和生态目标的实现。比如，朔州是能源大市，环境压力大，为了充分发挥旅游产业对生态环境的积极影响，《朔州市旅游产业发展规划（2011—2020）》明确提出"有针对性、审慎地进行旅游开发，进一步提升'绿色朔州'品质和建设低碳旅游示范点的生态目标，促进生态环境的主动保育和生态朔州建设"。朔州市提出的生态环境保护目标是针对本市实际情况而设立的，是符合实际、切实可行、意义深远的生态目标选择。

最后，战略途径的合理选择是实现目标体系的保障。逻辑上看，制定目标是基础，通过科学合理的战略途径实现目标才是规划的根本目的。通过浏览大量的规划文本，不难发现，景区（小区域）规划中战略途径的选择更容易贴近实际，而市域（大区域）旅游规划普遍缺少合理、准确的战略选择，问题更多表现在内容空洞、不贴近实际、可操作性较差等。比如："吕梁市旅游规划"提出"协同发展产业要素，优化产品结构和质量"的发展战略途径。旅游规划的对象本身就是包括旅游要素在内的大旅游产品，而吕梁市并未就规划对象具体化、实际化，也没有指出优先发展旅游产业六大要素中的哪些，或者给出六大要素发展和建设的大致期限。具体内容的缺乏势必会制约下一步落实。因此，规划者在规划过程中，要尽可能结合本市实际情况和设定的目标体系，实事求是地指出有科学依据、能真正发挥作用的战略途径。战略途径不在于提出的数量，而在于每条战略途径都能说中要害且切实可行。例如，运城市就旅游产业未来十几年的发展，提出了调整总体产业结构的发展战略，明确要以运城市为旅游目的地中心城市，规划三大观光型文化旅游区引力景区群，构建以运城中心城市为依托，辐射运城城区以外的九核八条文化遗产线路的游程结构。这样就通过具体的战略途径和措施，为市域旅游产业目标体系的实现奠定了基础。

## 4.2 市域旅游形象定位与设计

旅游形象设计已成为旅游发展规划的重要组成部分，它对于建立目的地鲜明形象、拓展旅游市场、激发当地居民的荣誉感，进而推动旅游业快速发展具有极其重要的意义。就主体而言，旅游形象分为旅游目的地形象和旅游企业形象。市域旅游形象更适合选用旅游目的地形象系统的策划原理和方法来建立。旅游形象设定的最终目的是将旅游形象和区域名称紧密联系，让游客看到地级市名称就联想到旅游形象，看到旅游形象就联想到地级市，达到市场传播、吸引游客前来旅游的目的。在旅游规划实践中，市域旅游形象编制程序一般分为两大部分。

第一部分是前期基础研究。它要求规划者通过对市域地脉、文脉的准确把握，深入挖掘和提炼个性化和差异化的市域旅游形象元素，从而为旅游形象定位和设计提供基本素材和科学依据。一般而言，不论哪个地级市旅游规划，最后所确定的旅游形象不可能也不应该将市域内所有旅游资源都囊括其中，而应挑选其中最具市场号召力的旅游资源作为市域旅游形象主要的突出点。因此，定位地级市旅游形象需要考虑两方面，分别是旅游资源的地脉文脉与市场号召力。2012 年评审通过的《运城市旅游产业规划（2012—2025 年）》，旅游总体形象定位有两个方案，一是"说到中国，想到运城"，二是"尧舜禹都关庙，山河休闲运城"。我们先看第一个总体形象"说到中国，想到运城"，该旅游形象是从文脉角度考虑的，说明运城是中国华夏文明的发祥地；但从旅游角度看，该旅游形象与旅游产业结合程度还不够紧密。而第二个旅游形象"尧舜禹都关庙，山河休闲运城"包含旅游资源点过多，且无主次之分，难以给人深刻印象。在此，我们提议使用"关圣故里，中国运城"这一鲜明的旅游总体形象，一方面，运城市位于山西晋南区域，从文脉上看，是根祖文化、中华文明的发祥地。另一方面，从实用角度看，与根祖文化和上古的尧舜禹形象相比，"关帝""关圣"形象较为具象，而且已经深入人心，也易于让游客接受，便于市场传播。因此，用"关圣"这一宣传亮点作为运城市旅游形象的旅游实用价值和意义更大。同时，山西省其他地级市旅游形象的定位也可以从这个角度考虑和借鉴。

第二部分是后期显示性项目策划与设计，即在前期研究基础上，采取合适的定位策略，主要探讨市域旅游形象的视觉识别、听觉识别和行为识别系统的设计策划。由于每个地级市旅游发展的条件差异较大，其旅游形象设计也必定不同。

## 4.3 市域旅游产业布局

市域旅游产业布局是指导地级市旅游产业在空间和时间序列上合理发展的总体部署。它不仅规定着区域内食、住、行、游、购、娱各旅游要素的空间分布，而且还规定着旅游配套系统的整体建设与游线组织等。为了实现市域旅游发展共同目标，规划者应从市域高度，整体部署各级旅游城镇的功能，着重考虑市域重点旅游区和重点景区的选择、重点线路的组合以及所要开发的旅游产品系列和配套服务系统，最终，以"点、轴、线、区、片"为空间结构的组织方式加以表现。

### 4.3.1 有关区域空间布局的主要研究成果

旅游区域空间布局一直是重要的旅游理论研究方向之一。目前为止，较为典型的旅游区域空间布局研究成果主要包括1950年由法国著名经济学家佩鲁提出的增长极理论、1984年由陆大道提出的"点—轴系统理论"以及1988年魏后凯在《区域旅游开发理论研究》提出的网络开发模式理论。这三大理论的主要内容如下：

"增长极理论"：不同区域经济增长量与速度不同，它以不同强度首先体现在增长点上，然后以不同途径和渠道逐步朝外扩散，从而对整个区域经济产生不同影响。现实中区域经济发展也不均衡，往往集中于某个著名景区或城市市中心，也就是增长极，之后通过线路向外扩散，从而逐步带动区域经济的发展。

"点—轴系统理论"：在社会经济发展过程中，绝大多数社会经济元素会以"点"的形式积聚，并由线状的基础设施将这些点连接在一起，从而形成"轴"，轴又对周边社会经济的发展产生极强的带动力和吸引力，推动区域整体发展。

"网络开发模式理论"：网络开发模式是在增长极理论和点—轴系统理论基础上进一步提出的区域开发理论。它的合理性在于根据区域经济发展实际情况提出不同开发模式，比如：经济发展相对落后的地区适宜采用增长极开发模式；发展中地区适宜采取点—轴开发模式；经济较发达地区适宜采取网络开发模式。

### 4.3.2 影响市域旅游产业布局的主要因素

#### 4.3.2.1 旅游吸引物分布对旅游产业布局的影响

大尺度上讲，全国旅游空间布局呈点网状分布，且呈现围绕著名旅游城市和知名旅游景区（点）分布的特点，而中小尺度范围内旅游产业布局有圈层分布的特点。[①]市域旅游产业布局由城区逐步向近郊区和远郊区方向扩展，从城市中心向重点旅游区和一般旅游区转移。以太原市为例，太原市区有双塔寺、崇善寺、文庙以及太原城楼拱极门等历史遗迹；有以阎锡山、徐永昌等历史名人及其传奇故事为主线，散布在市内的各民国时代历史古建，如阎锡山督军府、阎公馆、阎氏故居、浑源会馆、徐永昌故居、国民师范学院旧址；有宗教文化观光旅游产品晋祠、天龙山、龙山、蒙山、太山；现代景点有汾河公园、森林公园、动物园、山西省博物馆、中国煤炭博物馆等等。在市中心外围即近郊区，有以汾河二库、王封一线天景点为主的大汾河二库风景区，有"清初第一写家"傅山静修之处崛围山景区以及罕见的金元建筑精品窦大夫祠、全国唯一的佛道儒土雕塑群——莲花台千佛洞等。在远郊区，有太原最高峰云顶山、古村落郭家堡、青龙古镇、天主教徒朝拜圣地阪泉山、佛教圣地小五台和以清徐老醋坊、葡峰山庄、中隐山为龙头的20多个田园休闲景点。从列出的主要景点类型看，若以太原市区（迎泽区等六个区）为内圈层，近郊区为中间圈层，之外为外圈层，可以看出，市区内旅游景点多历史遗迹、都市商务休闲和购物娱乐等景观，中间层以风景区、山水休闲景点以及少数人文资源为主。外圈层集中分布有山水、古村古镇和农家乐、采摘园等田园休闲景区。旅游吸引物这种圈层分布使市域旅游产业在空间布局上也具有此类特征。

### 4.3.2.2 旅游者出游半径影响旅游业布局

出游半径是影响游客旅游行为决策的重要因素。在闲暇时间和交通工具固定的前提下，旅行距离与游览时间成反比，也就是说，旅行距离缩短就意味着游览时间的增加。从旅游产品的供给方考虑，与客源地市场距离越近的旅游资源越有可能得到提前开发。基于此，旅游者出游半径与旅游产业空间布局存在很大关系。以太原市主要的旅游景点为关键词于 2018 年 2 月 24 日 13 时 45 分，分别在 Google 和百度搜索，搜索结果如表 1.2 所示。就游客关注程度而言，游客对位于内圈层的景区关注度更大，其次为中间圈层，最后为外圈层。这说明在地级市中小尺度范

---

① 杨国良：《论旅游产业空间布局》，《四川师范大学学报》2002 年第 1 期。

围内，游客出游区域分布大致由内圈层向外依次减少。旅游者出游半径的变化特征也会随之使旅游产业布局受到相应的影响。

表 1.2　太原市景区（点）游客关注程度

| 搜索网站<br>关键字 | 圈层分布 | 百度 | 排名 | Google | 排名 |
|---|---|---|---|---|---|
| 晋祠 | 内圈层 | 4,910,000 | 1 | 435,000 | 9 |
| 森林公园 | | 2,720,000 | 2 | 3,630,000 | 2 |
| 中国煤炭博物馆 | | 2,790,000 | 3 | 634,000 | 7 |
| 天龙山 | | 742,000 | 5 | 979,000 | 5 |
| 双塔寺 | | 521,000 | 7 | 376,000 | 11 |
| 汾河景区 | | 513,000 | 8 | 263,000 | 12 |
| 太原动物园 | | 238,000 | 10 | 5,060,000 | 1 |
| 莲花台千佛洞 | 中间圈层 | 282,000 | 9 | 158,000 | 14 |
| 汾河二库 | | 136,000 | 11 | 514,000 | 8 |
| 窦大夫祠 | | 100,000 | 12 | 241,000 | 13 |
| 崛围山景区 | | 47,500 | 13 | 31,400 | 16 |
| 青龙古镇 | 外圈层 | 1,150,000 | 4 | 1,750,000 | 3 |
| 云顶山 | | 589,000 | 6 | 697,000 | 6 |
| 中隐山 | | 28,700 | 14 | 1,270,000 | 4 |
| 阪泉山 | | 4,410 | 15 | 89,300 | 15 |
| 古村落郭家堡 | | 2,750 | 16 | 417,000 | 10 |

4.3.2.3 城镇体系建设与旅游产业布局的关系

由于历史原因，城区及县城成为人们居住、买卖交易和游憩休闲等活动的主要发生地。就地级市而言，市中心城区为一级中心地，对整个地级市有强大的集散功能；地级市所辖县（区／市）政府所在地为二级中心地，对县域发挥着一定程度的聚集和疏散功能；乡镇政府所在地为三级中心地，集散功能有所减弱。因此，市域旅游产业空间布局应将城镇体系建设考虑在内（尤其是城区和县城），旅游产业布局要对中心城镇的旅游功能进行重新定位，并予以重点规划。此外，需要强调的是，对于二级和三级中心地的选择，不是所有市辖县（区／市）政府所在地都作为中心地，而应挑出几个集散功能突出的给予考虑。旅游产业布局与城镇体系建设的协调发展主要体现在以下几点：首先，充分发挥中心城镇的旅游功能，周边景区应合理利用中心城镇现有的基础设施，以防景区进行重复建设；其次，景区周边与旅游相关的食宿、娱乐、购物等相关产业的扩张会受到景区发展的限制，城镇建设为景区旅游产业的逐步完善提供了平台；第三，城镇既具有区域交通枢纽功能，又是区域传统与现代人文景观的集中体现地，其建设对区域旅游产业发展起到了窗口形象作用。

### 4.3.3 市域旅游产业空间布局与县域旅游规划的关系

市域旅游产业空间布局和县域旅游规划的关系本质上是整体与局部、指导与被指导的关系。一般而言，我们不能就局部说局部，不能就县区说县区，而应跳出县区，站在整体的视角看待局部在整体中的功能和地位，应站在市域旅游产业发展大格局，明确各县区所承担的使命和任务，确定各自的发展方向。这样才能从整体上明确分工，才会有效推动市辖县区有机联系、相互促进与共同发展。现在很多市域旅游规划，在明确市域旅游产业总体布局之后，并不是从市域旅游产业大格局的视角考虑各县区应承担的角色和发挥的作用，而是孤立零散地说明各县区发展重点和发展思路，不分轻重地点评市辖各县区旅游产业未来的发展方向。我们知道市域范围内旅游资源分布不均，必然出现有的县资源多，有的县资源少，甚至有的县没有适宜开发的旅游资源，或者说有的县的资源市场吸引力大，适合近期重点开发，而有的县资源数量多，但不符合市场需求，适宜在远期开发。这就需要市域旅游产业布局将这些不同县的情况在产业布局中加以表述。同时，在探讨各区县旅游产业未来发展方向时，规划者用的笔墨要有轻有重，针对可开发旅游资源多的县要着重说明，针对资源少且开发潜力一般的县适当说明，针对基本没有什么资源的县区，规划者甚至可以不提。若总是追求面面俱到，最终只会徒劳无功，而应该把握主要矛盾，解决主要问题。此外，还需要说明的是，关于市辖区县的旅游产业发展方向的确定，针对已做了旅游产业规划的县区，规划者应依托市域旅游产业体系，结合县区原有的旅游规划的内容，探讨原来规定的县区旅游发展方向与市域旅游规划中所规定的发展方向是否一致，一致的内容要遵循，不一致的内容规划者要指出来并加以调整。

## 4.4 市域旅游产品优化

旅游规划的中心是旅游产品。[①]市域旅游规划的重要着力点和根本所在是市域旅游产品的设计与优化。目前，旅游产品的概念多种多样，总体分为两类，一为广义的旅游产品，二为狭义的旅游产品。本文探讨的市域旅游规划属于相对宏观层次，相应的旅游产品应既包括具象的游览物质实体，又包括旅游要素及其服务；既包括单一的旅游景区（点），又包括由单一产品串联而成的旅游线路组合。

与其他行政级别的规划相比，市域旅游产品更注重市域范围内旅游景区（点）的协同发展和相互合作。这方面的规划主要包含五层含义：一是优化市域旅游产品结构，构建完善的产品体系；二是优化产品空间结构，注重区域协同发展；三是整合旅游线路产品，满足不同市场需求；四是调整旅游要素结构，保障要素布局趋向合理；五是明晰景区层级结构，发挥方向指导特性。这里结合山西省大同市、晋中市和朔州市三个案例，从产品类型结构、空间结构、要素结构、旅游线路组织、景区层级划分五个方面，阐述市域旅游产品优化的思路。

### 4.4.1 优化产品类型结构，构建全体验式产品体系

目前，我国国内划分旅游产品类型所采用的方式主要有下面两种。一是国家旅游局将旅游产品类型分为观光型、度假型、专项型和特种型旅游产品四种；二是迟景才所划分的传统型旅游产品和新兴旅游产品两大类，其中，传统型旅游产品包括观光旅游产品、商务旅游产品、文化旅游产品、度假旅游产品和社会旅游产品等；新兴旅游产品主要包括康体旅游产品、享受旅游产品、刺激旅游产品、竞技旅游产品、替代旅游产品和活化旅游产品。市级旅游规划地域范围广、旅游资源数量多且类型丰富，因而，旅游规划时有必要考虑，如何凸显强势旅游产品，优化产品类型结构，构建市域完善的旅游产品体系。

旅游产品类型结构的优化途径，一是重点开发旅游精品，积极培育品牌旅游产品。例如：文化旅游资源是大同市旅游的主体资源，具有规模上和特色上的唯

① 范业正：《区域旅游规划与产品开发研究》，中国科学院地理研究所博士论文，1998。

一性，其中云冈石窟是世界级的极品旅游资源，在全国具有较强垄断性，它也正是大同多年经营的核心产品和优势所在。二是依托市场需求的变化，发挥旅游资源优势，逐步完善度假、生态以及商务、科普、体育健身等旅游产品结构。近年来，市场需求处于由早期重视观光产品向现在观光、休闲、度假并重过渡的阶段。观光型旅游产品以静态为主，休闲度假型旅游产品以参与为主要特征。旅游规划所设计的是未来十年的旅游产品，市场需求若是发生变化，那么，规划就需要跟随市场需求的变化设置相应的产品。这就需要在旅游产品设计中，从观光、休闲、度假旅游产品并重的角度考虑，推动旅游产品的升级与优化，调整产品类型结构。过去大同市旅游产品结构比较单一，以历史文物和古建筑为主的文化观光型产品较多，参与性项目和休闲度假和自然生态旅游产品份额相对不足，商务会议旅游尚未形成气候，其他专项旅游产品的开发不够成熟，但经过多年发展，在大同市委市政府全力支持和推进下，魏都水上乐园、方特欢乐世界、万龙白登山国际滑雪场等参与互动性极强的现代休闲体验旅游产品异军突起，阳高、天镇温泉休闲旅游景区形成规模，沿长城户外徒步休闲游正在兴起，大同古城灯会、主题酒吧客栈等旅游新业态不断涌现，产品体系明显优化升级，实现了传统与新兴景区的良性互动。三是区域同类旅游资源开发要避免重复雷同，应通过差异化定位、特色化开发，打造主题各异的互补性旅游产品。以晋中市为例，晋中区域内旅游资源具有较强同质性，存在旅游资源重复雷同、相互替代和同质化竞争的现象。如乔家大院、渠家大院、曹家大院等大院景观建筑形式具有一定的相似性；双林寺、镇国寺、无边寺、后土庙和城隍庙均是寺庙文化的载体，相互之间存在着替代性。因此，晋中市必须进行差异化定位和错位发展，寻求与垄断性资源相匹配的各具特色的垄断性产品，进一步形成科学合理的产品类型结构。

### 4.4.2 优化产品空间结构，注重区域协同发展

杨新军等学者将游客在旅游地的空间行为选择归纳为五种模式，即单一目的地旅游模式、线型旅游模式、基营式旅游模式、环型旅游模式和链式旅游模式。与此相对应，作为旅游产品的提供者应从旅游产品的空间组合考虑，为游客设计满足市场需求的旅游产品。本文选择将旅游产品的空间结构理解为三种类型，即

点状（景区或景点）、线状（主题线路）和网络状（由中心城市及其周围的景区点组成）。①从旅游产品的开发程度上看，点状产品是后两者的基础，是旅游发展的初级阶段；线状旅游产品以区域协作和交通发展为基础，是区域旅游发展的更高级阶段；而网状旅游产品建立在点状与线状旅游产品的充分发展之上，是以完善的立体交通体系为保障的旅游产品的高级形式，其辐射范围包括整个区域。

从晋中市旅游发展情况看，点状、线状和网络状旅游产品空间结构尚不完善。近年来，晋中市已开发了主要景区（点）78处，初步形成了两条主打旅游线路，分别是以平遥古城和晋商大院为主的晋商民俗文化旅游线和以大寨、左权麻田为主的太行风光、革命纪念地旅游线。但受交通和经济发展水平的影响，网络状旅游产品还尚未形成。为此，晋中市应集中人力、物力和财力，重点开发九大重点景区（榆次老城、平遥古城、乔家大院、王家大院与静昇古镇、大寨、龙泉—麻田、云竹湖、绵山和石膏山），作为带动其他旅游产品发展的拳头产品；其次，以交通条件改善为基础，以主题特色为着力点，加强区际联合，逐步将点状产品整合为线状产品，组合开发西部晋商文化游、东部红色太行游、南部山水度假游三条主要线路旅游产品。除此之外，晋中民俗文化、宗教文化、养生文化、饮食文化以及工农业旅游都是空间组线的可选主题。第三，积极培育榆次区和平遥县城两大次中心和太谷、祁县、介休、灵石、昔阳、左权重要节点，在线状旅游线路产品的基础上，逐步过渡到市域网状旅游产品，构建整个晋中市"以榆次、平遥为驱动双心，以晋商文化、红色太行和山水度假为三条黄金旅游线，以九大重点景区为区域精品，覆盖全市的旅游网络产品格局"。

此外，市域游客集散地体系的建设是旅游产品空间结构能否形成和完善的基础和前提。它是连接客源市场与市域旅游景区（点）的中转站和必要环节，不仅直接影响游客能否及时舒适地中转休憩、接收信息并顺利抵达目的地，而且还是对地级市的旅游交通设施、服务功能、公共基础设施等一系列区域综合能力的考验。因此，地级市应依托完善的旅游综合交通网络和先进的数字信息平台，在不同等级的游客集中区域设置旅游集散中心、分中心或服务站点，形成地级市旅游

① 李亚兵：《区域旅游产品系统开发理论与实证研究——以甘肃省为例》，西北大学2003年硕士毕业论文，2003。

集散网络布局系统，实现集散总中心、各分中心和服务站点之间在任何时间与地点的车辆、货物、信息的随时配给和调度，实现时空的优化分布，增强地级市对全市域的辐射力度，方便游客及时抵达景区（点）。

### 4.4.3 整合旅游线路产品，满足不同市场需求

旅游线路是旅游产品的一种体现。它虽然是一种观念或信息形态，但其构成要素却是物质形态的。[①]在区域旅游产品设计中这一点体现得尤为突出。它以交通等设施为基础，将不同区域、不同类型、不同层次的旅游实体产品的所有组成要素有机链接，通过组合连线，得到范围更大、主题更鲜明、档次区分更明显的旅游线路产品，以满足游客不同层次需求。因此，旅游线路产品设计对规划者技术性和实践经验要求都较强。规划者在线路设计过程中，不仅要考虑区域旅游资源特色、类型、等级与档次以及景区可进入性等设施条件，还要考虑客源市场需求现状与变动趋势及游客行为、出行方式等。不仅要将独特性和垄断性强的资源串联成线，树立区域形象，积极培育品牌旅游线路，还要将知名度低、吸引力较弱的资源整合到线路产品中，以强带弱，以弱补强，捆绑开发。

根据这一理念，市域旅游线路优化可选择以下四种模式：一是优势组合模式，即将市域内若干典型性资源整合组线，推出强势精品线路，形成区域旅游的强大引擎动力。如晋中市主推的晋商文化游将具有代表性的古城大院（平遥古城、晋商大院）组合串联，形成晋中旅游精品、名品、绝品，使之成为在国内外具有很高知名度和旅游吸引力的文化精品旅游线路。二是主题线路模式，即围绕山水生态、宗教古建、历史人物、红色文化或文学作品等展开，以区域空间距离为基础，将若干同一主题的旅游景区串联成线，同时，又注重融入更大区域的主题线路。如朔州市以佛教文化为主题，围绕应县释迦塔设计了佛教古建游线，推出崇福寺、净土寺、龙首山等观光游览项目。同时，又注重与周边的云冈石窟、九龙壁、华严寺、恒山悬空寺、五台山等组合，积极融入山西省晋北古建宗教游线路。三为时间组合模式，即从游线的可操作性出发，综合考虑游客经济能力和时间安排以及沿线的餐饮、住宿、购物和娱乐设施等因素，主要推出短程和中程旅游线路，

---

① 魏小安：《旅游发展与管理》，旅游教育出版社，1996，第 252 页。

组织一日游、两日游和多日游游览线路。四为跨区域组合模式，市域旅游线路规划不仅要考虑市域内游线的设计，还要考虑跨区域旅游板块的对接和组线。如吕梁市在跨区域旅游线路设计中，从空间方位指出，东部经交城、文水、汾阳、孝义与太原、晋中旅游板块对接；南部经交口、石楼与临汾、运城旅游板块对接；北部经岚县、兴县与忻州、大同旅游板块对接；西部经兴县、临县、柳林、石楼跨黄河与陕西旅游板块对接。这四种不同的市域旅游线路优化途径有利于充分利用自身与周边资源，为游客设计组合不同性质的旅游线路产品，满足游客多样化需求。

最后，我们需要特别强调旅游交通在规划者选择旅游线路中的重要性。良好的市域旅游交通体系对地级市旅游产业发展会起到极大的推动作用。地级市在外部交通上，要不断提高地级市与周边市、省之间的通达能力，增强其对外辐射能力，便于与周边区域景区景点串连成线；在内部交通上，地级市应逐步构建和完善全市旅游交通网络，开通通往各重点旅游区（点）的旅游专线，全面提升其可进入性，实现地级市中心城区与县区、县区与县区以及各旅游区之间的交通连接，便于景区景点联合开发。同时，加强相应的市区公共交通建设以及旅游景区（点）内部交通道路与停车场建设等，整体上解决旅游线路组合的通达性问题。

### 4.4.4 优化旅游要素结构，保障要素结构趋向合理

一般而言，旅游产品建立在以游览产品为中心的交通、住宿、餐饮、购物、娱乐六大要素基础之上。市域旅游规划除了规划游览产品外，还有必要规划其他旅游要素，并进行合理组合。任何一方面比例失调或结构不合理，都会影响到整体旅游产品的质量和效益。六大要素的空间布局以旅游线路为纽带，不仅表现在游客在各要素所花费的时间结构，而且更直接地体现在游客在各要素的消费量上。旅游产品六大要素的空间设置以及时间安排是否得当，最终可通过游客满意度等周密的市场调查和实践操作来确定。旅游要素结构优化，需要统筹安排食、住、行、游、购、娱等相关要素，实现其协调发展。因此，不论是点状、线状还是网络状旅游产品，要素结构优化极为重要，这就要求旅游规划者根据市场需求和产品的特色从时间比例、游客的爱好及消费水平上来确定，并以合理的要素结构增强旅游产品的吸引力和竞争力。

从"晋中市游客对旅游产业要素评价汇总表"可以看出，旅游者普遍对景区景点比较满意，满意率达85.7%，说明晋中市比较重视景点观光旅游产品的开发，也说明晋中市旅游资源的等级普遍较高、游览价值大。此外，游客对旅游交通和旅游饭店的满意率均达到50%，但游客对旅游餐饮、购物和娱乐的满意率明显较低，其中，旅游娱乐游客满意度仅为22.1%，这充分反映了晋中市旅游餐饮、商品和娱乐开发相对滞后，旅游要素发展不平衡，要素结构不够合理。因此，晋中市旅游要素结构的优化要以旅游餐饮、娱乐和购物设施的逐步完善为重点，以优质的服务和管理水平的提高为抓手，延长游客在景区（点）的逗留时间，提高游客满意度。

表 1.3　晋中市游客对旅游产业要素评价汇总表

| 旅游要素 | 很好 | 较好 | 一般 | 较差 | 优良度（满意度） |
|---|---|---|---|---|---|
| 旅游景区 | 54.5% | 31.2% | 13% | 2.5% | 85.7% |
| 旅游交通 | 12.2% | 47% | 29.6% | 10.2% | 59.2% |
| 旅游饭店 | 7% | 43.2% | 39.7% | 5.7% | 50.2% |
| 旅游餐饮 | 6.2% | 34.2% | 46% | 9% | 40.4% |
| 旅游购物 | 3.4% | 18.7% | 55.8% | 16.4% | 33.8% |
| 旅游娱乐 | 39.87% | 53.8% | 5.06% | 1.27% | 22.1% |

资料来源：《晋中市旅游发展规划（2006—2020）》

此外，关于旅游产业要素，我们还需要解决一个问题，那就是，如何将旅游要素合理地布设于地级市这个大的空间区域？是全部将旅游要素放置在地级市市中心还是将旅游要素均衡地布设于各个县区。要解决这个问题，首先，我们需要明确地级市市中心与所辖县区的关系。地级市市中心与所辖县区的关系主要体现于两类，第一类是地级市市中心位于地级市行政区域中心位置，且所辖县区的景区景点与市中心时空距离较近，游客从市区抵达旅游景区所要花费的成本（经济成本、精力成本、时间成本等）较低，比如山西省运城市；第二类是地级市市中心位于市域一侧，甚至边缘。它与部分县区距离相对较远，辐射力不能很好地到达，且这部分县区周边有影响力和辐射力大的省会或其他地级市，比如：山西省吕梁市中心位于离石区，下辖的汾阳市、文水县、交城县与其距离较远，而距离山西省省会太原市较近，能够得到太原市旅游发展的空间辐射，这就形成吕梁市部分县区依赖外部其他城市的情况。针对第一类，即地级中心城市旅游服务辐射力能够抵达所有县区的地级市，在布设旅游要素时，我们建议将高星级接待设施集中布设于中心城区，这样不仅方便游客出行，起到市区旅游集散功能，而且也减少了很多不必要投入。针对第二类，即地级市中心城市旅游服务辐射力不够强的地级市，需要从全省旅游的发展格局出发，根据景区建设和游客流量规模大小以及与其他中心城市的距离，考虑是否要在市级中心城市旅游服务辐射不到的部分县区建设高星级酒店等旅游要素。总之，要处理好旅游产业要素布设这个问题，需要通盘考虑，根据每个地级市现阶段以及未来发展情况而定，万不可盲目安排。

### 4.4.5 明晰景区层级结构，突显方向指导特性

市域所包括的旅游景区类型多样且数量众多，为了便于前期开发与后期市场营销，规划者有必要将这些旅游景区做一下等级划分。市域旅游景区层级的划分标准主要依赖景区自身旅游资源等级与市场认可度。据此，市域旅游规划所涉及的旅游景区层级主要划分为四个等级，第一级别是世界级旅游景区，比如：大同市云冈石窟、忻州市五台山，该级别旅游景区具有较强的世界影响力和吸引力；第二级别是国家级旅游景区，比如：临汾市大槐树景区、壶口瀑布景区，该级别景区具有全国范围的影响力和市场吸引力。第三个级别是大区域级旅游景区，这一级别的景区可以吸引包括几个省的较大范围的区域，比如：晋中市绵山景区。第四个级别是省级旅游景区，只能吸引景区周边或省内游客，对省外游客或距离较远地区的游客基本没有吸引力，比如太原的汾河二库景区。将地级市旅游景区划分等级不仅有利于市场营销与推广，而且便于游客了解地级市重点旅游景区，并刺激其产生游览动机，也有助于景区明确各自的开发方向。

# 第五章　客源市场分析及市场营销规划

市场需求是推动旅游业兴起与发展的直接动力，很大程度上决定了适宜性旅游资源的选取和开发方向。市域旅游规划初期的基础分析工作中，客源市场是与旅游资源同样重要的两大构成要素之一，是制定市场营销策略与措施的重要参考。市场经济下，酒香也怕巷子深。旅游产品若是没有让游客知晓、认可和购买，再好的产品也无法产生经济效益。因而，基于客源市场分析的市场营销规划也是市域旅游规划要着重设计和策划的内容。

## 5.1 客源市场分析

20世纪90年代后期，随着市场导向规划日渐受重视，在旅游资源分析的基础上，许多规划者越来越认识到客源市场基础分析的重要性。这在山西省地级市旅游规划中大都有体现。

### 5.1.1 案例分析

我们将晋中市与长治市两个旅游发展总体规划的市场相关章节放到同一个表内（表1.4），通过观察和对比可以发现，其中有共同的三部分主要内容。一是客源市场现状分析，包括区域宏观背景分析、地级市旅游市场接待情况介绍以及旅游市场发展趋势等；二是客源市场基本特征分析，规划者要从客源地构成、旅游者人口统计特征、旅游者行为特征以及旅游者的旅游体验等角度深入分析游客基本特征；三是旅游市场潜力分析，规划者根据以上资料及分析，对旅游市场的拓展、今后主要客源市场的转变及变化趋势等做出基本判断和预测，从而为产品开发选择提供有力参考。

表 1.4 晋中市与长治市旅游产业发展总体规划市场分析部分对比表

| 《晋中市旅游发展总体规划》 | 《长治市旅游产业发展总体规划》 |
|---|---|
| 旅游市场分析与预测 | 旅游市场分析与预测 |

1 区域旅游市场宏观背景 ──────┐
                              ├──▶ 1 客源市场现状分析
2 晋中市旅游市场接待与市场发展趋势 ┘

3 入境旅游市场分析 ┄┄┄┄┄┄┄┄▶ 2 长治市旅游调查问卷分析

4 国内旅游市场分析 ┄┄┄┄┄┄┈▶ 3 影响客源市场的主要因素

5 旅游市场潜力分析 ┄┄┄┄┄┄┄┄┄▶ 4 国内外客源市场变化趋势分析

### 5.1.2 市域旅游规划客源市场分析的"三步分析法"及其解析

如上图所述，市域旅游规划客源市场分析具有复杂性和层次性，必须在系统思维方法指导下进行分析，笔者将其总结为"三步分析法"。所谓"三步分析法"，简单地说，是指客源市场分析的三个步骤，分别是"市域宏观背景及客源市场现状分析"、"客源市场基本特征分析"和"客源市场发展潜力分析"。下面就"三步分析法"分层次做简要阐述。

**宏观背景及客源市场现状分析**    分析世界和中国旅游发展态势，收集全省旅游人数及旅游总收入数据资料，着重分析近年来（通常统计近十年的发展状况）地市旅游产业总体发展状况，包括地级市旅游产业国内外游客量、国内旅游收入、旅游外汇收入、旅游总收入及相关动态指标。并与省内或省外其他地市的统计数据进行横向比较，对比分析，把握宏观态势，做好旅游发展的区域定位。

**客源市场基本特征分析**    不考虑吸引力较大的旅游产品，从地缘结构角度分析，按普遍的旅游距离衰减规律，地级市区域旅游客源市场大致分为国际客源市场、国内省外客源市场和省内客源市场三部分。客源市场特征分析是根据上文划分的三大客源市场，对各层次客源市场特征的综合分析和反映，是进一步掌握客源市场状况的重要手段。其中，客源市场基本特征涉及旅游者人口学特征、行为特征、旅游认知及体验评价分析三大要素，具体各要素包含内容如表 5.5。

表 5.5　客源市场基本特征的影响因素

| 旅游者人口学特征 | 旅游者行为特征 | 旅游认知及体验评价特征 |
|---|---|---|
| 客源地来源、年龄、性别、教育程度、收入水平、随行人员、职业类型等 | 游客旅游季节、出游距离、出游方式、组织方式、信息渠道来源、出游动机、停留时间、主要景区诉求、旅游者总消费金额、人均花费、旅游消费在六大要素的分配及总体构成、购买意愿等 | 旅游特色认知、旅游景点认知、旅游者到访次数、旅游者满意度及旅游要素综合评价、游客建议分析等 |

**客源市场基本特征**

此外，规划者进行三步分析时，要注重细分市场，尤其是地理和人口细分市场的分析。总而言之，市场分析要"时刻谨记三个圈层，注重观察三类特征"。三个圈层是市域旅游规划客源市场地域指向分析时经常采用的三大圈层划分标准，即国际客源市场、国内省外客源市场和省内客源市场这三个圈层；三类基本特征主要包括旅游者人口学特征、旅游者行为特征、旅游认知及体验评价特征（如表5.5）。

**客源市场发展潜力分析**　在分析宏观背景和客源市场及其基本特征的基础上，规划者需要确定旅游客源市场的主要来源地及其变化趋势，并根据市场需求，提出相应的与市场需求适应的旅游产品。

## 5.2 客源市场定位

客源市场定位以客源市场分析为基础。旅游规划大多从地域定位、群体特征定位和专项市场定位三种方法加以确定。地域定位是规划者普遍采用的一种技术方法。大同市、运城市、吕梁市、朔州市等都将客源市场中的核心市场定位为距离地级市300公里内的近程市场，比如，大同市的核心旅游市场定位为北京、天津、河北、内蒙古以及周边地市游客；吕梁市的核心旅游市场定位为山西本省居民、北京、陕西、山东、河南等地游客；运城市将山西、陕西、河南三省作为最主要的客源市场。根据客源市场人群特征进行群体定位的方法在市域旅游规划中也得到了普遍运用。群体定位方法的好处在于实践意义大，便于实际操作，为后期市场营销确定了目标人群。吕梁市规划从人群特征角度将客源目标市场定位为四大市场，分别是城市居民假日游群体、青少年假日旅游群体、夕阳红市场和企业、机关单位有组织的游览度假群体。专项市场定位方法主要从地域积淀的文化特征确定所对应的专项市场，以突出地域文化和产品特色。运城市以文化类旅游产品为主，因此，从专项旅游市场划分角度考虑，要重点挖掘关公、官盐等文化体验旅游市场。这样的目标定位方法可以突破以前单一的圈层划分法，使得最终所确定的客源市场更具有针对性。

### 5.3 旅游市场营销规划

Lundberg（1990年）认为，旅游市场营销主要包括三方面，一是确定提供方能向市场提供的旅游产品及其总体映像；二是定位具有潜力的目标市场；三是确定能让市场信任并到访目的地的途径和方式方法，即营销。[①]因此，制定市域旅游规划时，首先，要在广泛调研的基础上进行客源市场分析；之后，要寻求旅游开发方向与市场需求的契合点，从而确定旅游产品的开发类型、方向和利用程度；最后，针对准确定位的目标市场，在一定营销理念或策略的引导下，运用相应的营销方式，扩大目标市场的有效旅游需求。

通过归纳总结多个市域旅游规划市场营销策略，不难发现，很多市域旅游规划市场营销部分的文本编制存在一个很普遍的问题。那就是很多规划普遍将《旅游市场营销学》教科书里讲述的市场营销策略和方法几乎全部罗列一遍，导致很多市域旅游规划所列的市场营销方法基本雷同，内容重复，方法陈旧。比如：吕梁市规划采用的营销策略包括丰富旅游宣传品体系策略、区域联合促销策略和网络营销策略。规划仅仅将这些营销策略罗列出来，其中，所提出的营销策略没有针对性，例如，规划在"丰富旅游宣传品体系"一节中，列举旅游宣传品体系包括有旅游宣传手册、旅游地图、旅游指南、饭店宣传册、印刷品、户外广告、旅游纪念品、旅游书籍、DVD光盘。由此不难看出，规划者依旧沿用旧有的旅游宣传品体系经常采用的分类方式，并没有分析目前旅游市场流行的多样化、特色化

① 吴必虎：《区域旅游规划原理》，中国旅游出版社，2001，第158页。

的信息传播方式——网络微博、微信小程序等。鉴于此，规划者要改变原有市场营销编制的旧有套路，根据地级市实际情况，挖掘市场最新需求，找出市场营销存在的症结，开出药到病除的方子，提出科学合理的市场营销措施。同时，规划方还应合理划分规划期限，根据不同阶段制定的不同目标，确定每个阶段的市场营销任务，并提出切实可行的途径和措施。晋中市旅游规划专门将市场营销规划这一部分提出并编制成册。该规划不仅根据区域目标市场和不同消费人群提出具体的促销方案，而且还建议当地相关部门探索销售代理、与批发商合作等具体的适用于晋中市的销售渠道和促销方式。晋中市旅游规划在市场营销方面做得比较到位，是值得借鉴的典型案例。

此外，还需要强调的是，市域旅游规划期限一般在十年以上，有的甚至为二十年。在这么长的规划期限内，地级市主要客源市场特征和发展趋势势必会有所变化，这些改变有些是不可预测或者难以预知的。因此，市域旅游规划的市场营销不可能也不应该将十年间应采用的市场营销方案全部罗列出来，这种做法是不科学的。一般而言，规划者应根据不同阶段的市场情况，提出不同的营销策略和方案，有些具体方案还可以根据市场每年的变动情况进行适当调整。每年市场营销的实践者可以根据分阶段目标和市场营销原则，制定年度营销方案。这时，年度营销方案就应该具体到采用哪些措施，运用哪种途径。当然，由于客源市场具有不可预知性，规划者不可能将市场营销的方方面面做出详细规定，但最起码要提出方案设计的原则性内容。

# 第六章 市域旅游规划近期行动计划

市域旅游规划期限一般在十年以上，而且涉及内容众多，不仅包括重要景区（点）旅游项目的设计，而且还包括与旅游相关的食、住、游、购、娱等服务设施的建设；不仅包括旅游基础设施等硬件的建设和实施，而且还包括旅游形象和市场营销等软件的塑造和维护。解决问题要抓主要矛盾，不能眉毛胡子一把抓。因此，为了集中力量优先解决主要问题，实现所提出的近期旅游发展目标和任务，编制市域旅游规划近期行动计划就显得尤为必要。

近期行动计划是指在市域旅游产业发展规划中，针对近期规划目标、主要任务所做的工作安排。它既是落实市域旅游发展规划的重要步骤，也是近期规划项目实施的重要依据。近期行动计划要求规划者在明确市域旅游发展重点及开发时序的基础上，提炼出对市域旅游产业发展具有较大影响力的重点项目，将其作为近期行动计划的主要任务，并加以时间上的大致安排。《晋中市旅游发展总体规划（2006—2020）》的规划时限是15年，它的近期规划选取了前五年，这是晋中市旅游发展的关键时期。晋中市规划近期重点建设和完善榆次、平遥古城、乔家大院、王家大院与静升古镇、大寨、龙泉—麻田、云竹湖、绵山、石膏山九大旅游区，并优先推进具有较大投资与建设规模、较强可行性与示范性、具有重要影响的重点旅游项目，包括平遥古城保护与深度开发项目、乔家大院保护与深度开发项目、大寨旅游开发项目、麻田红色旅游项目等。这些重点项目具有突出的市场影响力、产品竞争力、投资拉动力和经济增长力，是形成晋中市近期和今后旅游发展核心竞争力的拳头旅游产品。此外，近期行动计划内容涉及多方面，主要内容不仅包括重点景区（点）开发和提升项目，还包括重点游客服务中心、五星级酒店或其他旅游服务设施建设项目、旅游精品线路、旅游交通建设项目、旅游营销策划等。进一步讲，除了上述的硬件设施建设，在全域旅游大背景下，近期行动计划主要内容还应包括市域旅游政策、技术、管理、生态等与旅游产业相关的软环境建设。

　　实践意义上看，规划者在调研和分析市域旅游产业发展情况的过程中，应认真剖析和找出制约市域旅游产业发展的弱项和瓶颈，针对这些问题，指出近期（一般为三到五年）该地级市需要加强和立即解决的事项。比如：规划者若发现旅游政策不到位，那就要求出台相应的旅游政策；若市域旅游管理机构不够完善，那就需要完善旅游管理机构；若某些旅游景区产业要素缺位，那就要采取措施及时补充。这些内容都应在近期行动计划编制中加以详细说明，并为当地政府提出可行策略和解决问题的途径，使当地政府能够明确近期需要做的主要工作，进而提高旅游规划的可操作性和实用性。

# 第七章 结论与不足

## 7.1 结论

本文把山西省七个地级市（太原市、大同市、运城市、晋中市、朔州市、吕梁市、长治市）市域旅游发展规划作为案例代表，从市域旅游规划编制的基础研究、核心内容研究、客源市场分析及营销、近期行动计划等方面，结合规划实例，理论联系实际，对市域旅游规划进行探讨，针对规划编制内容或方法存在的问题，提出了意见和建议，以期对其他市域旅游发展规划的编制以及研究和实践给予一定借鉴，为构建市域旅游发展规划模式的系统框架做出努力和尝试。

关于市域旅游规划文献研究、实践以及地位和特点，本文主要解决如下问题：

1. 理顺市域旅游规划的文献研究，得出"市域旅游规划研究尚未细化"的结论。根据对国内市域旅游规划的大量文献研究发现，在关于论述区域旅游规划的文章里学者们涉及市域旅游规划的甚少，大都一笔带过，从未专门提出并加以研究。

2. 大致理清了山西省旅游规划的发展脉络。大致分为两个阶段，第一阶段是以事业性旅游发展规划为主的起步阶段，时间是从 1985 年至 1999 年；第二阶段是以产业性规划为主的全面发展阶段，时间是从 2000 年至今。（参考张世满教授于《山西旅游业分析与预测》发表的文章"山西省旅游规划研究"）

3. 初步厘清了市域旅游规划的地位。从行政区划角度，区域旅游规划包括全国、省域、市域与县域规划，市域旅游规划是区域旅游规划从行政区划所划分出来的一种类型。市域旅游规划是介于省域旅游规划（相对宏观）与县域旅游规划（相对微观）两者之间的中等尺度规划，具有承上启下的地位和作用。

4. 明确了市域旅游规划与其他规划的关系。正确处理市域旅游规划与国民经济、国土规划、省域旅游规划、县域旅游规划以及各专业规划之间的关系，其中，尤其要明确省域与市域、市域与县域旅游规划之间的关系，它们之间应当相互衔接，相互协调，并总体上遵循下级服从上级、局部服从全局的原则。由于地区发展情况不同，市级与县级旅游规划编制顺序可根据实际情况有所调整，但省级旅游规划编制完成时间一般应在地级市旅游规划之前，以便于指导地方旅游产业目标的制定。

5. 市域旅游规划特点的概括。对于市域旅游规划，不能简单地比照省域或县域旅游规划的内容来做，应根据市域承上启下中等尺度的特征，总结市域旅游规划自身的特性，即资源整合特性、行政协调特性、方向引导特性与协同功能特性，最终制定出可行可用具有指导意义的市域旅游规划。

关于市域旅游规划编制的基础和核心内容研究，本文主要解决了如下问题：

1. 概括市域旅游产业发展情况，需要规划者考虑如下三方面。第一，总结市域旅游产业发展的成就和经验。第二，总结目前地级市旅游发展存在的主要问题。第三，针对主要问题提出对策，应对未来旅游发展挑战。

2. 市域旅游资源调查对象的选定不应广撒网，切不可将所有资源点都罗列在册，而应有原则、有标准。本文将标准归纳为"四为主，四为辅"，即"以重点资源为主，其他资源为辅；以一般意义的旅游资源为主，潜在资源为辅；以已开发和正在开发的资源为主，待开发的资源为辅；以规划区内部资源为主，区外资源为辅"。且这一原则整体上符合市域旅游规划选择旅游资源的要求。

3. 设定市域旅游产业发展目标与战略选择的思路。首先，明确地级市在省域旅游产业发展中充当的角色和需要完成的使命。其次，根据规划期限划分旅游发展阶段，明确各个阶段需要完成的任务和目标，并建立以经济、社会、生态为主的科学合理的目标体系。最后，规划者要尽可能结合本市实际情况和设定的目标体系，制定实事求是的战略途径，从而为目标体系的实现奠定行动基础。

4. 一般而言，不论哪个地级市旅游规划，最后所确定的旅游形象不可能也不应该将市域内所有旅游资源都囊括其中，而应挑选其中最具市场号召力的旅游资源作为市域旅游形象主要的突出点。因此，定位地级市旅游形象需要考虑两方面，分别是旅游资源的地脉文脉与市场号召力。

5. 市域旅游规划产业空间布局和县域旅游规划的关系本质上是整体与局部、指导与被指导的关系。现在很多市域旅游规划，并不是从市域旅游产业大格局的视角考虑各县区应承担的角色和发挥的作用，而是孤立零散地说明各县区发展重点和发展思路，不分轻重地点评市辖各县区旅游产业未来的发展方向。应站在市域旅游产业发展大格局中，明确各县区所承担的使命和任务，确定各自的发展方向，才会有效推动市辖县区有机联系、相互促进与共同发展。同时，在探讨各区县旅游产业未来发展方向时，规划者用的笔墨要有轻有重，针对可开发旅游资源多的县要着重说明，针对资源少且开发潜力一般的县适当说明，对基本没有什么资源的县区，规划甚至可以不提。

6. 关于市域旅游产品优化的问题，与其他行政级别的规划相比，市域旅游产品更注重市域范围内旅游景区（点）的协同发展和相互合作。主要包含五层含义：一是优化市域旅游产品结构，构建全体验式产品体系；二是优化产品空间结构，注重区域协同发展；三是整合旅游线路产品，满足不同市场需求；四是调整旅游要素结构，保障要素布局趋向合理；五是明晰景区层级结构，发挥方向指导作用。

此外，市域旅游规划市场营销部分存在内容重复、抄袭严重、缺乏针对性等问题。最后，论文还提出了规划核心内容完成之后，需要明确并提出一些市域重点建设项目和重点景区，将这些重点项目细化并进行分期安排，这都是市域旅游规划需要从宏观上解决的主要问题。

## 7.2 不足之处

论文在研究市域旅游发展规划过程中，由于涉及市域旅游规划的文献资料极少，再加上笔者学识水平有限，规划实践相对缺乏，在研究中必然存在一些问题，或者提出了问题，但没有提出切实可行的解决措施，或者有一些问题笔者没有察觉到，诸如在市域范围内跨区域旅游景区的发展等方面的研究在本文中论述不足，有待后继旅游研究者做更深入研究，对此，本文能起到抛砖引玉的作用就满足了。

在此，笔者愿听取各方意见与建议，以期能对市域旅游发展规划编制的理论研究有所贡献，对山西省乃至全国其他地区新一轮市域旅游产业发展规划的编制实践提供帮助。

**作者简介：**

王月芳：女，山西省大同市人，2006.9—2010.7 山西大学旅游管理专业本科，2010.9—2013.6 山西大学旅游管理专业硕士，2013 年 7 月至今在大同市旅游发展委员会工作。

# 第二单元

# 跨行政区旅游资源规划与开发研究

## 尚 莹 张世满

**摘 要：** 跨行政区的旅游资源在我国普遍存在，由于我国的行政体制设置，使得同一旅游资源分属于不同的行政区划范围，人为地将旅游活动分割开来。就目前的情况来看，行政区划的刚性约束是导致此类旅游资源开发中矛盾和利益纠纷的重要原因，严重影响了旅游的整体效益的发挥和品牌形象的树立。随着旅游业的发展和人们旅游意识的成熟，跨行政区的旅游规划与开发是非常必要的，不论是理论方面还是实践方面都值得研究。

本文借鉴了前人的研究理论，参考了相关的规划成果，运用归纳演绎的思维方式，对跨行政区旅游资源进行了基础性研究，分析其规划和开发的可行性与必然性。运用案例分析法，对国内一些经典的跨行政区旅游案例进行分析，总结成功的经验和存在的现实障碍。根据理论基础和现实案例分析，文章试图构建此类旅游资源在规划编制与开发过程中的体系，提出各行政区应该在统一规划的前提下进行不同形式的开发，达到整体性和规模性发展，提高竞争力和旅游效益，同时各利益主体应该规范自己的行为职责，达到利益的均衡，实现多赢。

山西省的旅游资源众多，其中有一些重点旅游资源也分属于不同的行政区，但目前发展的情况不尽如人意。本文以雁门关、壶口瀑布两大典型的跨行政区旅游资源为例，分析其资源特点和发展现状，为更好地规划和开发提出建议和对策，使景区能够健康持久地发展。

**关键词：** 跨行政区旅游资源；旅游规划；旅游开发

# 第一章 引 言

## 1.1 问题的提出

　　长期以来，由于我国的行政体制设置使得同一旅游资源分属于不同的行政区，导致了行政区划对旅游活动的刚性约束，跨行政区的旅游资源规划与开发面临着许多发展困境，也容易使各行政区之间产生利益冲突。有的旅游规划脱离了本地实际，缺少本地元素，有的则缺少管理监督，遭遇执行的困境。在对资源的开发中，大到省级之间，小到村级之间，为了同一个旅游资源及其市场注意力的争夺正日渐激烈。这些问题表现在旅游规划上则是各陈其词，各行其是，许多旅游产品的设计、旅游线路的安排都仅局限于各自的行政区域内，旅游资源特质相似的相邻地区往往发展思路和产品规划雷同，导致重复建设。一方面浪费了大量人力物力财力，另一方面也割裂了同一旅游资源的整体开发和规模化发展。随着旅游业的发展和人们旅游意识的成熟，不论从旅游资源本身，还是从开发者、管理者、经营者或旅游者的角度来看，跨行政区的旅游资源科学规划与合理开发都是非常必要的，已经成了一个新的趋势。

### 1.1.1 跨行政区旅游资源在我国普遍存在

　　我国的旅游资源丰富，跨行政区的旅游资源普遍存在，有些已经得到开发，有些正在开发，有些还未开发，但大都具有良好的市场前景。如重庆与湖北交界处的三峡旅游区、四川西藏云南交界处的香格里拉生态旅游区、山西陕西交界处的壶口瀑布旅游区等，这些著名的旅游区都是跨了行政省界，除此之外还存在众多跨市界、跨县界的旅游资源。这些资源由于地域范围广、知名度较高，具有高品质的自然景观、生态环境及独具特色的民俗风情，发展潜力巨大，发展前景良好。

### 1.1.2 行政区划在旅游发展中的利弊表现

　　行政区在旅游规划与开发中对跨行政区旅游发展有两方面的表现：一方面是积极作用，在社会主义的市场经济体制下，地方政府的主导作用非常重要，对区域内的社会经济和旅游的发展起着积极的作用；另一方面是消极作用，由于旅游活动具有空间性，在受到行政区划范围制约时，就导致了消极的影响。首先是限制了旅游资源的开发，不能更好地进行有效配置，其次是各个地方政府追求短期旅游经济效益的最大化，造成了旅游开发的重复性、旅游产品的同质性和旅游项目的短期性，最后是行政壁垒的存在，使得要素不能有效流动，区域合作难以形成。

从旅游业本身的角度来看，跨行政区的旅游规划与开发是旅游业发展到一定阶段的需要。现代旅游是一种产业，尤其在我国是一种新兴的产业。我国各地政府都十分重视旅游业，并将旅游业列入国民经济发展的重点领域。随着我国经济的发展与体制的完善，区域间交通、信息条件的改善，为跨行政区的旅游活动提供了很好的基础，各要素能够更便捷、更频繁地流动。因此，政府将逐渐转换职能，更加注重宏观管理和综合调控，更多关注社会事业的发展，对旅游经济活动的直接干预将逐渐减弱。跨行政区旅游的经济活动将显著增强，并逐渐向着一体化发展。

### 1.2 研究对象及基本概念的界定

#### 1.2.1 研究对象的界定

以跨行政区的旅游资源为研究对象，以旅游规划、开发、管理等方面的内容为目的进行研究。

#### 1.2.2 基本概念的界定

行政区内的旅游，是指在某一确定的行政区域范围内，由该行政区域的旅游主管部门实施行业管理。行政区域内部的旅游合作相对而言是比较容易实现的，可以靠行政手段来实施。

跨行政区的旅游资源，是指同一旅游资源涉及两个或两个以上县级行政区域，具有不可割裂的地缘性和空间联系上的便捷性。首先根据旅游资源所涉及的行政单元的级别，可以分为跨县的旅游资源、跨市（地、州）的旅游资源、跨省（自治区）的旅游资源和跨国旅游资源，不同层次的旅游资源之间既有重叠又有交叉，可归入更高层次的级别中，比如一些旅游资源既跨了县域又跨了省域，可视为跨省域的旅游资源。跨国界的旅游资源事关国际事务，与其他旅游资源明显不同，故本文不做讨论；其次是不可割裂的地缘性，是指同一旅游资源及周边环境是一个相对完整的地理单元，一般来说以山脉、河流、湖泊等自然资源居多，也包括一些特殊的人文历史资源；再次是空间联系上的便捷性，是指该旅游资源内包含的景点景区之间、与周边城市之间、与旅游集散地之间的交通联系应该是便捷和完善的，游客能够畅通无阻地在这些地方之间流动循环，这样才更有利于向游客展现旅游资源的全貌和整体优势，树立整体的形象品牌。

跨行政区的旅游，是指"两个（或多个）行政区政府在保持原有的行政体制不变的前提下，打破传统封闭发展的思想，遵循旅游市场经济发展规律，秉着'互惠互利、真诚实意、团结发展'的原则，就资源、资金、技术、交通、人才和信息等旅游生产要素与邻近或不相邻区域进行的实际性合作，共同营造'大区域、大发展'的旅游市场"①。

## 1.3 国内外的相关研究动态

### 1.3.1 国外研究动态

自 20 世纪 80 年代以来，世界经济全球化和区域经济一体化的发展趋势加剧，导致许多行业追求在更大范围的跨行政区域合作，旅游活动也要求在更广阔的区域中进行，也更有利于提升地区的旅游竞争力，跨行政区的旅游便逐渐成为各国专家研究的焦点，尤其是欧洲一些国家，已经突破了行政区划的范围，寻求更大区域的旅游合作。有些学者在借鉴与旅游密切相关的学科的一些理论研究的基础上，形成了一系列与跨行政区旅游相关的理论，包括"核心—边缘"理论、"利益相关者"理论，以及对跨区域旅游合作的类型、组织行为模式、影响因子、联合营销的研究等。

完整提出"核心—边缘"理论模式的是美国规划专家弗里德曼（J.R. Friedmann）。1966 年弗里德曼出版了他的学术著作《区域发展政策》一书，系统提出了"核心—边缘"的理论模式。该理论在"试图解释一个区域如何由互不关联、孤立发展，变成彼此联系、相互关联的平衡发展的区域系统"②。在旅游规划方面，一些学者

① 龚永辉、郭辉：《地方政府旅游资源合作开发研究》，《软科学》2007 年第 10 期。
② 汪宇明：《核心——边缘理论在区域旅游规划中的运用》，《经济地理》2002 年第 5 期。

借鉴"核心—边缘"理论进行景区空间布局、旅游资源的区域整合、跨区域旅游联动发展等方面的研究。许多景区出现了与"核心—边缘"圈层构造的理念相似的布局模式，比如 Forster（1973）提出旅游区环境开发的"三区结构"（核心区、娱乐区、服务区）。日本学者前田豪提出市场竞争圈（竞合圈）的概念为旅游资源的市场分析与营销提供了更有效的手段。

1984 年，美国学者 Freeman 在其著作《战略管理——利益相关者方法》中明确提出"利益相关者"理论，该理论在被广泛运用于企业管理的同时，也被引入旅游研究，尤其是旅游合作的研究中。20 世纪 90 年代，Jane Robson 和 Ritchie 根据利益相关者理论，探讨了在旅游合作中的方法和程序。Philip（2008）通过对英国两大旅游企业发放问卷调查并对结果进行分析，指出"发展旅游业必须考虑到以人为本这一问题"[①]，以此解决在旅游企业合作时的相互关系。

在区域旅游合作类型的研究方面，国外学者要晚于对以上两种理论的研究。Timothy 于 1998 年分析得出旅游合作的四种类型："政府机构之间合作、不同级别政府机构之间合作、同级别政府机构合作以及公私合作"[②]。Araujo（2002）等以巴西东北部区域旅游合作为例，探讨了政治和社会经济对合作的影响以及如何进行合作，并建立了一个综合型的合作模式。一些学者甚至提出了建立旅游合作的网络拓扑结构[③]。

在影响因子的研究方面，Reed（1997）引入组织理论论证了权力关系对同地区旅游规划的影响，研究认为"权力关系会改变协作行动取得的结果，甚至是阻止协作行动，因此权力关系是了解该地区旅游规划特点和因果关系不可缺少的因子"[④]。Tosun（2000）认为，发展中国家社区参与旅游发展受到三方面的限制：

---

① Philip Alford, *Open Space – A Collaborative Process for Facilitating Tourism IT Partnerships* (2008), pp. 430—440.

② Timothyd, "Cross-border Partnership in Tourism Resource Management：International Parks along the US-Canada border," *Journal of Sustainable Tourism*, 7(1999): 182—205.

③ Araujo L M D and Bramwell B, "Partnership and Regional Tourism in Brazil," *Annals of Tourism Research*, 4(2002): 1138—1163.

④ Reed M G, "Power Relations and Community-based Tourism Planning," *Annals of Tourism Research*, 3(1997): 566—591.

政府运作层面、规划编制层面和社区参与层面。

在联合营销方面，Peter 和 Kurtulus（2000）界定了区域旅游合作营销的概念和组成要素，分析了在不同国家间的经济限制下进行合作营销的可能性①。Jonathan（2002）特别强调共同的营销计划在跨区域旅游发展中的重要地位②。

### 1.3.2 国内研究动态

相比较国外而言，国内的旅游业起步晚、发展快，相关研究尤其是跨行政区旅游的研究在时间上更迟一些，但是涉及的方面较广，主要包括相关理论研究和案例研究等。

1987 年在深圳中国地理学会人文地理专业委员会上，陈传康等几位学者认为旅游地理学在跨学科研究的基础上，应当重视区域旅游开发的研究。2001 年中国旅游出版社出版的《区域旅游规划原理》，书中对中国区域旅游规划研究进行了全面的总结，为区域旅游规划提供了一个理论研究和实践的有用框架。龚永辉，郭辉（2007）认为"行政区域内部的旅游合作相对而言是比较容易实现的，可以靠行政手段来实施"③。

一些学者对于跨行政区旅游规划的必要性与可行性进行了分析，薛莹（2001）、罗文斌（2004）提出跨行政区旅游是旅游业发展的需要、旅游活动"无拘束"的需要、资源开发和保护的需要、提高旅游供求能力的需要、增强规划合理性的需要和树立旅游整体形象的需要。涂建华、张立明、胡道华（2004）分析认为，随着社会经济的发展，行政区旅游在区域一体化进程中的演进趋势"一是政府对旅游经济活动的直接干预逐渐减弱，二是企业在跨行政区活动日趋活跃。由此推动着旅游资源在整个区域内流动和有效配置"④。蒋坤富，张述林，陈琴，毛长义（2011）在跨区域旅游规划中运用了综合集成技术设计了跨区域旅游规划系统，实现区域

---

① Peter U. Dickc and Kurtulus Karamustafa, "Cooperative Marking in the Accommodation Subsector: Southeastern Mediterranean Perspective, *Thunderbird International Business Review*, 42(2000): 467—494.

② Jonathan Greer, "Developing Trans-jurisdictional Tourism Partnerships—insights from the Island of Ireland," *Tourism Management*, 23(2002): 355—366.

③ 龚永辉、郭辉：《地方政府旅游资源合作开发研究》，《软科学》2007 年第 10 期。

④ 涂建华、张立明、胡道华：《跨行政区域的旅游整合开发与管理的观念创新》，《经济与管理》2004 年第 5 期。

旅游规划高效化、智能化、科学化问题①。

许多学者根据跨行政区旅游规划的实际案例进行分析，根据它们所包含行政单元的级别进行区分，跨市（地州）的旅游如云南省滇西北旅游区、滇西南旅游区；跨省（自治区、直辖市）的旅游如西北部的丝绸之路旅游区、长江三峡旅游区、香格里拉生态旅游区等；跨国的旅游如中国—老挝、中国—缅甸、中国—越南边境旅游等。刘汉成，夏亚华（2012）以大别山为例，研究了跨界旅游合作面临的困境与整合开发，分析了跨行政区旅游开发的必要性、现实障碍及规划开发的途径②。王淑娟（2012）以京津冀、环渤海为例，进行旅游产业带协调机制研究，认为这样有利于消除目前行政区划、旅游资源同质性等旅游合作的障碍因素，在此基础上搭建旅游合作平台、构建便捷旅游区、塑造区域旅游形象、扶持跨区域旅游企业、学术科技合作等③。

王乃举、黄翔（2008）以大黄山旅游品牌为例研究了跨区域品牌的共建问题④。邢夫敏（2006）以江南古镇为例，研究跨行政区域的旅游景区合作对策⑤。刘聪、牟红（2003）对乌江旅游"区域联动，整体开发"进行了可行性探讨⑥。但是，学界对涉及山西的跨行政区域旅游资源开发研究基本空白。

## 1.4 研究课题的目的和意义

一些核心旅游资源所处的自然地理位置，因其处在不同行政区域之间而受到行政边界的分割，涉及的不同行政区之间应该在统一规划的前提下进行不同形式的合作，对旅游资源进行整体性和规模性的开发，提高竞争力和旅游效益，同时各利益主体应该规范自己的行为职责，达到利益的均衡，实现多赢。

① 蒋坤富等：《区域旅游规划综合集成技术初步研究》，《旅游研究》2011年第3期。
② 刘汉城、夏亚华：《跨界旅游合作面临的困境与整合开发——以大别山地区为例》，《旅游经济》2012年第5期。
③ 王淑娟：《区域合作视角下京津冀、环渤海旅游产业带协调机制研究》，《学术探索》2012年第2期。
④ 王乃举、黄翔：《大黄山旅游品牌共建战略研究》，《安徽广播电视大学学报》2008年第4期。
⑤ 邢夫敏：《跨行政区域的旅游景区合作对策研究——以江南古镇为例》，《企业经济》2006年第8期。
⑥ 刘聪、牟红：《乌江旅游"区域联动，整体开发"的可行性探讨》，《探索》2003年第6期。

山西省的旅游资源众多，其中有一些重点旅游资源分属于不同的行政区。但就目前的情况来看，多数旅游规划还是以市域、县域为单位，将这些旅游资源进行人为的分割，导致了同一整体旅游资源的不同规划和分割式开发。本文将以山西省内雁门关、壶口瀑布两大旅游区为例，分析如何能突破行政界限，为更好地规划和开发旅游资源提出观点并进行分析，为该类型的旅游资源规划与开发提供参考。

## 1.5 研究方法和课题创新

### 1.5.1 研究方法

文献研究：在搜集大量文献资料（包括研究的理论成果和相关规划成果）的基础上进行分析统计，形成文献综述，对跨行政区旅游规划和开发进行系统性了解和认识，并在过程中进行思考并形成初步想法。

案例研究：一是对国内典型的跨行政区旅游资源开发进行分析，总结其成功经验；二是对于文中用作案例的雁门关和壶口瀑布两个景区分别进行研究，具体情况具体分析，从中形成有针对性的对策。

实地研究：对于本文用来分析的两大景区案例，笔者实地进行观察研究，由于有了前面的理论准备，这里将运用理论假设，通过对案例地的观察来验证与完善理论假设。

跨学科研究：运用地理学、管理学等学科以及跨学科的理论、方法，对案例地进行综合研究。

### 1.5.2 课题创新

目前国内对跨行政区旅游规划与开发的研究还处于初级阶段，并且绝大部分着眼于省级间的旅游合作，整体研究力度远远不够，尤其是山西省范围内跨行政区的旅游规划和开发以及学术研究更是凤毛麟角。因此，本课题可以在这块处女地上进行探索性研究，对相关理论和实际都具有重要意义。

## 1.6 论文框架

本文写作的基本框架思路如图 2.1。

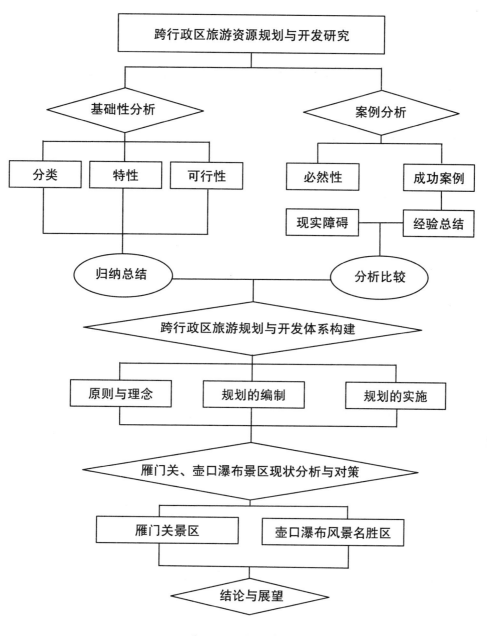

图 2.1 论文框架图

# 第二章 跨行政区旅游资源的基础性分析

中国自古以来就多以天然的山川、河流、湖泊等自然资源划分行政区边界，如唐人的"但据山河以分耳"，以及明人总结的"先儒谓山为水之网，水为山之纪，而洪河大山亦天地间大界限也"①，一些没有天然地形来划分行政区边界的地方，经常人工修筑城墙关隘等设施，立界碑等，这种划分方式导致了一些自然地域与行政区划交错的空间关系。相对于硬性的行政区划分，文化区则更具有完整性和同质性，前者只是一个管理单元，后者则是在一定的地理环境中形成的，是特定文化的空间载体。虽然一些省级行政区的范围内也包含有较完整的文化区，但较小的如县、市级等多个不同行政区则具有共同的文化特质，因而产生了共同的文化旅游资源，如民俗等。因此，一些空间范围较大的同时兼作为行政区边界的旅游资源往往被行政区所割裂，但其所代表的社会文化则是一个高度关联的整体。本章就对这类旅游资源进行一些基础性的分析，以便进一步考虑对其进行规划和开发。

## 2.1 跨行政区旅游资源的分类

根据不同划分标准，可以把跨行政区的旅游资源划分为不同类型。

### 2.1.1 依据旅游资源的本身特性划分

一般而言，旅游资源根据本身的特性可以被划分为自然旅游资源和人文旅游资源，参考《旅游资源分类、调查与评价》（GB/T18972—2003），自然旅游资源包括地文景观、水域风光、生物景观、气候与天象景观等，人文旅游资源包括遗址遗迹、建筑及设施、旅游商品等。但是一些旅游资源既包含了自然景观又具有人文景观特色，笔者认为可以将这类资源作为综合旅游资源，例如宗教活动、乡村旅游资源等。

① 浦善新：《中国行政区划改革研究》，商务印书馆，2006。

因此，跨行政区旅游资源依据本身的特性可以分为三类：跨行政区的自然旅游资源、跨行政区的人文旅游资源和跨行政区的综合旅游资源。跨行政区的自然旅游资源主要包括名山名水等，例如晋陕交界处的壶口瀑布；跨行政区的人文旅游资源主要包括人文古迹、民俗风情等，例如山西省内跨忻州和朔州两地的雁门关旅游区、桂湘黔交界的原住民风情旅游区等；跨行政区的综合旅游资源则种类繁多，自然景观与人文景观兼备，如闽粤赣三省交界区域的客家文化与丹霞地貌旅游区等（参见图2.2）。

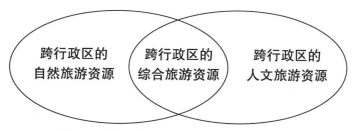

图 2.2　跨行政区旅游资源分类示意图一

### 2.1.2 依据所跨行政区的级别与个数划分

根据旅游资源所涉的行政单元的级别，可以分为跨国的旅游资源、跨省（自治区、直辖市）的旅游资源、跨市（地、州）的旅游资源和跨县的旅游资源，如果不同层次的旅游资源之间既有重叠又有交叉，则可归入更高层次的级别中，比如一些旅游资源既跨了县域又跨了省域，可视为跨省域的旅游资源。跨国界的旅游资源事关国际事务，与其他旅游资源不同，故本文不做讨论。跨省（自治区、直辖市）的旅游资源一般来说地域较广、等级较高，如川滇藏交界处的香格里拉生态旅游区、鄂豫皖交界处的大别山旅游区等；跨市（地、州）和跨县的旅游资源在我国更为多见。

根据旅游资源所涉及的行政单元的个数，可以分为跨二元行政区的旅游资源、跨三元行政区的旅游资源、跨多元（四个及以上）行政区的旅游资源（参见图2.3）。顾名思义，跨二元行政区的旅游资源是指涉及两个行政区域的旅游资源，跨三元行政区的旅游资源是指涉及三个行政区域的旅游资源，以此类推。就中国目前的行政区划体系来讲，省级行政区之间只存在两元和三元省区的交界地带，但市县级行政区之间存在的跨多元行政区域的旅游资源很多。通常情况下，跨越的行政区域越多，牵扯的经济主体数量就越多，约束条件更为复杂，在旅游资源的规划和开发中不确定性和矛盾越多，区域内各种资源要素更难实现优化整合。

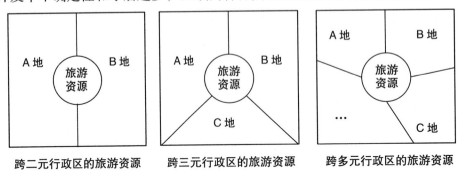

图 2.3 跨行政区旅游资源分类示意图二

### 2.1.3 依据旅游资源的空间开发关系划分

根据分属于各个行政区内的旅游资源的空间结构及发展水平，可分为离散型旅游资源、均衡型旅游资源、聚集型旅游资源。离散型旅游资源是指各个行政区内独自开发旅游资源，相互联系很少，旅游发展水平各不相同，有的处于起步阶段或尚未开发，有的已经发展较好，相互之间的合作与竞争较弱。均衡型旅游资源是指各个行政区内的旅游资源开发程度不相上下，如果进一步加强联合，则可以提高旅游的综合竞争力，实现共赢，而如果互相排斥，则削弱了旅游的综合竞争力，出现恶性竞争和矛盾的激化。聚集型旅游资源是指旅游资源通过各行政区高度的合作或统一规划开发，已经具有核心吸引力和整体旅游形象，各行政区之间的联系非常紧密，能够充分带动旅游资源周边地区的发展，成为经济增长点（参见图 2.4）。

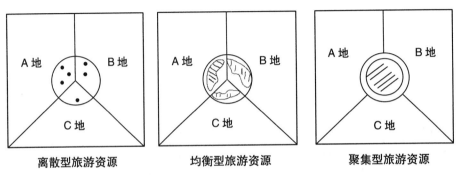

图 2.4 跨行政区旅游资源分类示意图三

## 2.2 跨行政区旅游资源的特性

### 2.2.1 资源占地面积广，特色鲜明

跨行政区旅游资源在我国普遍存在，其中一些名山大川、河流湖泊、人文景观等资源占地面积较广且具有很高的独特性，有的资源还是国内甚至全世界范围内独一无二的，例如世界最高峰珠穆朗玛峰、西南地区的喀斯特地貌、雅鲁藏布大峡谷、长江三峡、晋陕交界处的黄河壶口瀑布等。同时，一些跨行政区的旅游资源既包括自然景观又有人文景观，二者密切结合，整体上提升了旅游资源的品位。

### 2.2.2 各区域联系紧密，利益复杂

从地理角度来看，跨旅游资源所涉及的不同区域大都属于同一自然区，地缘关系十分紧密，具有相似的自然特征和人文特性，例如地理条件、气候气象、土壤植被、民风民俗等。但是我国的行政区将其人为分割，不同行政区之间具有经济和社会发展差异，这种差异性也导致了相互很难协调的矛盾，因为各行政区的独立管辖，其内部的经济发展水平和政策方面存在不平衡性，发展目标也不相同，对于同一旅游资源的开发持不同的态度，还涉及政府、企业、居民等各方面的利益，关系十分复杂。

### 2.2.3 旅游开发成本高，难度大

从行政区的角度来看，跨行政区的旅游资源一般处于各个行政区的边缘位置，除了一些知名度高、影响力大的高等级旅游资源能受到重视，处于边界处的旅游资源由于远离核心城市，往往位于重要的经济发展圈之外，同时由于交通、服务等发展水平落后，投资方通常认为成本很高、投资回收期过长，因而旅游资源的开发缺乏资金，加之基础设施欠缺、市场宣传不够，旅游开发成本较高、难度较大。

## 2.3 跨行政区旅游资源规划与开发的可行性分析

根据对跨行政区旅游资源的分类和特性分析可知，其规划和开发具有以下三方面的可行性。

### 2.3.1 旅游资源的同一性

虽然同一旅游资源被不同的行政区所分割，但是由于地缘相近，文脉相连，

进而为各方面合作奠定了基础，同一旅游资源及其周边地区能够构成完整的旅游地域系统，十分有利于将旅游资源整合开发，使资源得到充分利用，并发挥其向内的集聚力和向外的辐射力，这样的规模效应是原来单个行政区对资源开发和旅游业发展所无法获得的。

### 2.3.2 边界联系的便利性

空间联系的便利性是旅游活动能否顺利开展的重要因素之一，对于跨行政区的旅游资源而言，空间联系包括距离、交通等条件。一般来说，两地之间的空间距离越大，游客的花费就越多，旅游效率就越低，旅游合作的可能性就会降低。跨行政区的旅游资源由于地缘关系，涉及的行政区域之间如果有便捷的交通条件，则有利于加强各行政区之间的联系与合作，缩短游客往返于各区之间的旅游时间，提高游客的满意度。

### 2.3.3 不同区域的特色性

旅游资源在不同区域内的分布不尽相同，各地旅游都具有自身的特色元素和优势，这些差异性都是吸引游客前来旅游的基本动力，同时也是旅游地之间相互合作互补的基础。充分利用各地区在自然地理、地方民俗方面的多元化，培养各有所长的特色产品和旅游项目，使旅游要素实现互补完善，提高旅游的吸引力。还可以与当地所有的其他旅游资源进行整合，串联旅游线路，利用更多的资源种类和数量优势，丰富旅游活动的内容，延长游客的停留时间，增加旅游收益。

# 第三章　国内跨行政区旅游规划
# 与开发的案例分析

## 3.1 发展历史及其必然性

### 3.1.1 发展历史

我国的大范围的旅游活动始于改革开放后，随着社会和经济的不断发展，旅游业也逐渐发展起来，跨行政区旅游活动也逐渐产生并发展，其大致的历程分为三个阶段。

20世纪80年代，随着入境旅游的发展，国家按计划统一配给各地的客源外联权，有些地区之间为了增加当地游客流量而自发产生协作，相互引进客源。1980年，国务院颁布了《关于推动经济联合的暂行规定》，各地逐步拥有了自主外联权，同时增强了各区间的旅游协作，有些省市之间也主动商议了合作事宜，组建了部分合作组织。"此时的旅游协作多是按照行政区划的范围组织的，如华东六省旅游协作会、环渤海湾五城市旅游协作会、西北五省旅游协作会等"。①

20世纪90年代，我国正从计划经济向市场经济转型，跨行政区的旅游逐渐进入了实质应用阶段，例如珠江三角洲内的联合市场、联合旅游线路、联合促销等活动；环渤海周边的五城市明确规定了合作章程和组织形式，包括市场促销、人才培训、交通、接待等方面。但是由于管理、开发、竞争的无序化、跨行政区旅游还属于分散化、低水平的状态。

如今，随着经济的快速发展和人们旅游意识的提高，我国出现了新一轮的旅游趋势，许多地方开始打破地域界限，逐渐与相关地区共建旅游圈，达到资源、市场、产品、信息、人才等多方面的优势互补与分工合作，例如环渤海、粤港澳

① 薛莹：《对区域旅游合作研究中几个基本问题的认识》，《桂林旅游高等专科学校学报》2001年第12期。

等旅游圈。事实说明，从旅游者的角度、旅游资源的配置、旅游市场经营的角度来看，都要求在更广阔的地区间进行广泛的旅游活动与合作。

### 3.1.2 必然性分析

旅游从开始的分散、相对封闭的空间活动向跨行政区域合作的发展模式转变，既是社会经济大环境的需要，又是旅游业和旅游经济发展的自身需要。

#### 3.1.2.1 社会经济一体化趋势下的必然要求

随着世界经济全球化和区域经济一体化的发展，世界各国各地区之间从经济利益出发，利用自身优势，进行相互合作，达到共同繁荣。在这一世界性趋势下，旅游业的发展也趋向区域合作，各个区域内要根据自身的资源特性进行优化，突破行政区划的界限，按照经济自身的发展需求在更广阔的空间内进行统一规划，统一布局，整合资源和产业，进行规模生产和分工协作，开阔更大的市场，实现社会经济的全面、共同发展。

改革开放以来，我国推进区域合作，一方面加强国际间交往，一方面推进国内各区域间的经济合作，合作的范围、内容逐步扩大，例如：长三角地区、珠三角地区、环渤海地区等。在突破了行政区划的界限后，可以达到基层设施的共建和资源的共用，同时有利于金融、市场、信息的合作与共享。近年来，国内东部、中部、西部三区间的交流更加频繁和深入，尤其在资金、技术、人才等方面有了更明显的合作。

可以看到，在社会经济一体化的趋势下，跨区域的经济活动是顺势而行，突破行政区划的旅游也是区域经济持续、健康、快速发展的必然要求。

#### 3.1.2.2 各区内旅游经济持续发展的重要条件

在社会经济的发展趋势下，区域经济的重要性与日俱增。改革开放后，国家宣布十四个沿海开放城市和经济特区，区域经济就开始显现出它的重要作用，直到西部大开发和中部崛起的战略实施，区域经济在逐步推动改革开放的每一次进步。我国旅游业的发展也同区域经济的发展相似，都是从东向西逐步推进，或是从经济发达地区向欠发达地区推进。近些年，区域旅游也产生了强劲的发展势头。旅游业作为一个综合性的产业，具有较高的产业关联度，在区域经济的发展中已经发挥了重大的作用。但是，在许多地区将旅游产业作为当地重要产业的同时，也出现了很多问题，如行政壁垒、地方保护主义、旅游开发的同质化、旅游产品的重复移植、基础设施不能共享等，对于这些问题如果不能有效解决，会影响到旅游业的健康发展，同时也会阻碍区域经济的健康发展。

### 3.1.2.3 旅游整体形象建设的迫切需要

随着我国大众旅游的发展，旅游需求不断扩展，各种旅游信息也飞速增加，而游客对于旅游目的地的选择有很大程度都是根据当地的旅游形象，这就使旅游目的地形象的建设显得尤为重要。纵观世界的旅游市场，旅游目的地的整体形象建设、旅游产品的联合促销已成为一大趋势。一些著名旅游目的地如欧洲、东南亚等的整体形象越来越鲜明，地区之间、国家之间的联合促销也逐渐加强。在此背景下，我国的旅游业发展应该树立国家形象，各地区的旅游业发展也应该树立自己的整体形象。而从现实的情况来看，各地区、各景区的旅游形象建设还不尽如人意，普遍出现分散、独立、档次不高的问题，在旅游活动中就经常出现互相封锁、各自为政、争抢客源的情况。因此，摆脱行政区的束缚，以旅游合作为基础，才能有利于建设旅游的整体形象。

## 3.2 案例分析

### 3.2.1 长江三峡旅游区

长江三峡是我国最重要的旅游目的地之一。三峡全长 192 公里，西起重庆奉节白帝城，东到湖北宜昌的南津关，是瞿塘峡、巫峡和西陵峡三段峡谷的总称。长江三峡跨越了重庆、湖北两省市，其至更广阔地辐射到四川、贵州、湖南等地区，是一个完整而不可分割的区域，是我国最具典型意义的跨省域旅游区。三峡的旅游早期只是长线包船游，到 20 世纪 90 年代，三峡旅游迎来大发展时期，包括山水风光

图 3.1　长江三峡旅游区区位图

民俗风情的游览等。举世瞩目的三峡工程极大地提高了三峡旅游的知名度和吸引力，库区交通条件、城市建设和生态环境的根本改善为三峡旅游业的发展注入了新的活力。三峡库区形成后，随着近年来库区周边城镇、交通、产业等格局的调整，以及国内外游客的旅游方式和需求的变化，传统的包船沿江往返游览的旅游模式将发生重大改变。

从地理角度看，重庆位于长江上游，湖北位于长江中游，二省相邻，社会文化相近。加强长江三峡区域旅游合作，既有利于鄂渝两地更好地进行三峡工程建设，促进移民安居乐业和库区社会经济稳定，更有利于两地发挥优势，共促发展。加快构建完整的长江三峡旅游区，打造通畅的旅游线路，树立世界级的旅游品牌，是鄂渝两省旅游发展的需要，也是两地义不容辞的共同责任。为了提升三峡旅游，两省先后成立了"大三峡旅游联合体"、"两坝一峡旅游联合体"等各种联盟，政府也做出努力，进行基础设施建设、市场共享、联合促销等。同时，由国家旅游局、国务院三峡办、国家发展改革委、国务院西部开发办、交通部、水利部等六部委联合，委托北京大学编制《长江三峡区域旅游发展规划（2003—2010）》，以期更好地服务于三峡移民安置和库区生态经济建设，促进三峡旅游业持续、快速、健康发展，推进西部旅游发展战略的实施，在宏观上加速了三峡旅游的合作。《长江三峡区域旅游发展规划》是我国第一个由国家层面组织的跨区域旅游规划，规划主要目标是在三峡工程的建设期间与建成以后，三峡区域旅游如何实现可持续发展，包括新三峡区域的国内和国际旅游品牌的树立、制定国家层面上的发展框架、整体市场营销、产品体系建设、旅游经济发展等，同时关注了因移民搬迁之后造成的社会安定和区域间的竞合问题。2003年9月，该规划通过了国家旅游局组织的评审，评审委员会专家一致认为这个规划是一部具有可行性、指导性、前瞻性的纲领性文件。随后，国内相关部门主持编制了一系列三峡库区的后续发展规划，鄂渝两地政府按照统一规划、统一平台、统一营销的思路，就进一步加强三峡旅游合作达成了共识，并在旅游活动中起到积极推动的作用。

经过十几年的发展，重庆和湖北分别依托三峡扩大区域旅游的范围，在强有力的政策支持下，成效显著。2016年，重庆市政府印发《关于推进长江三峡旅游金三角一体化建设的实施意见》，确定了44个旅游一体化建设项目，提速发展。

围绕交通一体化、大景区一体化、营销一体化等具体内容，涉及的三个区县全力以赴，携手并进。当年，长江三峡旅游金三角区域共接待游客 2836 万人次，实现旅游综合收入 177.8 亿元，同比分别增长 20.8% 和 22.3%。2017 年，《宜昌市旅游业发展"十三五"规划》正式发布，规划提出将宜昌建成长江三峡国际旅游目的地、中国休闲度假特色地和鄂西乡村旅游首选地，强化全国重点旅游城市地位，加快建设世界水电旅游名城。规划总目标预计到 2020 年，全市游客接待量突破 1 亿人次，旅游综合收入突破 1000 亿元，成为湖北旅游重要的发展极。

### 3.2.2 香格里拉生态旅游区

香格里拉位于云南省西北部的滇、川、藏"大三角"区域，地处迪庆腹心地带，是我国西部高品质旅游资源最富集的区域，素有"高山大花园"、"动植物王国"等美称。各具特色的少数民族文化、良好的生态环境与奇美的自然景观和谐地融为一体，对国内外的游客保持了很强的神秘感和吸引力，是国家黄金旅游热线之一。由于香格里拉在地域上的边缘性，是经济欠发达地区，产业

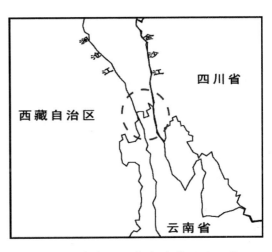

图 3.2　香格里拉生态旅游区区位图

结构单一，当地人民群众生活水平还较为落后。加快发展旅游业，对于保护和因地制宜合理利用旅游资源、促进当地经济社会发展、维护少数民族地区稳定，具有重要意义。

川、滇、藏三省区十分重视这一地区的旅游开发，特别是近几年来，三省区在加强区域合作、共享香格里拉品牌、发展特色区域经济方面做了大量工作。云南省政府代表三省区政府向国务院请示，请求国家支持"香格里拉生态旅游区"建设和发展，对旅游区进行统一创建，制定《香格里拉生态旅游区规划》。国家发展改革委在会同国家旅游局等部门进行专题调研，并报经国务院同意后，决定尽快开展香格里拉生态旅游区规划的编制工作，确定把"香格里拉生态旅游区规划"列为"十一五"期间区域旅游与专项规划的重点项目之一。《香格里拉生态旅游区

规划（2007—2020）》的编制工作由国家组织，吸收不同学科的专家参与，当地政府积极配合，不同部门之间协作的方式进行。规划由国家旅游局与国家发展改革委牵头，会同财政部、建设部、交通部、农业部、文化部、环保总局、国家林业局、国务院扶贫办、国务院西部开发办等十一个部门和四川、云南、西藏三省区联合开展。2007年底，该规划通过了国家旅游局组织的评审，评审委员会专家一致认为，这部规划指导思想明确，在深入调研的基础上，对现状进行详细的诊断和市场研究，提出的发展战略目标合理可行。规划内容还包括旅游区的宏观布局、旅游产品体系、旅游形象与品牌战略、市场营销方案、社区旅游规划、生态保护规划等，对提升香格里拉生态旅游区的综合竞争力，具有战略指导性和实践操作性。

### 3.2.3 黄山风景区

黄山风景区地处安徽皖南，举世闻名，是世界自然、文化双遗产，中国十大名胜之一。黄山以"奇松、怪石、云海、温泉"的自然景观闻名海内外，被冠以"五岳归来不看山，黄山归来不看岳"的美誉。

为了使黄山能够在行政上具有完整的归属地，保证统一管理，有效开发黄山旅游，带动当地的经济发展，国家先后尝试构造出"小黄山市"和"大黄山市"，以期成立"行政旅游区"。1983年，国务院批准设立黄山市（县级）（即"小黄山市"），正式赋予黄山一个完整的归属地，以太平县为主，包括歙县、石台县的部分行政区域及黄山管理局现有辖区为其行政区域，由省直辖。但是在随后的几年内，却没有达到预计的效果，弊端逐渐暴露，究其原因是因为"小黄山市"只是单纯地把行政区空间上进行了调整，并没有实现真正的经济联系。黄山市的前身太平县是一个基础薄弱的农业县，而负责管理黄山这一旅游资源的则是黄山管理局，原属省管局级单位，主要目的是协调并发展黄山的旅游事业。设立"小黄山市"后，"地级局与县级市并存，发展旅游的黄山管理局难以指导黄山市的社会经济发展，以农业为主的黄山市也很难规划黄山旅游业的发展，管理体制更加不顺，结果是双方相互牵制，产生了一些矛盾"①。同时，"小黄山市"与徽州其他地区之间，也由于行政的重新分割，许多事情人为地变得复杂化，在交通运输、物资收购与供应、人才与技术交流、安排就业等方面，人为割裂了原有比较合理的经

① 薛莹：《论旅游区域与行政区域的关系——以黄山市为例》，《经济地理》2003年第6期。

济联系。鉴于这次"小黄山市"行政区划体制的不合理性，1987年，安徽省撤销徽州地区、屯溪市和黄山市（县级），设立黄山市（地级）（即"大黄山市"），包括3区4县，市政府建在屯溪区。由此可见，前后两次黄山设市，实际上都是希望能构造出一个"行政旅游区"，无论是"小黄山市"还是"大黄山市"，设市初衷都是好的，但是前者只达到了将黄山统一在"行政自然区"里，实现对黄山风景资源的统一管理与开发；后者更希望将黄山统一在"行政经济区"里，实现区域经济要素的合理流动，两者的最终目的都有实现区域旅游整体协调发展的成分。但是，两次调整后都发现，新型政区的建立也存在很多问题，例如没有相应地对政府职能进行改革，没有对行政管理方式进行创新，也就没能实现对"自然—行政"、"经济—行政"双重关系的整合。因此，为了实现旅游资源归属地的统一而重新调整行政区划，是一项艰巨的工作，需要做好充分的考虑和准备。

## 3.3 经验总结

### 3.3.1 统一规划

跨行政区旅游资源涉及的各个行政区内的经济、社会、科技、文化等发展水平不同，各地旅游发展情况也不相同，旅游所带来的各项效益也不同，很难一致发展，这就需要有统一的规划作为指导。按照原有行政区划，各行政区按照统一的规划要求，遵循统一的发展方向与战略，树立鲜明的旅游品牌形象，不同旅游企业在各区内进行开发经营，充分发挥自身资源的独特优势，实现产品互补、功能互补等，做到"合而不同"。统一的规划还有利于统筹安排基础设施及旅游设施，避免重复建设；有利于旅游线路的大串联，形成完整的旅游产业体系；有利于特色化发展，避免同质化竞争等。

例如，大香格里拉生态旅游区处于滇、川、藏三省区交界地带，这就意味着至少有三个省区合作，共同承担对大香格里拉的开发。但是，这三个省区在大香格里拉旅游区内各自的面积不同、资源数量和品质不同、旅游发展情况不同，等等。因此，三省区应统一思想、统一认识、统一规划，各旅游区自觉按整体规划要求调整自身的开发方向和开发行为，使自身融入"大香格里拉"整体的旅游发展轨道。

### 3.3.2 多种开发模式

① 重新调整行政区划

对行政区的人为划分导致了一些不尽合理的部分，例如行政壁垒对跨区域经济发展的制约性，而对区域的行政划分总是滞后于社会发展的实践。既然问题出在行政区划上，则可以从行政区划方面入手解决，可以通过更高一级政府层面的协调，从有利开发和经营管理的角度出发，通过划拨、重组，调整、变更现有行政区划，在区域内部和区域之间重新配置资源，彻底解决同一旅游资源被不同行政区分割的支离破碎的状况，平息各区因这一旅游资源而起的争端。近几十年来，全国有部分县级以上行政区进行了行政区划的调整，涉及太湖、鼓浪屿等多个国家重点风景名胜区的行政管辖，更著名的有黄山市、张家界市、井冈山市、五大连池市等地，都在为构建"行政旅游区"的改革方面做出尝试。例如，由于武陵源风景区横跨湖南湘西土家族自治州的原大庸、桑植两县和常德市的慈利县，通过行政区划调整建立张家界市，既保障了武陵源风景区的完整性，又有利于景区管理和开发，促进了当地旅游接待和旅游收入的大幅增长。

但是，由于行政区划的界限一直存在，行政区划的调整并不能解决所有问题，对其的变更关系到当地政治、经济和社会的稳定，而且重新划分行政区域必须经过慎重的考虑和大量的工作。从经济角度来看，重新划分行政区域需要漫长的等待和很大的行政成本，所以当跨行政区的旅游资源价值不是很高时，对行政区的重新调整和变更也就没有必要了。

② 购买、租赁景区经营权

购买景区经营权，是由某一旅游资源涉及的各方政府进行协商后，按照协议价格，一方政府购买其一方或多方政府管辖内旅游资源的使用权，购买后，买方政府行使监督和保护的权利，同时可以招标的形式将景区的经营权有偿转让给企业经营，卖方政府可保留税收权。这种购买的方式是遵循了市场经济的规律来调控各方矛盾，从而达到资源的有效利用，最大限度发挥了景区的经济效益，兼顾了各方利益。但是这种模式只适用于跨二元或三元行政区的旅游资源，如果涉及的行政区更多，会出现新的矛盾，弊大于利。

租赁景区经营权，是由某一旅游资源涉及的各方政府进行协商后，按照协议价格，一方政府租赁其他一方或多方政府管辖内旅游资源的使用权，租赁后，租赁方政府行使监督和保护的权利，同时可以招标的方式将景区的经营权有偿转让给企业经营，出租方政府可保留税收权，在租赁期满后，景区产生的费用和经济利益归于出租方政府。但是这种模式容易引起经营者的短期行为，不利于旅游资源的保护和景区的持续发展。

③ 合作经营

按照原有行政区划，各行政区政府之间、各旅游企业之间通过制定和签订旅游合作协议，约束各方的行为，规范各方在对旅游资源的开发和发展中应担负的义务和责任、可以享受的权利和利益。建立联席会议制度，该会议由各方行政区内派出代表参加，并定期召开联席会议协调出现的矛盾。建立联合管理机构，由各行政区旅游行政管理部门或地方政府代表组成，对旅游资源的开发经营进行日常管理和监督。这些方法都是通过更高级的管理层面不断交流和协商，实现旅游资源的合作开发，加强了各行政区之间的联系，有利于在重大决策上达成和保持一致，减少因相互冲突引起的矛盾和恶性竞争，有利于对旅游资源的保护和合理开发。

④ 三权分离

在保证旅游资源所有权归国家所有的前提下，各行政区政府协调一致，将旅游区的经营权从所有权中分离出来，形成"旅游资源国家所有，企业自主开发经营，当地政府监督管理"的三权分离模式。首先要由国务院授权的权威部门对跨行政区的旅游资源进行统一的产权管理，负责编制统一的资源的保护规划、旅游发展规划等。其次，景区涉及的各地政府达成一致，共同授权某一家或多家企业在一段时期内拥有旅游景区项目的开发经营权。最后，由行政区各方代表组成联合管理机构，主要负责对旅游资源进行日常管理、对景区开发建设进行直接监督、保护景区环境及生态资源、保证国有资产的保值增值等等。企业在产权部门和管理部门监督下拥有对景区的经营权，能有效改变相互恶性竞争、地方保护主义等现象。这种模式产权明晰，组织稳定，符合市场经济的运行规律，在旅游资源开发中最终实现地方和企业的"多赢"，有利于景区的长远发展。

## 3.4 现实障碍分析

通过对以上案例的经验总结分析，结合我国的旅游规划与开发的现状，笔者发现虽然目前省级、市县级的旅游发展总体规划已经逐步完善，但是跨行政区域旅游规划、实施过程和经营现状还存在诸多问题，表现为以下几点：

### 3.4.1 管理体制不健全

导致跨行政区域旅游规划过程管理缺位的主要原因是管理体制不健全。第一，目前能够指导和约束旅游规划的国家法律是《中华人民共和国旅游法》、国家标准是《旅游规划通则》（GB/T18971—2003）（以下简称《通则》）。根据对《通则》内容的分析可知，其中只对旅游规划的内容及编制过程中的管理进行了说明，而没有对旅游规划中各利益相关者之间的权责进行说明，对于规划前期和规划的执行阶段没有提出相应的监管措施，没有发挥出应有的法律效力；第二，目前对于旅游规划的编制往往由政府出面，委托规划的编制单位，对本区域的旅游规划进行编制。政府作为管理者，其意志在规划中起到决定性作用，而与旅游有直接关系的当地居民和旅游企业却很少参与，作用有限；第三，由于政府主导了旅游规划，而当地居民和旅游企业的参与较少，导致了旅游规划的监管缺失，形成了"既开发又监督"的状况。例如，在一些征求意见的会议和规划评审会上，主要是政府的各相关行政部门列席，当地居民和旅游企业很少参与，导致了这些会议并没有发挥应有的作用。

### 3.4.2 规划编制的局限性

《通则》的局限性。中国旅游经过近几十年来的发展，旅游规划也在不断丰富和提升，为了规范规划的编制工作，国家旅游局出台了《旅游规划通则》，将旅游规划分为旅游发展规划和旅游区规划，其中旅游发展规划着重于旅游产业发展的时间性，旅游区规划着重于目的地建设的空间性，二者都具有明显的"行政区"界线。旅游发展规划中的区域旅游业发展规划则是指跨省级的旅游区域，跨市级、县级的旅游区域规划则不包括在其中。跨行政区的旅游资源一般具有范围广、等级较高等特点，涉及的行政区基本是各自为政，进行规划和开发，经营管理机构也参差不齐，导致了诸多问题和摩擦，协调的难度较大，其规划的编制主体、规划实施等也没有相关规定，客观上也阻碍了这类旅游资源的开发和保护。就目前旅游发展的情况来看，跨行政区的旅游发展规划也只集中于关注省域间的旅游资源，尤其是涉及范围广、级别高的重点资源，如大三峡区域旅游规划、环太湖旅游圈规划等，大量的跨省域、市域、县域的旅游资源保护与发展规划仍是空白。

规划编制者自身的局限性。前文中提到，对于同一旅游资源，在不同区域开发时出现了旅游活动单一、旅游项目雷同性等问题，主要原因还是在规划中的发展思路不正确，设计项目缺乏自身特色，这直接暴露了规划编制人员认识不足的问题。第一，对当地经济社会发展的现状缺乏认识，一些规划者过分注重对旅游资源和客源市场的分析，而对当地社会经济环境及历史文化传统等缺乏了解，导致了规划缺乏特色，对旅游所依托的第三产业尤其是服务业现状缺少评估，导致了规划缺乏务实性；第二，对旅游产业的发展缺乏认识，由于专业知识或者实践经验的限制，有的规划编制者对旅游产业的发展认识不足，直接影响了对旅游资源的战略定位和产品体系的设计，有的规划编制者忽视了旅游产业与其他产业之间的联系，仅仅是就旅游谈旅游，导致了旅游规划缺乏指导性，也增加了执行的难度。

### 3.4.3 各利益主体不协调

跨行政区旅游规划涉及许多利益相关者，包括政府、当地居民和旅游企业等，各利益主体之间不协调直接导致了旅游规划的执行难，即使是好的旅游规划也没有发挥其应有的功能。第一，政府各部门之间，由于有各自的利益诉求，在规划的评审中，会由于共同的利益而达成妥协，使规划顺利通过评审，在规划的执行中，却会为了维护自身的利益而不愿妥协，造成了规划实施的阻力；第二，与当地居民的关系，由于规划的编制过程中极少征询当地居民的意见，对他们的切身利益考虑不够，在规划中仅仅体现了政府或企业的意志，导致了在规划的执行过程中受到当地居民的抵制；第三，与旅游企业的关系，由于旅游企业受市场规律的影响，他们更愿意按客源市场的需求来设计项目与产品，但是政府作为规划的委托方，主要是从提高政绩出发进行干预，这就影响了市场规律的发挥，降低了旅游企业的主动性和积极性，不利于规划的实施。

# 第四章　跨行政区旅游资源规划与开发的体系构建

通过前文对跨行政区旅游资源的基础性分析，以及对国内典型景区的研究，借鉴其成功经验，本章将试图构建此类型旅游资源规划与开发的体系，包括应该坚持的原则、需要树立的新理念，贯穿规划的编制到规划的实施及管理过程。

## 4.1 原则与理念

### 4.1.1 坚持的原则

① 和谐共生原则

目前由于行政边界纠纷而出现的恶性竞争等一系列经济、社会、环境问题，行政区与资源之间的和谐发展越来越受到重视，亟须探索出一条和谐共生的发展道路。笔者认为，坚持和谐共生原则可从两个方面出发：第一，政府可通过法律和法规的制定来规范边界的各项行为，同时通过宣传和教育使民众达到道德层面的共识；第二，政府、企业和居民要改变以局部利益为中心的思维方式，坚持"求大同"，以共同利益为出发点，培养整体意识，积极促进各方合作，实现以公正、合作、共享旅游资源为准则的新秩序。

② 平等互利原则

平等是基础。首先，不论是离散型还是集聚型的旅游资源，不论各方的经济实力大小、行政级别高低，所涉及的行政区政府都是平等的合作主体，在享受利益的同时，要承担各自的责任；其次，合作的各方要相互信任，要有全局观，一荣俱荣，一损俱损，避免"挖墙脚"的现象。因此要加强各方的沟通和联系，在重大决策上保持一致。互利是纽带，现阶段出现的各种矛盾和纠纷归根到底是利益之争，那就要坚持互利原则，达成共赢的方法来解决问题，在这个过程中更重要的是均衡和调整各利益主体的利益，最终达到区域整体利益的最大化、各利益主体之间的统筹兼顾、局部和全局关系的协调。

③ 生态开发原则

由于跨行政区旅游资源所具有的生态脆弱性，应该在规划和开发中始终坚持生态保护，防止过度开发和环境破坏。在资源开发和利用上要以保护为前提；旅游企业应处理好经济效益、社会效益和生态效益之间的关系；旅游者的旅游行为要符合环境保护的规范，对于景区的生态环境负有责任和义务；同时，还要求旅游业的管理要以保护为前提。因此，对于地方政府、旅游企业、社区居民和旅游者来说，应该形成保护生物多样性及其生态环境的意识和行为方式，使旅游环境得到有效保护。

### 4.1.2 树立新的理念

在跨行政区旅游的发展中，还必须转变一些固有的观念，树立起旅游合作开发与管理的全局观念和时代观念，更有利于优势互补、资源共享，充分发挥各自的潜力，共同发展旅游。

① 旅游产业区域化的发展理念

各行政区内的旅游产业观仅仅局限于各区范围内制定发展思路和策略，依托自身的资源建立健全旅游产业体系，发展旅游经济。而随着经济的发展和地方利益的扩展，行政区划就显现出了局限性，不利于市场经济各要素的自由流动和配置，旅游产业难以继续做大做强，地方经济也难以快速发展。同时在各行政区内很容易出现过度竞争、重复建设等问题。因此，旅游产业观要突破行政区划，在更广阔的范围内树立旅游产业区域化的发展理念，以提升区域的整体旅游产业为目标，增强旅游产业的竞争力，以市场经济为主导，实现市场经济各要素的自由流动和共享，产生区域旅游产业的集聚效应。

② 旅游经济产业链的发展理念

传统的旅游理念主要还是以景区发展为主，强调每个旅游点的建设和发展，而忽视了旅游作为一个产业的自身特性，忽视了大区域范围内的旅游经济产业链的构建。旅游活动的事实表明，作为一条经济产业链，各个区域之间的优势主要体现在该产业链上某一特定环节上的优势。那么可以通过建立区域的大旅游产业链，带动与旅游相关联的上下游产品开发，环环相扣，形成配套的协作网络。这样有助于强化区域旅游发展的效应，提升整个区域的旅游产业竞争力。

③ 区域性机制一体化发展理念

跨行政区旅游一体化的实现应该与各区的旅游交通、客源市场、环境保护、设施建设等方面的一体化协同推进，以此构建区域机制一体化的发展理念。第一，统筹配置区域内的资源，包括土地、生物、旅游、交通、客源市场等，进行统一规划、统一管理和合作开发，同时应合理利用公共资源，最大化发挥其效益；第二，构建区域性的旅游信息联通机制，构建政府—旅游企业—中介机构之间纵横连接的信息网络，不仅加强了各方合作，还可使游客获得权威的、统一的、整体性的旅游信息；第三，构建区域性旅游产业一体化的管理机制，充分发挥市场作用，完善市场机制，规范地方政府的调控行为，弱化行政干预；第四，优化各主体的利益协调机制，除了旅游企业组建经济联合体外，还可以通过市场主导和政府调控等手段来实现。

## 4.2 规划的编制

### 4.2.1 统一规划

坚持统一规划。跨行政区旅游规划的编制应该是由相关行政区的上一级政府主管部门进行主导，例如香格里拉旅游区规划就有由国家旅游局主导编制的。高级别的政府部门会在更广阔的区域内进行统筹考虑，促进跨行政区旅游的合作和发展，消除低级别行政区的边界壁垒，同时在政策、项目引进和资金方面能够给予更多的支持。合作区域的旅游规划要有统一性和长期性，加强相关行政部门的协调力度，使旅游资源得到整体规划和统一管理。

### 4.2.2 规划的委托方

目前，旅游规划的委托方主要是旅游局等政府相关部门，县域、市域和省域的旅游规划主要由各级旅游局主持编制，全国的旅游发展规划主要由国家旅游局主持编制，由此看来，旅游规划的制定还是限制在各行政区内。考虑到旅游资源与行政区两者之间的关系，以县域为最小的行政单位，在同一省域范围内有以下几种情况：第一，旅游资源如果完整地存在县域范围内，可以由县级政府的相关主管部门主持编制规划；第二，旅游资源如果在一个市域范围内，由两个或多个县共有的，可以由市级政府的相关主管部门主持编制规划；第三，旅游资源由两个或多个市共有的，可以由省级政府的相关主管部门主持编制规划。当同一旅游资源由两个或多个省共有，可以由国家级的相关主管部门主持编制规划。

以上主要侧重于由更高层次的政府部门主持规划的编制，然而国家级、省级的旅游主管部门职能主要是在大区域范围内进行宏观调控，是否能顾及一些小范围的规划编制工作还有待商榷。针对这一方面，笔者认为有两个办法，第一，高一级主管部门设立管理委员会，负责跨行政区的旅游规划，这样可以减轻职能负担，提高行政效率；第二，旅游资源涉及的不同行政区旅游主管部门之间进行合作，共同主导规划的编制。

### 4.2.3 理念导向

随着旅游活动的不断深入，人们对旅游规划的理念导向也发生了变化，由资源导向逐渐转变为市场导向，现在又步入了形象导向时期，这是一个认识的发展过程，同时也具有一定的单一性。跨行政区旅游规划的理念就是要避免诸如此类的单一性，将旅游作为一个产业来看待，每个环节都是很重要的。首先要有一定的资源基础，然后以客源市场作为保障，树立鲜明的旅游形象，积极开展市场营销，使旅游规划以产业为导向。旅游规划的产业导向就是目前被人们多次提出的"大旅游"观念，将这个观念融入旅游规划中，综合考虑旅游产业内部、旅游产业与其他产业之间的关系，分析发展旅游产业的优势、劣势、机遇和威胁，站在更高的角度对旅游的发展进行定位，确定旅游发展的目标和发展战略。

### 4.2.4 前期调研

旅游资源的调查是旅游规划与开发的基础工作，目的是为了了解旅游资源的类型、规模、布局情况、开发利用的现状，基础设施现状如交通、水、电等，旅游配套服务设施如住宿、餐饮、娱乐等，同时着重调查其在不同行政区内的发展优势、劣势。而对于旅游资源的评估，在依据国家标准《旅游资源分类、调查与评价》（GB/T18972—2003）的同时，还可以对其自然条件、可进入性、客源市场、基础设施、服务设施等方面进行分析和评估。

### 4.2.5 资源空间整合

根据跨行政区旅游资源的特点和资源在各行政区内的分布情况，在规划和开发时应进行空间整合，明确开发方向，调整开发等级，使资源的空间结构层次分明、各部分功能明确。

资源点整合。站在宏观角度审视旅游资源的整体特性，对各个资源点进行重新评价和划分。对资源的调查尽量做到全面深入，重新划分资源类型，重新评价各类资源的价值，结合资源点在各个行政区内独立发展的情况，确定发展的优势资源和开发的重点资源。需要注意的是，在对资源进行评价时，不仅要注重资源本身的价值，而且还要考虑各个资源点之间的互补性。

线路整合。一般来说，旅游线路应该合理贯穿各旅游景区景点，从而形成不同的旅游产品形式，分为区内旅游线路设计、区外旅游线路对接、甚至更大范围内的旅游线路规划等层次。跨行政区的旅游资源由于其范围较广，在设计旅游线路时不仅要考虑局部的环线，更要加强不同区域间的串联和融合，对旅游要素进行合理配置，形成连续式与节点状相结合的旅游线路。

区域整合。对于均衡型发展的旅游资源，为了避免矛盾，实现共赢，应考虑区域层次的整合，即根据资源的特色和互补性重新划分旅游的功能区，通过线路整合，连接不同类型、不同特色的景区，向聚集型发展，从而减少同质化竞争、重复建设等问题，形成一个统一的具有强大竞争力的旅游区。

### 4.2.6 内容体系

规划的内容体系在区域旅游规划的基础上应该加强两个方面的分析：旅游的经济性及旅游利益相关者分析。长期以来在规划的编制中，定性的研究较多，定量的研究较少，这就弱化了旅游的经济性。坚持"大旅游"理念，则可以分析旅游与相关产业之间的关系，加强在大区域内对旅游产业的认知，通过经济指标的分析，提高相关部门对旅游规划实施的积极性，使旅游规划能落到实处，更好达到其预定目标。另外，旅游利益相关者的分析虽然在一些规划中也能够得到体现，但也仅仅停留在表面，只分析了不同利益相关者的利益诉求，而没有深入分析其间的博弈机理并提出合理化建议。这两方面的分析是跨行政区旅游规划中应该重视的重点和难点，需要旅游规划的编制者在不断探索中进行完善。

在具体的编制过程中，笔者认为应该在《旅游规划通则》规定的内容基础上有所突破，针对跨行政区旅游规划的特殊性，考虑以下几部分内容：

第一，对旅游产业的经济性分析。在规划中应该考虑旅游产业在大区域中的经济地位，包括对大区域内旅游的现状基础及发展条件分析、旅游的优势、劣势、机遇、威胁分析等。

第二，对各行政区内旅游发展规划的回顾与总结，避免相互冲突和制约，包括旅游形象、发展定位、发展战略、空间布局及重点项目等。

第三，对跨行政区旅游发展的思路和战略进行规划，包括旅游发展目标（经济目标、社会目标、生态目标等）、旅游发展的机制、旅游合作、旅游品牌形象、旅游产品体系、重点项目的策划和开发等。

第四，对跨行政区的政府合作进行规划，包括对各级政府发展旅游的要求、相关部门的工作要求等。

以上四个内容是应该着重考虑的部分，其他内容还包括旅游资源分析、客源市场规划、旅游支撑体系规划、旅游合作体系规划、旅游人力资源规划、旅游环境保护规划、旅游产业政策及保障规划、项目投资及资金来源规划等。

在编制规划时还应该注意：首先，规划应该具有开放性，其中涉及的内容不应只局限于本区域内，例如旅游产品、旅游线路、空间布局等，要考虑未来发展是否会延伸到更大的空间；其次，规划应该具有整体性和差异性，对外应该体现统一的旅游形象和整体特色，对内应该针对不同地区，设计不同的产品和旅游功能，避免重复建设和恶性竞争。

### 4.2.7 方法技术

旅游规划的编制具有综合性，在编制跨行政区旅游规划的方法上，应该将社会学、人类学、生态学、地理学等学科的研究理念及方法技术融入其中，以丰富旅游规划的方法体系。首先，应该充分利用各种信息手段，通过调研、收集资料，进行汇总分析，为旅游规划的编制提供依据，提高工作效率，完善跨区域旅游规划的系统性；其次，利用高新技术，例如 RS 遥感技术、GIS 地理信息系统等，提高旅游规划的科技含量和客观性，这就要求规划的编制者应该紧跟时代的步伐，积极完善自己的知识体系，大胆汲取新方法技术为我所用，实现旅游规划的方法技术创新。

### 4.2.8 规划间的关系

在规划的编制过程中，除了对当地的旅游资源、社会文化等进行了解和基础分析外，更重要的是应该理清已有规划之间的关系。跨行政区旅游发展中出现的同质化开发、抢夺客源市场等问题，很大程度上是由于规划层面的冲突，因此，要注重这方面的分析。旅游规划有一个显著的特点，即等级性，可以分为上级规划和下级规划。但是等级性也是相对的，一般来说，规划对象范围较广的规划具有较高的等级性，如省级旅游规划等级要高于县级旅游规划，长期规划等级要高于中短期规划。在规划的等级制度下，下级规划必须服从上级规划，下级规划的编制一定要以上级规划作为依据和指导，并与其中的内容保持一致。因此，对于跨行政区旅游规划之间的关系，可以参考以下两个解决办法：

第一个办法，先总体规划后详细规划。总体规划，即旅游业发展总体规划，是在对区域内旅游资源调查评价的基础上，根据国家及上级政府的相关政策和当地经济社会发展的需要，提出旅游发展的战略、确定旅游分区、分析客源市场、提出主题形象、安排建设内容、提出相关措施等等，总体规划的时限较长，一般为10—20年，具有全局性和战略性，对内部的具体景点建设不做详细说明。详细规划，即旅游区控制性详细规划，是在总体规划的指导下，安排规划区内近期的建设内容和各项控制指标，是总体规划的进一步深化和细化，用以指导各项建设和工程设施的设计和施工。因此，在跨行政区旅游规划时，可以先编制大区域内旅游的总体规划，指导各区内的旅游资源发展的战略方向，然后各区编制自己的详细规划，进行进一步的建设开发。

第二个办法，先各自规划后统一规划。按照《旅游规划通则》的要求，跨行政区旅游规划属于旅游发展规划，而很多行政区也都编制了自己的旅游发展规划，这些规划一方面为统一规划提供了详细的基础资料，使得在编制统一规划时节省大量的人力物力和财力，提高工作效率；另一方面又对统一规划提出了更高的要求，如果统一规划仅仅是对各自规划的资料式重组，那就失去了对大区域旅游的战略性指导。因此，在各行政区编制自己的旅游规划时应该进行详细客观的工作，在此基础上，统一规划要站在更高的层面来指导全区的旅游发展战略，这样的规划既不会脱离实际，又能指明正确的发展方向，更具有合理性。

## 4.3 规划的实施

### 4.3.1 多种开发模式

在坚持统一规划的基础上，可以采取不同的开发模式。由于跨行政区的旅游资源区域范围广，开发建设投资规模大、任务重、涉及主体多，在组织管理机构设置上，既要考虑投资关系，又要充分考虑旅游区的有序发展。

第一，统一开发，主要针对的是跨县级或跨市级的旅游资源。具体机构设置分为发展协调委员会和开发总公司。协调委员会由上级旅游主管部门（或成立专门的委员会）、参与开发经营公司、专家及知名人士构成；开发总公司可以是一个单一公司，也可以由某一公司为主体，吸收一些投资商参股，成立开发总公司，其中这个公司在总公司拥有绝对控股权。开发总公司下可设旅游产品开发经营公司、旅游地产开发经营公司和酒店等服务设施经营公司等。

协调委员会与开发总公司的主要职能分别是：协调委员会应对旅游区内重大发展问题进行调研，提供咨询服务；统筹协调开发总公司各企业与地方的关系；研究重要的开发规划和重大建设项目，提供融资建议；指导旅游区内各类产业的科学发展。开发总公司要贯彻落实国家、省、市和县政府有关的法律法规、方针、政策；统筹协调生态旅游区商务休闲、地产、旅游等业务发展，制定旅游区分期建设详细规划和资金投资项目；按照统一的旅游发展规划，对规划区内各类重大项目开发建设时序、资金到位情况进行审查和监督；协助政府有关部门做好规划区资源的保护、开发、利用和管理工作；开展旅游整体形象宣传工作和重大促销活动，指导客源市场的拓展与开发工作；负责规划区内各类产品价格有关费用的收取和使用等管理工作。

第二，分头开发，主要针对的是跨市级和跨省级的旅游资源。在由上级旅游主管部门（或成立专门的委员会）构成的发展协调委员会下，各行政区内成立独自的开发公司，负责各个区域的旅游资源开发与管理，但是其经营项目、规模、设施和类型等都要统一于发展协调委员会下，以规划为主导，防止出现各执其词、各行其是的活动。

### 4.3.2 经费筹集

由于跨行政区旅游规划和开发的建设范围广，建设内容多，资金需求量大，需要多方面采取措施。投资主体企业在注重争取政府引导性资金的同时还要积极进行招商引资，应做好项目招商引资的准备工作，并提供一些优惠、让利的条件，以吸引更多的投资，资金来源的主要渠道有以下四个方面：

① 政府投资

区域内各行政区政府以及上级政府可以在经济上、政策上对旅游的开发建设给予扶持，并改善投资环境，出台优惠政策，积极引导多方投资。此外，政府还应设立旅游发展基金，积极争取更高一级的专项资金用于旅游开发，以旅游开发带动整个规划区甚至大区域内经济的发展。

② 招商引资

招商引资是目前旅游开发中筹集旅游发展建设资金的主要途径。要抓好这项工作，必须注意两个方面的问题：第一，创造良好的投资环境。要大胆解放思想，更新观念，制定各种优惠政策，积极拓宽引资渠道，做到外资、内资并举，国资、民资并重，最大限度地招商引资，同时完善基础设施建设，提供必要的开发条件；第二，认真策划包装，善于招商引资。要把旅游资源或开发项目，经过认真评估分析，认真策划包装，形成项目可行性招商文件，积极参加各种各类招商洽谈会，鼓励民营、集体、外资等其他经济成分参与到本地的旅游开发中。

③ 银行借贷

旅游业具有发展前景广阔、投资回报率高的优势，国内外银行对此早有关注并且产生浓厚兴趣，因此以资产做抵押争取银行信贷成为旅游基建投资的一个主要来源。旅游资源开发中的基建设施建设和前期重点开发项目可考虑采用抵押产权和经营权向银行借贷的方式来筹措资金。

④ 社会资金

可以发动企业赞助，吸纳社会资金（尤其是优势产业的富余资金）或集中企业资金采取有回报的方式进行投资。对投资额巨大的旅游项目可采取让开发企业买断旅游区内某个景点若干年限的经营权的方式进行融资，也可以让投资组织以及个人以商标、商誉、策划方案、知识产权等方式进行旅游项目的投资。

### 4.3.3 经营管理

① 政府主导

跨行政区旅游资源具有特殊性，同时我国现阶段的旅游发展还不能仅靠市场来配置和优化资源，因此在经营管理中可以更多地借助行政手段，运作也相对容易。通过政府的主导作用，使跨行政区的旅游从资源开发、交通建设、市场营造等方面能够进行合作。在现行的垂直控制财政分权地方问责的制度下，政府可以作为地方整体利益的代表和相对独立的主体，各级政府通过相互间的合作来解决旅游资源由于行政区划分而导致的交通障碍、市场障碍和制度障碍等问题，共享旅游发展的收益。

在市场经济中，政府发挥着调控的作用，其决策对于本地旅游的发展有重大的影响，也直接关系到跨行政区旅游中行政层面的利益协调。通过各地政府的合作与联动，充分发挥协调引导监督和服务等职能，有利于对区域内旅游活动进行监管，改善旅游环境，对旅游的进一步发展进行科学的定位和统一规划，并制定相应的优惠政策和发展措施，通过合理的旅游项目建设，提升旅游开发的档次和运营水平。

② 企业合作

目前跨行政区的企业合作还仅限于旅游企业在重大项目开发上的合作与联合促销，真正意义上的旅游一体化还没有形成。由于一些地方经济水平的发展存在差距，资金、人才和服务水平等发展不均衡，通过合作，尊重经济要素的自由流动需求，可以使企业在弱势方面借势，更好地发展自己。例如旅行社主要出售的是旅游线路而非某个景区，目前旅行社的组团仍然是人们出游的形式之一，因此通过与旅行社合作，有利于共同拓展市场，降低成本。

③ 机构联盟

应由政府出面召开各行政区之间的旅游对话机制，由相关部门的领导和旅游餐饮业、住宿业等相关行业的领导参加，每年可以固定召开一次甚至多次联席会，加强信息沟通，对出现的问题进行讨论和解决，拟定年度大区域旅游的合作计划，达成共识，充分发挥组织协调作用和导向性。在旅游对话机制的基础上，可以成立旅游联盟，以大联盟组织对外招商引资，进行项目洽谈，对内部定期或不定期地组织研讨会，商讨相关事宜和协调旅游发展中遇到的问题，对重大的合作项目，以联盟的名义印发通知，按照属地管理的原则，由各旅游局负责落实。

### 4.3.4 保障措施

① 动态管理

在跨行政区的旅游区内，应坚持动态管理。在旅游规划与开发的全过程中树立动态观，包括前期的规划招投标阶段、规划的编制阶段和规划的实施阶段，最重要的是后两个阶段。在规划的编制阶段，为避免由于规划的委托方和编制方缺乏沟通交流而造成的缺乏特色、不切实际、可操作性差的问题，双方应建立动态的信息沟通交流反馈机制，其中规划的委托方应占主导位置，主动要求编制方定期反馈规划的思路、编制工作情况和阶段成果，并将修改意见反馈给编制方，将这个循环反复的工作贯穿规划编制的全过程，保证旅游规划的高质量。编制规划的目的在于将其付诸实施，在规划的实施阶段，也应该坚持动态管理，规划的委托方应该对规划项目的实施进行监管，对规划内容进行指导修改。这里的修改具有两方面的意义，首先，在规划和开发中，随着形势的变化将出现新情况，规划的委托方与管理方就需要编制单位对规划进行合理及时的修订，保证规划实施的质量；其次，编制单位在对规划的修订过程中，能够发现旅游发展的新形势，积累更多的经验，使规划更具有时效性和合理性。

② 多方参与

旅游规划的委托方主要是当地政府，所以，政府在旅游的规划和开发中要发挥主导职能，从发展战略目标、政策措施的制定，战略布局、重点项目的安排，到宏观管理、相关部门的统筹协调、整体旅游环境的优化等，都要发挥主导作用，不能缺位。旅游业作为一种产业，产业的主体是企业，政府不能包办，也不必过多干预企业经营，而是要充分调动社会各方力量参与旅游资源的开发及旅游产业的建设，吸引包括企业、集体、个人以及外商投资旅游产业，形成多元化且充满活力的旅游发展局面。跨行政区的旅游规划不仅仅是对某个景区的规划，更涵盖了当地经济、社会、文化等方面的综合信息，这就需要规划由单一的景区规划转变为以景区规划为主，各利益主体和社区居民多方参与的多元化主体，一方面能够广开言路，增强规划的实践性和操作性，另一方面，能够更多地兼顾到各利益主体，平衡各方利益，减少冲突，实现政府、企业和民众协调发展的局面，使规划能够顺利实施。

③ 政策保障

由于我国旅游规划的理念和实践时间较短，还不很成熟，出现了很多问题，规划应具有的地位及权威性受到各种力量的挑战，有的地方甚至阻碍旅游规划的开展，旅游行政管理部门的工作也经常遇到执行难的问题，显得心有余而力不足。因此，需要更高层次的协调机制，对各行政区内旅游规划的工作进行协调和干预，保证旅游规划的顺利实施。通过相关的政策保障使旅游规划的各项工作具有一定的效力，是推动旅游规划实施的有效途径，进而使旅游规划的价值得到充分体现。

### 4.3.5 利益相关者的职责和行为规范

#### 4.3.5.1 "利益相关者"的论述

"利益相关者"这一词最早被提出可以追溯到 1984 年，弗里曼出版了《战略管理：利益相关者管理的分析方法》一书，明确提出了利益相关者管理理论。利益相关者管理理论是指企业的经营管理者为综合平衡各个利益相关者的利益要求而进行的管理活动，"利益相关者能够影响组织，他们的意见一定要作为决策时需要考虑的因素，所有利益相关者不可能对所有问题保持一致意见，其中一些群体要比另一些群体的影响力更大，这是如何平衡各方利益成为战略制定考虑的关键问题"[①]。"利益相关者"理论后被引入旅游合作研究中，国外研究者对这方面的关注持续时间较长，成果较多。国内关于旅游利益相关者的研究也逐渐成为热点之一，主要关注的是生态旅游、乡村旅游、旅游景区、旅游产业等领域。笔者试图将此理论引入跨行政区旅游规划与开发中，用以规范各利益主体的职责和行为。

#### 4.3.5.2 确定利益相关者

笔者在参阅相关文献及现实案例分析的基础上，将跨行政区旅游规划与开发中涉及的利益主体分为各行政区的地方政府、旅游企业、社区居民、监督者和旅游者五种类型。这些利益相关者是旅游规划与开发中的重要角色，他们的立场以及意见一定要作为旅游发展时考虑的因素。但是，由于各自利益的不同，他们不

① 李正欢、郑向敏：《国外旅游研究领域利益相关者的研究总述》，《旅游学刊》年第 10 期。

可能对所有问题保持一致观点，其中强势群体要比弱势群体的决策力与影响力更大，如何平衡各方利益成为旅游决策中应考虑的关键问题。另一方面，对利益相关者的分析，尤其是分析持反对意见的群体和有争议的问题，也是评价旅游发展状况的有力工具。

### 4.3.5.3 利益关系分析

在旅游规划与开发的合作—博弈过程中，任何一方的利益都有可能影响其他利益主体的利益。根据之前对利益相关者的确定，其中，各行政区的地方政府在当前跨行政区域旅游合作中扮演关键角色，旅游资源是旅游规划与开发的客体，旅游企业和社区居民是执行者和参与者，监督者主要起监督作用，旅游者是检验旅游效果的一个主要衡量标准，这些利益主体之间存在复杂的利益关系。

① 各行政区的地方政府

地方政府的利益并不是直接的利益，是当地整体利益的代表，在旅游活动及跨行政区旅游合作中起到重要的主导和推动作用。由于长期形成的以行政区为边界的利益思想，各地方政府的活动中表现出严重的地方保护主义，发展旅游几乎都局限于自身的行政区内。虽然各地开展跨区域旅游合作的趋势渐显，但整体的旅游环境还未形成，政府与其他利益主体之间也存在许多问题，比如政府决策的不实际与不科学、合作的体制机制不顺畅、政府之间的信息不对称等，这些都影响了跨行政区旅游合作中政府利益的实现。

② 旅游企业

旅游企业包括旅游投资者、开发商、规划者、管理者、供应者等，由于自身利益的驱使，他们追求的是更高的经济效益回报，例如旅游投资者，是旅游开发的主要经济来源，也是旅游开发的首要利益者，一般来说，投资者更看重的是经济利益，追求更快更高的经济回报，导致了许多行为往往与当地经济、环境和社会的发展相悖。旅游企业作为旅游产业链上的重要环节，其提供的旅游产品在很大程度上决定了旅游的效果，因此旅游企业与各行政区地方政府、当地居民、旅游者之间也存在着复杂的利益关系。

③ 社区居民

旅游目的地当地居民是受旅游活动影响最直接的利益主体，而其他利益主体尤其是旅游企业在追求最大的经济效益时，一直把注意力集中在旅游景区的营造上，与旅游密切相关的社区却没有受到应有的重视，旅游与社区分离发展带来的严重的社会、经济、文化与环境等方面的消极影响逐渐显露。如果没有社区居民的参与，孤零零的景点将难以吸引旅游者，必须把旅游景区景点建设和社区建设结合起来，重视社区居民参与到旅游的规划、开发各个阶段，才能实现旅游的可持续发展。

④ 监督者

监督者主要有社会公众、媒体、环境保护单位等组织和个人，此利益主体并不从旅游活动中直接获取经济效益，而主要关注的是社会效益和环境效益，他们主要是对其他利益主体进行监督，往往更关注社区居民等一些弱势群体。监督者对跨行政区的旅游起到很大的促进作用，例如，媒体的宣传能够极大推动各地旅游的合作开展，而媒体的监督也可以曝光一些不正当的旅游行为，有利于规范旅游合作。另一方面，在监督者发挥自身职能的同时，也需要注意由于监督力度较小而不能引起其他利益主体的关注，或者过度干预旅游活动的行为。

⑤ 旅游者

旅游者是检测旅游效果的重要标准，他们争取的是经济成本的最小化和旅游效果的最大化。旅游者在活动时并不以行政区作为界线，而是关注旅游资源所在地的整体形象，包括目的地的社会环境和风俗民情等。而现实状况中，旅游资源的开发及旅游活动的开展还是以行政区为单位，割裂了旅游者对大旅游区域的整体感知。

根据以上对各利益主体之间的利益关系分析可知，突破行政区界线的旅游规划与开发有利于各主体的利益实现，各利益主体也希望通过合作实现自身利益的最大化。但由于各自能力大小、兴趣方向的不同，地方政府、社区居民、旅游企业和旅游者出发点和关注点也差异较大，各自利益与整体利益存在一定的矛盾。

4.3.5.4 利益主体的职责和行为规范

跨行政区旅游的规划和开发中，各利益主体之间都有无形的纽带相联系，它们之间相互影响，也存在各种矛盾，而为了达到共同利益的最大化，就应该保持各方利益的平衡状态，这样才能得到各方的认可。在这里，笔者也试图探讨各利益相关者的职责和行为规范，以追求利益的平衡。

① 各行政区地方政府的主导作用

各行政区的地方政府是跨行政区旅游规划与开发的核心，具有主导作用，政府的职责主要是制定政策、构建机制、达成共识、倡导合作等，是我国行政体制改革在旅游业中的体现。通过各地方政府的主导合作，达成协议，从大区域旅游产业发展的层面考虑，将同一旅游资源在不同行政区界线内进行重新配置、组合，以便获取最大的经济效益、社会效益和生态效益。首先，政府出台相关的法律法规和跨行政区发展旅游的优惠政策等，从这个角度切入来攻克行政壁垒；其次，对于同一旅游资源的规划与开发，可建立区域旅游管理委员会或类似组织进行垂直管理，作为整体旅游利益的代表，管委会在宏观层面对各利益主体进行引导和协调，避免由于彼此之间恶性竞争带来的重复建设和各类矛盾，在达到区域旅游利益最大化的前提下实现各利益主体的利益诉求。为了使委员会充分行使其监督和协调的功能，可以考虑由更高级的政府来组建，甚至赋予其行政管理的权力。

② 旅游企业的市场化合作

旅游企业应充分发挥市场经济的规律，尊重各经济元素的自由流通，通过旅游企业跨行政区的兼并和联合，实现产业重组，通过对旅游资源的开发和经营，形成大区域的旅游企业集团，集团应涉及旅游景区、旅行社、住宿、餐饮、交通等旅游产业链上的重要环节，在此之下扶持中小型企业成为逐级的代理商、零售商等，建立垂直的分工体系，才能使旅游的竞争由目前的景区竞争、旅行社竞争等单一节点的竞争上升为整个旅游产业的竞争。而对于分散的旅游企业，则可以合作的形式成立各种旅游协会，例如餐饮协会、旅行社协会、旅游集散中心、旅游信息中心等，充分遵循市场经济的规律，加强人才、资金、信息、技术等的合作和协调，这些组织应置于旅游委员会之下，接受其监督。

③ 社区居民的全方位参与

社区居民应充分参与旅游的决策、实施和评估过程，一是促进社区参与旅游资源的管理，使双方和谐发展；二是景区应帮助和促进社区的经济发展，从而缓解两者之间的经济矛盾；三是能使旅游活动能符合当地的实际情况，制定相关政策也要听取居民的意愿，而非政府、企业自行制定，居民只是单纯地执行。发展旅游能使当地的资源价值得到充分发挥，因为旅游的发展需要一大批景区服务人员、导游人员和管理人员，还需要大量建筑工人、环卫人员以及保护区生态环境的维护人员等，这些人员大部分都是雇佣当地居民，给当地居民提供了许多就业机会。发展旅游除了景区经营需要大量雇佣当地居民之外，还需要当地居民投资、经营交通、住宿以及旅游商品等相关行业，而且有些行业的发展可以带动相关行业的发展，从而有效扩大就业人数并提高当地居民收入。例如：餐饮业可以带动当地蔬菜种植以及养殖业的发展，而旅游商品可以带动当地土特产的生产以及加工的发展，等等。[①]

④ 监督者充分履行职责

从前文的分析得知，监督者并不从旅游活动中直接获取经济效益，而主要关注的是社会效益和环境效益，甚至更关注弱势群体的利益诉求。因此在旅游活动中，监督者应该充分履行其职责，形成独立的监督机制，避免既是"裁判员"又是"运动员"的双重角色。监督者主要有社会公众、媒体、环境保护单位等组织和个人，因此其参与监督的方式应该是全方位多角度的，例如，旅游决策听证会可邀请多学科的专家进行科学论证，旅游规划评审会可邀请媒体进行公开，旅游开发的各阶段建设都要受到环保部门及公众人士的监督评价，旅行社、饭店、景区等经营活动也应受到监督，等等。通过监督及奖惩手段，使各利益主体形成大区域的整体利益观，在获得利益的同时也承担相应的义务。

### 4.3.5.5 构建合作机制

既然跨行政区旅游中各利益相关者之间存在复杂的利益关系，那么为了达到共同利益的最大化和相互之间利益的平衡化，最重要的是进行合作，构建多种合作机制，规范各自的职责和行为。

① 组织协调机制

由于跨行政区的旅游经常遇到社会、经济等方面的阻碍，有必要建立合作组织和协调机制，以推动各方合作的进行，包括旅游合作机制和旅游管理协调机制等。主要为合作提供组织制度保障，可以统一制定区域旅游发展的政策和方向，消除各行政区旅游发展明显的政策差异，共同策划重大旅游活动，实现区域联合，

---

① 该部分的内容见本文作者发表的《对社区参与旅游的几点思考》，载《旅游纵览》，2013 年第 11 期

产销联合，政策协调。各行政区政府之间、各旅游企业之间通过制定和签订旅游合作协议，以规范各方在旅游资源整合中应担负的义务和责任、享受的权利和利益，即以"契约"来约束各方的行为；建立由相关行政区参加的联席会议并定期召开，协调出现的矛盾；由各行政区旅游行政管理部门或地方政府代表联合组建一个合作联合体，对旅游资源的开发经营进行日常管理，解决出现的问题，等等。

② 信息交互机制

在现代信息化的社会里，信息交互显得尤为重要，各方面旅游合作的深入和巩固，离不开信息的互动。通常来说，要对各区内的旅游信息进行深入和全面的搜集分类，包括旅游资源、旅游地的住宿、餐饮、交通等要素，形成综合旅游信息数据库、旅游信息中心和平台等。信息交互机制的建立，有利于组织和串通旅游线路，设计旅游产品，促进各区的共同发展，有利于建设整体旅游形象，树立更大的旅游品牌，吸引更广范围的客源。同时，旅游信息中心、平台等也可作为各地方政府公布一些针对该旅游产业的政策信息，是政务信息化在旅游业的具体实施，也有利于加强合作和监督。

③ 人才交流机制

旅游行业的人才缺乏是很多地方常见的问题之一。在有限的旅游人才中，主要以某一方面的人才为主，如酒店管理、旅行社管理、导游等，缺乏高素质的能够整合各类资源的综合型经营管理人才。同时，各区域间总有各种障碍影响了人才的自由流动，这就需要建立人才交流机制。在各方的合作中，人才合作是重要内容，包括引进人才、扩宽人才培养领域、推动人才交流合作、改善人才发展环境等。这样才能实现人才资源的共享和人才网络的完善，为旅游业的发展提供人才保证和智力支持。

④ 行为约束机制

为了规范各合作主体的行为，使其在享受权利的同时能够履行相应的义务，保障合作关系的健康发展，需要建立行为约束机制。这种机制包括：在多方合作的协议中，明确各方应遵守的规则、可享受的权利、需履行的义务、违反合作条款后应承担的责任及相关惩罚措施等；建立协调组织，负责解决出现的问题和矛盾；建立监督系统，负责审核合作协议的落实情况和各主体有无违规行为；行政区政府也可出台相应的法律法规来规范合作行为，这样更有影响力和执行力。

# 第五章　雁门关、壶口瀑布景区现状分析与对策

通过前文的分析可知，跨行政区旅游资源一般都具有等级高、知名度高、市场前景好等特点，通过借鉴国内已有成功开发的景区经验，笔者也探讨了该类型旅游资源规划和开发的体系。山西省是旅游资源大省，资源数量丰富、各具特色，其中不乏跨行政区的旅游资源，如跨代县、山阴两县的雁门关，跨晋陕两省的壶口瀑布等。虽然这些旅游资源历史悠久、特色鲜明、知名度高，但是发展现状却都不尽如人意，很大程度上都是跨行政区划所带来的弊端。本章就以这两个旅游景区为例，在分析其发展现状的基础上找到问题所在，提出相关建议与对策。雁门关景区已有统一的规划，应该在发展中注重统筹管理和联动开发，而壶口瀑布景区应尽快制定新一轮的总体规划，注重合作开发。

## 5.1 雁门关景区

雁门关地处朔州与忻州的交界处，跨山阴、代县两县，是中国万里长城最古老、最重要的关隘，"雄关雁门，居'天下九塞'之首"（《吕氏春秋》），是国家重点文物保护单位。雁门关景区是以雁门关军事防御体系历史遗存为主要景观资源，具有边塞文化、长城文化、关隘文化等特色的旅游区，包括长城、关城、隘城、兵堡、烽火台等不同等级、不同功能、不同形式的历史建筑遗存。随着近年来的修复

图 5.1 雁门关景区区位图

与开发，雁门关景区已具有多种旅游功能，是中外闻名的边塞文化旅游目的地，国家 5A 级旅游景区。

代县雁门关景区包括东陉关游览区、西陉关游览区等，其中东陉关游览区包括雁门关主体关城、围城、古关道等，古关道南北走向，北至山阴县的广武隘口，称新广武城，历史上先后设广武站、广武营、守备所等，属明代隘口军事防御作战的典型建筑群，如今是包括广武军事文化景区和雁门关景区在内的大雁门景区的北入口和游客集散中心。雁门关北口、新广武城西侧有始建于辽宋时期的广武古城和大规模汉代戍边将士陵墓群。

### 5.1.1 资源特点

① 资源品质好、种类多

本区资源品位很高，知名度高，有三处国家级文保单位：明长城及雁门关、广武汉墓群、旧广武城。雁门关、杨家将的故事人们都耳熟能详。代县和山阴县具有深厚的历史文化底蕴和典型的塞外风光，集佛教文化、边塞文化、军事文化于一体，具有极大的历史文化、美学艺术欣赏和科考价值。区内旅游资源点数量多，有古道、关城、古长城、古军营、靖边祠等，能够吸引多种游客群体，并且旅游资源沿山川地势呈立体分布，景观雄伟大气，令人震撼。

② 文物与环境保护困难

由于雁门关涉及的历史文物众多，文物保护问题显得尤为重要。雁门关及古长城、旧广武古城和广武汉墓群这些国家级乃至世界级的重要人类遗产，承载着历史、军事、宗教、经济、科技等多方面的信息，具有难以估量的价值，值得我们很好地保护。但是就目前的保护现状来说，文物保护工作还存在困难，不论是进行旅游开发还是历史文化研究，首要的应是做好文物保护工作。

③ 资源开发利用潜力大

雁门关这一带是众多历史事件的发生地，所遗留的文物及遗址很多，虽然知名度很高，但许多重要的遗址和遗存仍处在"藏在深山人未识"的状态，并未得到合理的开发利用，均处于未开发或开发初始阶段，资源开发利用潜力相当大。

### 5.1.2 发展现状

雁门关的旅游资源品质高，知名度高，但其旅游业尚处于初级阶段，在景区南北两个入口处建有前腰铺驿站和后腰铺驿站两个综合服务区，具备餐饮、停车、住宿、会议、购物等功能，内部建设有各种特色的农家客栈。此外，在信息、安全等新兴要素方面还需完善。景区各类保护级别的文物众多，但是保护人员、保护手段都比较滞后。目前景区的游客以自驾车游客为主，可从山阴县、代县两个方向进入景区，游客通常为顺访，并零星有古长城考察团的成员前来参观。通过旅行社组团前来的游客以老年团为多，市场前景有很大的发展空间。

近年来，山阴、代县两县抓住发展旅游的机遇，在旅游开发上主要做了三个方面的工作：

第一，完成了多项修缮工程。山阴县整修了旅游观光专用公路，建设完成了长城景观区与周边汉墓群景区 20,000 亩的绿色屏障，改善了景区的环境。雁门关景区修通了关北连接 208 国道的旅游公路，以及关内旅游专线公路。同时，代县加快了与雁门关相关的周边景点景区的建设步伐。

第二，编制了一系列规划文本。两县近年来在文物保护、旅游规划编制方面投入较大，有关部门已经认识到文物保护与旅游规划的重要性。雁门关景区编修了《雁门关文物保护规划》《雁门关景区旅游总体规划》《雁门关建设性详细规划》等规划及专项报告；广武景区也编制了《山西省朔州市广武地区文物保护规划》《广武地区旅游总体规划》《山西之朔州广武古军事文化旅游区规划》《山西·朔州广武生态文化旅游区规划》及相关文物保护规划和修复设计方案。山西省旅游局也组织编制了跨行政区旅游的规划《应县山阴代县跨区域旅游规划》。

第三，举办了多种宣传促销活动。2007 年第二个"世界文化遗产日"，朔州市"文化遗产日"宣传活动现场会在山阴旧广武城举行，山阴县抓住这个有利契机进行了大力宣传。代县相继举办了"第二届佛教文化节""首届孔子文化节""关公文化节"等，为做强做大代县旅游产业进行了有益的探索。经过十年的快速发展，2017 年，在成功举办了《人说山西好风光》第二季电视竞演活动后，以"骑游中华第一关，逐鹿千年古驿道"为主题的 2017 中国·代县·雁门关国际骑游大会开幕式在边靖楼前隆重举行，进一步扩大了雁门关在国际上的知名度、美誉度和影响力、竞争力。

从 2009 年雁门关景区开发项目启动后，代县累计投资近 4 亿元，在雁门关完成景点维修复建、基础设施建设、服务项目配套、生态环境治理、特色文化挖掘、旅游市场开发等一百多个项目，重现古关全盛时的雄姿。2011 年，游客人数达到 39 万，门票收入达到 1200 万元，综合收入 9900 万元。2012 年，游客人数达到 73 万，门票收入达到 2300 万元，综合收入 3 亿元[①]，景区被省旅游局评为全省十佳旅游景区，在第十五届亚洲（博鳌）旅游金旅奖颁奖盛典暨大中华区旅游文化大奖发布会上被评为"亚洲·大中华区最负盛名旅游景区"。2012 年在"晋善晋美"评选活动中，景区荣获"美好印象山西十大景区"称号。2013 年，在山西十大文化符号景区类评选中再次名列前茅，11 月景区荣获"中国传统建筑文化旅游目的地"称号，成为山西省继平遥古城之后第二个获得此称号的单位。2014 年，景区被评为"中国最令人向往的地方"和"中国最佳文化旅游观光目的地"。2015 年，景区荣获"山西省十大新锐景区"称号。

经过几年的快速发展，景区自 2011 年被评为"AAAA"级旅游景区之后，经过艰难创建，于 2017 年被评为国家"AAAAA"级旅游景区。在忻州市文化旅游产业改革发展中，明确提出要"丰富长城文化"，"丰富雁门关景区的文化内涵，将雁门边塞文化和寻根祭祖、摔跤表演、艺术采风、徒步旅游等相关活动结合起来"，"以雁门关修复二期工程、白草口长城修复、秀容古城旅游开发等为重点形成'雁门关长城旅游区'"。2017 年前七个月，景区共接待游客 50 余万人次，比去年同期增长 17%。

### 5.1.3 存在问题

虽然雁门关景区在近几年来得到快速的发展，但仍处于旅游的初步阶段，内部存在诸多不足，也面临许多外部的威胁。

① 景区内部的不足

首先是行政分割，体制不顺。雁门关分属于忻州和朔州的两县：代县和山阴县，行政区划的分割致使两地旅游开发各自为政，各开发各地段内的景点。例如，人为地把长城分割成山阴段和代县段，两县各自开发，标准不一，代县段明显比山阴段开发水平高。因此，想解决这一地区的旅游开发问题，先要理清相关管理体制问题。其次是规划落实不到位，山阴县针对广武地区已有多个规划，主要涉

---

① 数字来源于雁门关官方网站信息公布。

及雁门关北面的新旧广武城及汉墓群，代县也有县域的旅游总体规划，雁门关景区有总体规划和保护规划，同时省旅游局也主持编制了广武—雁门关跨区域的旅游规划。就目前的发展分析，规划的落实还不到位。再次是基础服务设施不足，目前，代县、山阴县的旅游服务设施和基础设施都不完善，餐饮、住宿场所的数量和等级依然不能满足游客的需求，在娱乐设施、交通服务体系、旅游信息方面也存在不足。雁门关旅游处于初步发展的阶段，食、住、行、游、购、娱等方面的设施还不完善，景区目前的基础设施与现代游客追求全方位、多角度的体验、参与和休闲旅游趋势相差甚远，仅仅是接待过路游客，处于门票经济这一初级阶段。最后是旅游从业人员整体素质不高，旅游人力资源开发投入不足，旅游管理人员多是半道出家，业务和理论水平不高；宾馆服务人员大多数未经过系统和专门的正规培训，服务技能长期停留在较低档次上。

② 景区外部的威胁

雁门关景区首先面临的是周边同质化的资源和竞争。虽然区内的旅游资源品位高，但从全国来看，还面临北京居庸关、河北山海关，甘肃嘉峪关等著名关隘的竞争。除雁门关本身具有较高的知名度外，其他资源如小型寺庙、古城墙、祠堂、汉墓、烽火台等景点在山西晋北旅游线路中还存在众多相似景区景点。其次是严峻的生态环境形势，本区土壤贫瘠，三北防护林的建设虽然奠定了一些基础，但原来的防护林树种单一，成活率也较低，对景区的生态没有起到根本的改善和保护作用，区内植被稀少，水土流失严重，水源缺乏，对景区开发造成了威胁，生态环境改善任务艰巨。最后是游客的游览时间短，由于雁门关还未达到规模化发展，游客多为过路顺访，且住宿、餐饮、娱乐条件较差，要想延长游客停留时间，甚至在此地过夜仍有极大难度。

### 5.1.4 建议与对策

① 落实规划

雁门关和广武地区的规划相对比较完善，根据景区的总体规划、文物保护规划、文物修复设计方案、旅游发展规划等相关规划，认真贯彻落实各项要求，包括文物的保护修复、旅游产品开发、项目建设、线路设计、生态保护、旅游各要素的建设与完善等。在山西省旅游局的牵头下，广武与雁门关两区正在朝跨区域旅游发展，并且编制了相关规划，将新旧广武城、汉墓群、雁门关景区等整合开发，组成大雁门景区。山阴、代县应在统一规划和各自详细规划的指导下，逐步落实，分期建设，保护好文物古迹和生态环境，积极推进景区的旅游发展。

② 联动开发

基于雁门关旅游资源分属山阴县和代县管辖的现状，雁门关景区的整体开发规划，首先要协调好山阴县和代县的利益关系，雁门关景区内的长城关隘、新旧广武城等是不可分割的整体，应该成立大雁门景区。从目前的情况来看，两县联动的开发体制尚未建立，因而，协调代县、山阴县两县的利益，建立两县联动的开发体制是大雁门旅游区开发目前必须要做好的一件事。

③ 统筹管理

目前，忻州市人民政府设忻州市雁门关风景区管理中心，代县在雁门关景区改革中，将原来的事业单位山西雁门边塞旅游开发公司从景区管理中心分离出来，组建了国有全额控股的代县旅游开发投资有限公司。但是从忻州和朔州两市的统筹管理角度来看，应在现行体制的基础上，成立"大雁门景区管理委员会"，由山西省政府管理，同时可选两县的旅游、建设、林业、国土、文物、宗教、工商等相关部门的领导同志为成员，按照机构精简的原则设立相关必需的机构，不必小而全，以少而精为宜。管委会行使县级单位的行政执法权和国有资产管理权，负责大雁门景区的统一规划、开发、保护、利用、建设、协调和管理工作。

管委会的具体职责：第一，管理委员会要从长远发展出发，积极抓好辖区内的规划工作，并负责规划的具体实施；第二，管理委员会负责景区内的水、电、路等基础设施建设，为景区的发展夯实基础；第三，管委会负责景区内的招商引资工作和管理工作，以景区国土和旅游资源与投资商共同组建股份制公司，实施景区的建设开发与管理；第四，管理委员会负责辖区资源与环境的保护与管理工作，落实相关的保护措施，保证景区的可持续发展；第五，管理委员会负责协调代县、山阴县两县利益主体，统筹兼顾各方面的利益，形成合力，打造大雁门旅游区的旅游品牌。

④ 利益共享

在组建大雁门旅游区管委会的基础上，山阴、代县两县可以根据各自所拥有的旅游资源数量及旅游价值等作价入股，可以成立大雁门景区旅游股份有限公司。也可以其为主体，吸收一些投资商参股，成立开发总公司，股份有限公司在总公司拥有绝对控股权，总公司实行市场化运作，企业化经营。总公司负责对景区旅游资源的开发、保护、经营、管理；拥有景区收益权、经营决策权，统筹兼顾吃、住、行、游、购、娱等旅游基本要素，景区经营收益按股份分成。

建立各利益主体的行为规范。第一，大雁门景区管委会作为大雁门旅游区国有资源的实质代表，依法对景区公共资源行使管辖权和处置权，并通过旅游景区的开发和经营，带动代县、山阴两县国民经济和社会的发展，实现经济、社会、环境持续、协调发展；第二，开发总公司作为旅游景区经营的主体，拥有景区经营的收益权、景区的经营决策权，直接负责控制景区的开发建设和经营管理，但前提是必须遵守相关法律法规，按照景区建设规划进行，并接受大雁门旅游区管委会的管理和监督；第三，当地居民作为旅游景区经营利益的分享者和景区经营的服务者，需要通过景区的经营发展来提高他们的生活质量和生活水平。在开发经营大雁门旅游区的过程中，应鼓励村民以房地产入股，大量吸收当地村民就业，建立雁门关开发与周边村民的利益协调机制，将当地村民纳入雁门关开发利益分配体系中来，使村民从大雁门旅游区开发中获利，调动村民参与经营的积极性；第四，雁门关的开发商要增强社会责任意识，在开发雁门关的同时也要积极投入雁门关周边村落的新农村建设中来；第五，社会媒体、公众等应该充分发挥监督作用，更多关注社会效益和生态效益，在广泛宣传的同时还要对景区规划与开发中出现的问题及时曝光。

## 5.2 壶口瀑布风景名胜区

壶口瀑布位于晋陕峡谷中段，黄河流经此地，由于河床地势的影响，河水由四五百米突然收缩为四五十米，滔滔河水倾泻而下，冲入落差约 50 米的石槽中，形成雄浑壮观的瀑布群，因形似茶壶而得名。壶口瀑布属差异侵蚀成因型瀑布，是世界上最大的黄色瀑布，是黄河上唯一的大瀑布，也是我国仅次于贵州黄果树瀑布的第二大瀑布。

以壶口瀑布为中心的黄河壶口瀑布风景名胜区集黄河峡谷、黄土高原、古塬村寨为一体，地跨晋陕两省，面积 178 平方公里，东到山西境内的管头山、高祖山，西到陕西境内的新市河、甘草镇,南到仕望河口南岸（陕西境内）小船窝（山西境内），北到石堡寨（陕西境内）、南村地坡（山西境内）。瀑布两侧也分布着许多小的旅游资源点，例如明清码头、十里龙槽、冲蚀沟、克难坡、古炮台、马王庙等。

图 5.2 壶口瀑布风景名胜区区位图

在国家"八五"期间重点开发的黄河旅游线路中，壶口瀑布是观赏游览价值最高的项目；1988 年，黄河壶口风景区被列为国家重点风景名胜区；1991 年被评为"中国旅游胜地四十佳"；1994 年被选为推向世界的三十五张王牌景点之一；1995 年被国家建设部指定为首批"全国爱国主义教育基地"；2002 年被评为国家"AAAA"级旅游风景区，同年被国土资源部评为"国家地质公园"；2005 年被评为"中国最美丽的瀑布"。[①]

### 5.2.1 资源特点

① 资源的品质优、价值高

壶口瀑布不仅由于地质遗迹的典型性和稀缺性成为自然奇观，而且具有悠久的历史文化，是华夏文明和炎黄子孙的精神寄托，在国内外的知名度很高。壶口瀑布随季节的不同而展现出独特的景观，具有很高的美学价值，同时由于独特的地质结构和历史文化，具有极高的科学研究价值。这些都是壶口瀑布旅游的强势竞争力和核心吸引力。

② 资源的开发条件好

首先是壶口瀑布的区位条件好。山西方面，已经修通吉县至临汾的高速公路，并与大运高速网络相接，距省会太原 4 小时左右车程；陕西方面，景区距延安和省会西安的道路条件良好，通达性强。第二是适宜开展旅游的时间长，壶口瀑布季季有美景，若无特殊情况，可全年开放。第三是游客范围广泛，由于景点独特

---

① 该部分内容来自宜川县、吉县的壶口瀑布官方网站——景区介绍。

性和高知名度，可吸引国内外的游客前来，而且不受年龄、职业、性别等因素的限制，客源市场稳定且广泛。

③ 生态环境脆弱

由于壶口瀑布特殊的地理条件和环境因素，加上沿黄道路及旅游设施的开发建设，以及大量旅游活动的影响，景区存在环境破坏和生态失衡的风险，为了使这一世界级的资源能够长久地存在，壶口瀑布及其周边的保护工作任重而道远。

### 5.2.2 发展现状

壶口瀑布风景名胜区建立较早，知名度很高，但旅游业发展仍然比较落后，周边有自营的农家乐。游客大多以自驾车为主，可从宜川、吉县两个方向进入景区，宜川方面由于靠近延安，接待的团体游客较多。2009 年景区接待游客总数 32 万人次，收入约 1.2 亿元（宜川县和吉县收入之和）；2010 年吉县方面游客突破 15 万人次，门票收入达 800 余万元，宜川方面接待游客 55 万人次，门票收入近 3000 万元[①]。总的来说，还是低于国内其他 4A 级景区的水平，而且通过数据可以看出，吉县方面的旅游发展远远落后于宜川方面，绝大部分的原因在于吉县位置偏僻，道路不畅，从临汾到壶口原来需要三四小时的车程，而延安到壶口要方便很多，因此到延安的游客很多会去看壶口瀑布，这是宜川方面发展壶口瀑布旅游的一个优势。2012 年，随着山西境内临吉高速的通车，与大运高速相连，从临汾到吉县仅需 1 个半小时的车程，吉县的交通劣势得以扭转，2013 年的"十一"黄金周期间，吉县方面的壶口瀑布景区共接待游客 21.99 万人次，激发了巨大的旅游发展潜力[②]。

晋陕两省在发展壶口瀑布的旅游时都做了很多工作。山西吉县于 1984 年成立了壶口风景区筹建领导组，开始开发壶口旅游；1987 年成立吉县旅游管理局，壶口瀑布被确定为山西省第一批风景区，正式命名为"黄河壶口瀑布风景名胜区"；1990 年成立了壶口接待站，1991 年成立了"山西吉县黄河壶口瀑布风景名胜区管理局"；"1998 年成立山西壶口风景区管委会，为副处级建制，2005 年 7 月升格为正处级建制，事业编制"[③]。陕西宜川县方面，在 1983 年成立了"壶口瀑布旅游

---

① 数字来自宜川县、吉县两地的政府信息公开网。
② 数字来自吉县壶口瀑布官方网站。
③ 张萌：《试论跨行政区域的旅游资源合作——以壶口瀑布为例》，《生产力研究》2012 年第 4 期。

开发建设领导小组",建立了壶口旅游点,由文化局负责,开始进行小范围的旅游设施建设;1989年,西安冶金学院为宜川县编制了《壶口瀑布风景名胜区总体规划》;1998年成立"黄河壶口风景区管理局"[①]。虽然宜川县对壶口瀑布的开发略晚,但是县城的住宿、餐饮、交通等旅游设施建设力度较大。在"十二五"期间,晋陕两省都将壶口瀑布作为重点景区之一,纳入黄河游览及自驾游的线路中。

### 5.2.3 存在问题

① 各自开发

晋陕两省对于壶口瀑布景区的开发和管理一直没有实现全方位的合作,对壶口瀑布景区的开发和管理各自为政。为了追求经济效益的最大化,双方将各自政区内的部分资源独立开发,从而导致资金的浪费、基础设施的重复建设等,结果是不但自身发展滞后,也严重影响了景区的整体发展。目前已经暴露了诸多矛盾和问题。例如,景区至今还是被分割为东西两部分,游客只能在一侧游览,如果要去对岸,不仅道路不顺,还要重新购票;在对外宣传上,也是分开营销,景区没有统一而鲜明的整体形象,壶口瀑布仍没有统一的对外宣传窗口。宜川县和吉县分别建立了壶口瀑布官方网站—陕西宜川黄河壶口瀑布官方网站(www.hkpbw.cn)与吉县黄河壶口瀑布官方网站(www.hukoupubu.cc);在开发的深度上还停留在表面的观光、农家乐等初级形式;两地旅游的主题风格、旅游功能不协调,宜川县甚至在距离河岸很近的地方建造现代化的宾馆,严重影响了壶口瀑布的整体环境;在票价方面,虽然两地是统一票价,但是为争夺客源,往往互相压价,打折力度不同,导致了恶性竞争,极不利于景区的发展。

② 忽视保护

就壶口瀑布资源本身而言,由于特殊的地质构造,河床两侧岩石易被侵蚀、剥落、崩塌,瀑布因之不断后退。据史料记载,在最近的2700年间,这条瀑布已后退3000多米,宽度也缩小了七分之一。目前,瀑布仍以每年20厘米左右的速度退缩。"由于陡壁变缓,落差也在缩小,壶口瀑布渐失雷霆万钧之势"[②]。因此,对壶口瀑布的保护应该是其发展旅游的基础,但目前的情况却不容乐观,由于吉

① 张萌:《试论跨行政区域的旅游资源合作——以壶口瀑布为例》,《生产力研究》2012年第4期。
② 杨宁、刘书云:《黄河壶口瀑布会消失吗》,《中国旅游报》2000年8月30日,第2版。

县和宜川两县都为省级贫困县，受经济利益的驱动，两地都是重开发轻保护，涉及经济利益时你争我抢，涉及环境保护时你推我让，导致资源的破坏和环境污染。虽然近年来两地也投入了人力物力整治和绿化环境，但是还远远不够。

### 5.2.4 建议与对策

① 统一规划

早在 1997 年，国务院批准《黄河壶口瀑布国家级风景名胜区总体规划》，其中对景区性质和范围等做出规定。一直以来，壶口瀑布景区都由分属的晋陕两地各自进行规划。时过境迁，由于上位规划的时间久远，对目前出现的许多问题都不能有效地加以指导和解决，因此亟须进行新一轮总体规划的编制。

规划的委托方。可借鉴长江三峡、香格里拉等地的做法，由国家旅游局会同有关部门在国家层面上主持规划的编制工作。

规划的编制。首先，规划应由国家层面组织，委托经验丰富的机构编制，吸收不同学科的专家参与，当地政府积极配合，不同部门之间协作，同时还要运用成熟的科技手段，借鉴国内外的新理念。第二，前期的调研应该深入两地，重新对其自然条件、可进入性、客源市场、基础设施、服务设施等方面进行分析和评估，同时着重调查壶口瀑布景区在两地的旅游发展优势、劣势、机遇和威胁。第三，根据壶口瀑布东西两部分的空间特点，在规划时应注重资源的重新整合，尤其是线路的连通和两地旅游要素的配置，将壶口瀑布作为连接晋陕两省旅游的重要节点。第四，在规划中应该加强对壶口瀑布景区及两县的旅游产业经济性指标分析，更合理地定位景区发展战略和目标。第五，协调不同规划之间的关系，由于宜川、吉县两地均对壶口瀑布编制了不同的规划，在统一规划时可采用前文提到的第二个办法——先各自规划后统一规划，在前期调研的基础上，结合两地不同性质的规划，统一规划站在更高的层面来指导全区的旅游发展战略，这样的规划既不会脱离实际，又能指明正确的发展方向，更具有合理性。

② 改革管理体制

壶口瀑布景区出现的各种问题早已成为社会关注的热点，大多数人认为行政区的分割是导致这些问题的重要原因。为此可探讨两种管理体制：一是设立旅游特区，将景区独立划分出来，由国家旅游局成立专门的机构进行开发管理和经营，可以解决两个地方政府之间意见不一致导致的重复建设和恶性竞争的问题，有利于资源的保护和景区管理，但是这种方法容易忽视同当地政府的联系，导致区域旅游业发展不协调，与两个地区的经济发展产生矛盾；二是打破现有的行政界线，在目前两方管委会的基础上，晋陕两省联合起来在壶口瀑布景区建立一个统一的"壶口瀑布景区管理委员会"，可吸纳旅游、建设、国土等相关部门的领导，邀请相关学术界、企业界人士加入，按照机构精简的原则设立相关机构，管委会行使县级单位的行政执法权和国有资产管理权，负责壶口瀑布景区的统一规划、开发、保护、利用、建设、协调和管理工作。例如，最大化地发挥政府职能，抓住两省旅游发展的机遇，结合景区文化底蕴进行产品结构升级，结合当前的"互联网+"模式，线上线下结合，不断推出景区产品。此时的宜川和吉县两县主要负有监督的职责。同时，在联合开发中，两县需要明确界定自己的职责与义务，强化景区的文化品牌宣传，结合当前的宣传模式，例如通过微信、微博等网络平台进行宣传，同时两省相关管理部门统一步伐，推进景区旅游信息化建设符合国家统一规划部署，避免各自为战而造成资源浪费。[①]

③ 实现合作开发

由于两县的行政区划使得壶口瀑布景区被人为分割成东、西独立的两部分，为了扩大旅游活动的空间、打造完整的旅游景区、树立鲜明的旅游形象，吉县和宜川乃至晋陕两省都应该努力达成合作共识，实现联动开发。首先是要消除两地的旅游障碍。例如，优化交通网络，连接东西两岸的旅游线路；推行"一票通"，为游客提供便利和优惠；进行旅游车辆、导游等资源的统一调配，实现无障碍服务，等等。在实现合作开发时，应该以企业为主体，坚持市场导向。最重要的是利益分配问题，可以考虑采取股份分配的原则，即旅游企业可占一多半的股份，宜川和吉县可占一部分的股份，剩下的小部分股份可分给景区管理委员会，作为其日常管理费用，形成统一管理、利益共享、风险共担的市场化经营模式。

④ 加大保护投入

在对壶口瀑布进行开发利用时，应该以保护生态环境为前提，不能单一追求经济利益。景区的生态环境脆弱，需要加大保护力度，在旅游发展和生态环境治

---

① 王玉：《浅析黄河壶口瀑布景区的旅游开发与管理》，《湖北科技学院学报》2016年第1期。

理工作中，体现"保护优先"的思想，坚持以保护为主，辅以绿化工程进行抚育，防止出现重破坏后的治理与建设、轻破坏前的预防与保护的不良倾向。在旅游产品规划和产品塑造中，最大限度地挖掘资源特色和自然景观资源优势，既形成特色产品，又保护区域自然景观资源的原貌。建筑物的布局、设计风格要与自然环境协调，体现地方特色，与景观融为一体。旅游基础设施建设要最大限度地保护自然景观资源不受破坏，同自然景观和谐相融，减少负面影响。

⑤ 广开融资渠道

由于宜川和吉县都属于贫困县，壶口瀑布的保护和开发都需要较大的资金投入，因此需要广开融资渠道。主要考虑五种资金来源渠道：第一是政府资金，两地应抓住各种机遇，积极争取当地财政资金、省市及中央扶贫解困资金、植树造林及生态建设资金，争取景区基础设施建设、农村新能源利用、景区公路建设等相关资金；第二是建立旅游产业发展专项基金，可以由县财政拨款，作为地方财政对旅游业的投资，也可以按照一定比例提取旅游景点的门票收入，收取定点旅游住宿、餐饮、旅游购物商场、旅游车船公司营业额的一定比例等，通过这类融资方式能募集较大量资金，适合于较大项目的建设；第三是与金融机构的合作，申请银行贷款；第四是招商引资，政府创造良好的投资环境，吸引国内外资金投向本项目区的开发和建设，既可独家投资，也可多家联合投资，或鼓励不同性质的企业相互参股，积极推行股份制等；第五是利用本土的民间金融资源，鼓励本地区有实力的企业投资旅游开发，可利用多种形式引导和扩大本土民间投资参与到包括基础设施在内的旅游开发建设上来。

# 第六章 结论与展望

跨行政区的旅游资源在我国普遍存在，行政区的刚性约束对旅游资源的规划与开发弊大于利，是产生矛盾与问题的重要原因。跨行政区的旅游资源依据不同的分类标准可以分为不同类型，并且有自身的特殊性，跨行政区旅游的规划与开发具有可行性与必然性，笔者通过对国内景区的案例分析列出成功经验与现实障碍。跨行政区旅游资源应该坚持统一规划、多种模式开发，其体系流程包括规划的编制过程和规划的实施过程两部分；由于利益本身的驱动，通过引入利益相关者理论，各利益主体应规范其职责和行为。雁门关、壶口瀑布都是著名景区，同时也是典型的跨行政区旅游资源，文中根据现状分析其存在的问题，通过制定并实施具体对策，使景区实现可持续发展。

文章的创新之处在于：对跨行政区的旅游资源进行了基础性分析，按照不同标准进行分类，总结其特性及开发的可行性。对国内跨行政区的著名景区案例进行分析，总结该类型旅游资源的规划与开发经验。在理论与案例分析的基础上，首次提出跨行政区旅游规划与开发体系的构建，包括原则与理念、流程等，同时引入利益相关者理论，根据该理论研究跨行政区旅游各主体之间的利益关系及合作机制。对雁门关与壶口瀑布景区的跨行政区旅游方面进行研究，分析存在的问题，提出建议与对策。总体而言，雁门关景区已有统一的规划，应该在发展中注重统筹管理，而壶口瀑布景区应尽快制定新一轮的总体规划，在发展中注重合作开发。

跨行政区旅游的研究是一个理论性和实践性很强的前沿领域，笔者认为应从以下两个方面进行进一步的探讨和研究：第一，跨行政区的旅游与各行政区内相关产业的发展是值得进一步关注的内容；第二，在规划和开发过程中的监管问题还需要进一步完善。

**作者简介：**

尚　莹：女，山西省永济市人。2007.9—2011.7　山西大学旅游管理专业本科，2011.9—2014.6　山西大学旅游管理专业硕士，2014 年 7 月至今在山西工商学院任教。

# 第三单元

# 中小型景区"三规合一"旅游规划编制体系研究

## 于晓燕　张世满

**摘　要：**随着旅游行业的迅速发展，在"全域旅游"、"旅游+"等新兴旅游热点的带动下，旅游业不仅成为社会经济生活中一项重要的支柱产业，在旅游扶贫、乡村振兴等方面，也扮演着越来越重要的角色。与此同时，人们对于"旅游规划"的认识也越来越深刻，接受度越来越高，而对于旅游规划成果的要求也越来越高。

伴随着休闲度假时代的来临，传统的"大景区"发展越来越局限，规划也都逐渐完成。在 2018 全域旅游年的带动下，中小型景区、城郊乡村越来越成为吸引周边城市居民的重要旅游目的地。面对越来越多的中小型景区旅游规划，鉴于其对规划成果的实用价值、规划成本等的较高要求，按照原有规划编制体系，分别编制总规、控规、修规不仅费时费力，很难满足现实要求，且规划过程中极易出现上下位规划衔接不当、规划内容不完善及规划成果不具有实用价值等问题。同时，在当前规划市场上，各规划编制单位纷纷进行了各种有益尝试，出现了各类"总规+重要节点修建性详细规划"或"控规+重要节点修建性详细规划"的规划成果，极大地满足了中小型景区规划的现实需求，但其中也出现了规划体系不完善、成果形式各异、内容不全面等问题。在这样的背景下，探索更加符合规划要求、更具可操作性的规划编制体系成为本文研究的重点，以期进一步推动传统旅游规划编制体系更加完善。

本文针对中小型景区旅游规划编制过程中出现的各种问题，结合市场上各类新型融合性规划，以原有规划编制体系及其具体内容为基础，尝试性地提出一种"三规合一"的规划编制体系：即将原有三项规划核心内容融合于一项规划，兼顾总规的宏观方向指导、控规的建设控制与修规的具体项目设计，以一种更加综合、全面、可操作性强的规划编制体系指导中小型景区旅游规划。文中运用文献分析法、归纳总结法、案例研究法等方法，对这一规划体系做系统研究，从概念定义、适用要求、特点、意义等方面进行说明，着重提出这一综合性规划的编制体系、主要内容、编制过程、成果及技术要求，从而形成一项标准化、规范化的规划编制程序，为中小型景区旅游规划提供普遍参考，推动《旅游规划通则》逐步完善。

**关键词**：旅游规划；中小型景区；三规合一；综合性规划

# 第一章　引　言

## 1.1 研究背景

进入21世纪,旅游业因其高收益增长与广泛的乘数效应而受到世界各国关注,在全球经济中所占的比重愈来愈大。在我国, 从1986年被纳入国家社会经济发展总体规划①, 到如今, 旅游业已然成为我国一项战略性支柱产业,特别是2015年全域旅游的提出, 到2018年"美丽中国——全域旅游年"的确定,对于推动全域各类型景区、景点发展带来重要机遇。旅游已经成为国民日常生活的重要组成部分, 编制旅游规划也逐渐进入人们视野,受到广泛关注。在我国, 旅游规划行业的发展从最初地理、建筑、经济各相关专业普遍涉足、邀请国际专家编制规划, 到以城市规划编制要求为蓝本出台《旅游规划通则》(以下简称《通则》),成为我国第一部具有普遍指导意义的规划编制标准,我国旅游规划行业得到迅速发展, 不断走向专业化与规范化。但是, 随着国内规划发展的不断深入,《通则》相关要求也在指导规划发展过程中逐渐暴露出一些问题,规划失灵现象不断出现,无法满足不断变化的市场环境。在这样的背景下,规划业学术界与实践派开始进行各种反思与改进,市场上各类以概念性规划、旅游策划为代表的新型规划编制形式开始出现,对原有规划体系进行了初步探索与改革,并逐渐为大众所接受。

随着全域旅游的不断推进,在大型景区旅游规划工作基本完成的情况下,中小型景区规划渐为主体。在规划过程中,规划甲方也对中小型景区规划编制的可操作性与落地性提出了新的要求,而一些规划编制单位也根据甲方需求在规划编制过程中对规划结构与规划内容进行了适度调整。具体表现在:一些规划单位将原有总规、控规、修规三项规划进行整合,以"总规+重要节点修建性详细规划"或"控规+重要节点修建性详细规划"的方式出现,从而使得中小型景区规划更具实用性、更简洁。在这样的发展形势下, 本文以现有规划编制体系为基础,结合

---

① 张广瑞:《关于旅游规划的若干思考》,《旅游学刊》1993年第4期。

规划市场上出现的各类新要求与新变化，对中小型景区旅游规划编制体系与内容进行研究，以期形成一套针对中小型景区更加全面、更具可操作性的规划编制体系。

## 1.2 研究目的和意义

### 1.2.1 研究目的

经过多年发展，我国旅游规划工作从最初各专业从各自角度进行探索性研究到如今，成为一项多专业共同参与的专业化职业工种，我国旅游规划行业已经取得长足进步，但相较于其他学科而言，仍处于初期阶段，有许多标准与行业规范还需进一步完善。其中，就中小型景区规划而言，面对全域旅游背景下的新机遇与新挑战，原有规划内容越来越难以满足当前规划的编制需求，同时，规划编制耗时长、成果实用性不强等问题也愈加突出。

本文在综合前期研究成果的基础上，借鉴相关学科发展、研究经验，结合笔者参与的一些规划项目实践，在导师指导下，在对规划编制市场上出现的新变化研究的基础上，专门针对中小型景区旅游规划编制体系进行分析，以探索形成一种对中小型景区更具针对性与实用性的规划编制体系，以推动我国旅游规划编制体系进一步完善。

### 1.2.2 研究意义

#### 1.2.2.1 理论意义

本文提出中小型景区进行"三规合一"综合性旅游规划编制的理论意义主要在于："三规合一"综合性旅游规划是一种新型的规划编制理论，之前与之相关的研究只有少数学者提出过"规划整合"思想，但在专门规划类型上并未进行过详细研究。文中以这一思想为基础，根据规划编制实践，具体针对中小型旅游景区提出将总规、控规、修规融合编制的规划思想。这种探索性的规划理论研究可以逐步丰富我国旅游规划相关理论，带动旅游规划逐步向细致化方向发展，推动旅游规划理论研究深入。同时，"三规合一"综合性旅游规划相关概念与内容体系的提出，也为其进一步深化研究奠定了基础。

#### 1.2.2.2 现实意义

"三规合一"综合性旅游规划编制的现实意义在于：第一，从具体规划编制层面指导中小型景区旅游规划工作，推动中小型景区旅游规划成果更具实用性；第二，以"三规合一"综合性规划实现对当前市场上各类混合型规划编制案例的总结，规范市场环境；第三，以中小型景区规划编制体系研究推动我国旅游规划体系不断细化。

## 1.3 研究现状

当前，旅游规划相关基础内容如规划认知、资源调查、案例分析、产品开发、质量管理等研究已经较为深入，一些新型规划理念如"可持续发展旅游"、"大旅游"、"旅游+"等也被提出并进行了一定的研究，同时，学者们还从《通则》的制定、主要内容及其相关要求等方面，对《通则》所暴露出来的问题进行了剖析。

当前我国旅游规划编制主要参照《通则》相关要求，但随着规划实践的发展，一些学者提出概念性旅游规划、旅游策划等新型规划编制方法，并倡议对现有编制体制进行改革创新。除概念性旅游规划研究较多外，其他创新性的规划编制形式研究还较少，特别是规划整合编制方面，"三规合一"的编制形式只有少数学者提出过，但尚未进行过详细、系统的研究。吴承照在《中国旅游规划30年回顾与展望》中指出："在实际规划实践中，存在三个整合三个强调的问题"[1]，其中就包括总规、控规与修规的整合，作者在文中提出疑问："旅游区规划是否必须要经过这三个层次，需要深入研究"[1]。这就已经对《通则》原有的规划体系提出质疑。

吴殿廷等在《旅游规划编制前沿问题探讨》中提出：无论是区域旅游规划自身，还是区域旅游规划与区域内景区规划之间，都存在着从上而下还是从下而上进行规划的次序问题。从上至下进行规划，虽能宏观把握，却缺乏依据；而从下至上进行规划，虽然上层规划有了基础，但下层规划却难免盲目。最后，作者提出"上下结合、反馈融合"的规划过程，按照"规划基础内容+灵活内容"的"基+X"的规划模式完成[2]。

文中还指出，近些年很多规划案例，都是打包编制总体规划和重要节点的规划形式，如北京巅峰智业旅游规划设计院完成的"青岛黄岛区旅游规划与珠山国家森林公园概念性规划"、辽宁省瓦房店市东屏山旅游规划的"总体规划+榆树房

---

① 吴承照：《中国旅游规划30年回顾与展望》，《旅游学刊》2009年第24期。
② 吴殿廷等：《旅游规划编制前沿问题探讨》，《旅游研究》2012年第4期。

民俗村节点概念性规划+山顶木屋度假村概念性规划"的规划编制②都是这类型。

张世满教授在《中小型景区规划应"三规合一"》中，从现行规定、现实困惑、应对尝试等方面，明确提出中小型景区应采取三规合一的规划方法，并创新性提出"综合性规划"的新型规划编制体系并描述其主要过程，为本文研究奠定了基础①。

## 1.4 研究内容框架

本文以现行旅游规划编制体系为基础，综合分析目前旅游行业发展现状及趋势，结合规划实践中出现的新形式、新要求，对中小型景区旅游规划提出"三规合一"的规划形式，对其基本概念、编制体系及主要内容进行详细分析，以指导中小型景区旅游规划，进一步推动《通则》完善。

本文主要研究内容包括：

第一部分，从研究背景、目的与意义、研究现状、内容框架及研究方法等层面，详细说明本文的选题及主要研究方向，了解现阶段相关研究成果，并以框架体系指导整篇文章构成。

第二部分，首先，明确旅游规划基本概念体系，从其概念、起源发展及类型划分等方面分析，为深入了解旅游规划编制奠定基础。其次，具体分析现有规划相关要求标准及其内容，找出其中的不足，结合市场发展形势，以具体规划过程中出现的新型编制体系为参考，明确进行中小型景区"三规合一"综合性旅游规划编制研究的必要性。

第三部分，具体研究"中小型景区"及"三规合一"旅游规划的基本概念，并对"三规合一"综合性旅游规划的适用条件、特点、意义及与原有三项规划之间的关系进行分析，明确这一规划形式的概念体系。

第四部分，深入分析"三规合一"综合性规划的编制体系、内容、编制过程、成果及技术要求，全面阐述这一新型规划编制体系。

第五部分，总结文章内容，得出本文研究的主要结论及研究的不足，以利后续研究。

最后，本文以附录的形式，对《泽州县山里泉旅游景区总体规划》原有编制体系进行分析，并按照"三规合一"综合性规划的编制体系进行整合，以实践案

---

① 张世满：《中小型景区规划应"三规合一"》，《中国旅游报》2015 年 6 月 17 日，第 14 版。

例展示综合性规划如何编制及其优势。

综合文章研究内容及框架体系，本文具体的研究路径如图 3.1：

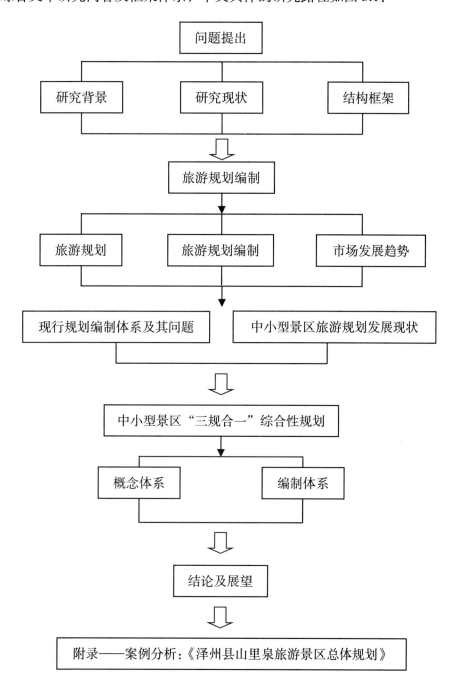

图 3.1　本文研究路径图

## 1.5 研究方法

1. 文献研究法

文献研究法是获取学科相关研究进展最全面、最系统的方法。通过在知网、维普等网络资源收集与论文相关的文献，查阅参考旅游规划相关书籍，从中学习相关知识，并加以活化应用，提炼文章相关概念与理论。

2. 归纳演绎法

归纳论证是由个别到一般的研究方法，演绎论证则是一般性命题指导个别案例的研究方法。通过对现有规划案例及编制体系分析，归纳总结出一套更加适合于中小型景区规划的编制体系，用于指导现实规划工作。

3. 案例分析法

案例分析法是指把实际工作中的案例以理论研究的方式进行系统分析的过程。本文在"三规合一"规划编制理论体系研究的基础上，对与论文相关的具体规划案例进行系统研究，以鲜明的案例分析进一步阐述本文相关体系，深化文章研究成果。

# 第二章　旅游规划编制基础内容研究

到目前为止，学术界对旅游规划的宏观概念已经进行过大量研究。深入了解旅游规划的基本内涵，对于准确把握旅游规划的意义，进一步了解旅游规划编制体系有重要作用。旅游规划编制不仅受现行相关标准约束，更需要随着市场环境的变化不断改进。分析现有规划过程中出现的问题，明晰市场发展形势，是进行规划编制体系改革创新的基础。

## 2.1 旅游规划的基本概念

### 2.1.1 旅游规划的概念

"规划"即对事物未来发展的预测、谋划。最初的旅游规划是对未来一定年限内希望达到的远景构想。20 世纪 60 年代后，系统规划者认为"规划"是一个过程，是对未来复杂系统进行动态控制的过程。相应地，旅游规划的概念认知也出现变化。盖茨认为旅游规划是："在调查、评价的基础上，寻求旅游业对人类福利和环境质量的最优贡献的过程"；冈恩将旅游规划定义为："经过一系列选择，决定合适的未来性的过程"；墨菲定义旅游规划为："预测和协调系统内的变化，促进系统有序开发，从而扩大开发过程中的社会经济和环境效益"[1]。综合研究发现，对旅游规划的概念认知经历了从静态描绘到动态管理不断深化的过程。

国内对旅游规划的研究晚于国外。20 世纪 90 年代，陆续有一些学者借鉴国外理论成果，结合自身实践经验提出旅游规划的定义。卢云亭（1991）定义旅游规划为："对旅游未来状况的设想，或是发展旅游事业的长远的、全面的计划。"[2]吴必虎认为："旅游规划是对未来某个地区旅游业的发展方向、产品开发、宣传促销及环境保护等一系列重要事项的总体安排，它对该地区旅游业的发展具有宏观指导和动态调控的作用。"[3]马勇、李玺（2006）提出："旅游规划是在旅游地及其旅

① 李强：《理论与实践：旅游规划编制结构的比较研究》，西安建筑科技大学，2001，第 5 页。
② 周晓霞：《旅游规划类型与编制内容研究》，同济大学建筑与城市规划学院，2008，第 18 页。
③ 唐代剑：《旅游规划原理》，浙江大学出版社，2005，第 2 页。

游资源调查评价的基础上，针对旅游地及其旅游资源的属性、特色和旅游市场的发展规律，根据社会、经济和文化发展趋势特别是旅游市场的需求，对旅游资源进行科学的保护和开发利用，并寻求旅游业对社会发展的经济效益和环境效益的最优贡献的统筹部署和具体安排。"[①]

综合学者们对旅游规划的不断研究发现，旅游规划对整个行业发展有重要意义，其实质是根据区域特色及市场环境的变化，对区域内相关资源、环境、景观、人力、资金等进行优化组合，最终实现可持续发展及经济、社会、环境效益的综合统一。

### 2.1.2 旅游规划的起源及发展

受社会环境影响，国内外旅游规划的发展大致经历了各自迥异的过程。国外的旅游规划从最初的场地、场址规划延伸到具体区域旅游规划，从初期规划进行到修编规划，规划的对象与影响不断深入。我国旅游规划则经历了从最初的事业型规划向产业型规划过渡的过程，进入市场经济时代，旅游规划的价值与作用才逐渐显现，并逐渐为大众所接受。

2.1.2.1 国外旅游规划发展历程

国外旅游规划的发展伴随着旅游行业的繁荣而兴起。第二次世界大战后，随着经济复苏，人们生活渐入正轨，出游愈加频繁，旅游逐渐成为一种大众化的生活方式，随之旅游规划的重要性也逐渐显现，旅游规划应运而生。

具体旅游规划发展历程参见表3.1：

表 3.1 国外旅游规划发展历程

| 时间 | 进展 | 事件 |
|---|---|---|
| 20世纪30年代 | 起源 | 最早起源于英国、法国、爱尔兰等国，最初的旅游规划主要为一些旅游项目或设施做基本的市场评估和场地设计，例如为饭店或旅馆选址等。 |
| 20世纪50年代 | 开始出现 | 1959年美国夏威夷州规划（State Plan of Hawaii），初步具有了较完整的旅游规划形态，成为现代旅游规划的先驱。 |

① 黄华芳：《中外旅游规划的特点比较及借鉴》，《当代旅游》2013年第2期。

| 20世纪<br>60年代 | 得到进一步<br>巩固 | 英、法等国先后出现正式的旅游规划，并逐渐扩展到北美、亚洲、非洲等国家，加拿大、马来西亚、斐济、中国台湾、澳大利亚、波利尼西亚、加勒比海等地区纷纷将旅游规划 |
|---|---|---|
| 20世纪<br>70年代 | 重要性得到<br>进一步认可 | 世界旅游组织、联合国发展计划署以及世界银行等国际组织积极参与推动了斯里兰卡、菲律宾、尼泊尔等国的旅游规划编制工作。 |
| 20世纪<br>80年代 | 大发展<br>时期 | 在许多发达国家得到进一步深化，在很多欠发达地区也开始受到重视。以夏威夷州旅游规划（1980）、奴萨—坦格拉旅游规划（1981）等为代表的修编规划也相继出现。 |
| 20世纪<br>90年代 | 相关研究取<br>得较大进步 | 出现了许多重要的规划思想：加强对规划操作性的重视，注重对规划成果的监督、管理及实施，开始重视对市场要素的研究，确立了可持续发展的思想。 |

### 2.1.2.2 国内旅游规划发展历程

与国外发展历程不同，最初我国旅游规划更多地受政府影响推动。1979年随着第一个国家级旅游规划发展文本——《关于1980年至1985年旅游事业发展规划（草案）》的出台，我国正式的旅游规划开始出现[①]。随后在地理专业、城市规划专业、风景园林专业、政府旅游主管部门乃至国际旅游规划专业人员等各方面推动下，我国旅游规划由政府事业型规划编制向市场产业型规划转变[②]，最终实现了旅游规划的市场化运作。

我国中央和许多地方政府于20世纪70年代末设立旅游局，同期建设部门开始进行风景名胜区规划，林业部门组织森林公园规划；80年代，我国开始出现真正的旅游规划，建筑学界和地理学界在风景区和区域规划层次分别进行了大量的研究探索；90年代，众多相关学科人员进入这一领域，旅游规划得到迅速发展；90年代后期，出现众多研究专著，我国旅游规划开始进入理论总结阶段。

伴随着旅游规划的持续发展，旅游规划编制的指导思想也在不断变化，从资源导向型、市场导向型、形象导向型到产品导向型，不同时期规划编制的指导思想各有差异，伴随其中的是规划重点与内容的转移，为研究当前规划编制的主要

① 马耀峰、黄毅：《旅游规划创新模式研究》，《陕西师范大学学报》2014年第3期。
② 范业正、胡清平：《中国旅游规划发展历程与研究进展》，《旅游学刊》2003年第6期。

内容奠定了基础。

资源导向型规划思想盛行于20世纪80年代，这一时期旅游规划侧重于资源分类、调查、评价和开发方式的选择，规划成果结合历史沿革、外部环境与经济形势分析，内容以旅游资源分析、评价和开发为主[1]。市场导向型规划思想盛行于20世纪90年代，这一思想强调开发时应结合市场环境变化对旅游资源进行分析、评价，加强对客源市场的需求分析，规划文本以市场分析、产品论证、市场细分及营销为主。形象导向型规划思想盛行于20世纪末，规划时首先构思和塑造旅游总体形象，然后围绕形象布局旅游产品体系及相关内容，最终构成一个完整、全面的旅游体系。产品导向型规划思想产生于21世纪初，强调要将资源调查与市场分析相结合，以资源为基础，以市场为导向开发产品，完善相关配套系统建设，提升综合竞争力。

### 2.1.3 旅游规划的类型

各时期国内外学者对旅游规划的类型进行了多样划分，准确把握旅游规划的各种分类，对于按需进行旅游规划编制有重要意义，也为本文进一步细化旅游规划编制类型奠定了基础。

对于旅游规划类型的划分，最常见的一种划分方式为按照地域范围或面积大小进行细分：美国著名旅游规划专家爱德华·因斯基普将旅游规划的类型划分为：国际旅游规划、国家旅游规划、区域旅游规划、地区（包括度假区）旅游规划及旅游设施用地规划[2]。冈恩将旅游规划划分为：区域规划、目的地规划和场址规划三类，这三种类型规划相对于三种不同的规划技术方法：区域规划、总体规划及详细规划[3]。世界旅游组织将旅游规划的类型划分为：地方性旅游规划、区域及区域间规划、全国旅游规划及国际性规划。

另一种分类标准为按照规划时序进行划分，一般规划时间由短到长分为：短期旅游规划、中期旅游规划及长期旅游规划[4]。

此外，还有根据规划内容层次来分的，国外旅游规划包括总体规划和专项规

① 李强：《理论与实践：旅游规划编制结构的比较研究》，西安建筑科技大学，2001，第13页。
② 魏敏：《旅游规划——理论·实践·方法》，东北财经大学出版社，2010，第43—44页。
③ 辛建荣、张俊霞：《旅游区规划与管理》，南开大学出版社，2007，第24页。
④ 魏敏：《旅游规划——理论·实践·方法》，东北财经大学出版社，2010，第26页。

划两种。总体规划包括总体战略规划、土地利用总体规划及游憩服务的公共规划
三类，其中总体战略规划又包括地方文化战略规划以及户外游憩与空间规划两类。
土地利用总体规划的中心是地域的思想，包括划分各类型的空间用地、规定建筑高
度及停泊车控制。专项规划具体内容包括商业部门和社会公共部门的休闲规划、运
动规划、生理教育规划和游憩设施规划以及乡村旅游地的规划[1]，具体分类如图3.2。

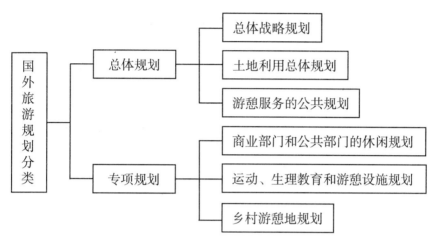

图 3.2 国外旅游规划内容划分

我国旅游规划主要按照"发展、建设二分法"进行分类，代表性的有学者王
兴斌将旅游规划分为旅游业发展规划和旅游地开发建设规划两种。此外，还有吴
人韦借鉴英国城市规划的划分思想，认为旅游规划的类型主要包括：结构性规划、
总体性规划及具体项目规划[2]；吴必虎融合时空角度分析，在空间层面上将旅游规
划分为区域性旅游规划和具体社区旅游规划，时间层面上将旅游规划分为初期的
旅游开发规划和成熟期的项目管理规划[3]。

在具体旅游规划工作中，主要依据《通则》相关要求，将旅游规划分为旅游
发展规划及旅游区规划（参见图3.3）。旅游发展规划主要是从行政区划的角度，
依据当地社会环境、旅游发展现状，结合市场环境变化，从宏观战略层面制定本
区域旅游产业发展规划或旅游经济发展规划[4]，明确发展目标，并为实现目标体系

① 吴承忠：《国外休闲和旅游规划理论及案例分析》，《城市问题》2011年第4期。
② 李强：《理论与实践：旅游规划编制结构的比较研究》，西安建筑科技大学，2001，第53页。
③ 刘中艳、王捷二：《旅游规划综述》，《云南地理环境研究》2007年第1期。
④ 李敏：《旅游景区控制性详细规划指标体系研究》，西北大学，2006，第14页。

而对区域内各相关要素作统筹规划。相较于区域性旅游发展规划，旅游区规划更多的强调局部旅游地的开发，指对某一以旅游及其相关活动为主要功能或主要功能之一的空间或地域进行的各项旅游要素的具体安排①。

旅游发展规划根据规划范围及政府管理层次的不同，分为全国旅游业发展规划、区域旅游业发展规划及地方旅游业发展规划。地方旅游业发展规划包括省级旅游业发展规划、地市级旅游业发展规划和县级旅游业发展规划等。按照规划层次不同，旅游区规划分为总体规划、控制性详细规划及修建性详细规划以及项目开发规划、旅游线路规划、保护规划及营销规划等多种功能性专项规划②。

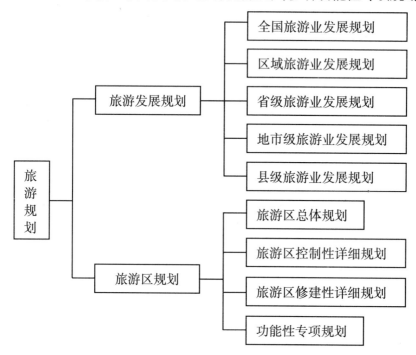

图 3.3 国内旅游规划分类

综上分析可以看出，无论是从规划地域范围还是规划时序的角度，国内外对规划类型的划分大相径庭，这些标准为我们准确把握各层次规划主要内容及其作用奠定了基础。但从规划内容划分来看，国内外划分结果则完全不同。相较于国外的划分体系，国内的划分标准中融合了规划性质、层次与技术方法，多从宏观

① 国家旅游局：《旅游规划通则》（GB/T18971—2003），2003。
② 张宏等：《旅游规划编制体系研究》，《地域研究与开发》2010 年第 3 期。

角度细分规划类型，而没有展现具体规划对象与内容；相比之下，国外的划分体系则更细致，将规划对象融合于各划分类型中，对于明确规划主体及其具体内容有重要意义。这样的划分体系，有利于更加明确地指导旅游规划工作。而随着我国旅游规划不断发展，越来越需要更加细致的规划类型划分。

## 2.2 旅游规划编制的概念体系

### 2.2.1 旅游规划编制的概念

旅游规划编制即按照一定的标准体例对旅游系统相关内容进行统筹规划的过程，其中就涉及规划编制体系的问题。合理的规划编制体系不仅体现在规划成果的完整性，更对规划思路有着重要的引导作用。

具体到规划实践中，从广义来看，旅游规划编制是指某一区域为旅游开发而进行的一系列活动，具体包括组织规划队伍、资源调查、规划构思以及完成规划成果等方面；从狭义来看，旅游规划编制单指规划成果的完成阶段，包括完成一系列的规划文字、图件及专项研究等，其中旅游规划编制体系成为指导项目完成的思路引导与成果体现。

### 2.2.2 旅游规划编制的基本要求

根据《通则》规定，旅游规划编制需要遵循以下要求[①]：

①以国家和地区社会经济环境与发展战略为背景，根据旅游业相关政策、方针和法规，与城市总体规划、土地利用规划及其他相关规划相协调；并根据社会经济发展形势，对上述规划进行改进。

②以旅游资源为基础，以市场为导向，以产品为主体，实现经济、社会和环境效益的综合发展。

③注重地方特色，避免近距离重复建设，加强环境保护，减少资源浪费。

④在编制过程中结合先进方法和技术，进行多方案比较，征求相关部门特别是当地居民的意见。

⑤编制过程中采用的测量、勘察方法与图件等资料，要符合国家相关标准与技术规范。

① 国家旅游局：《旅游规划通则》（GB/T18971—2003），2003。

⑥要制定具有适度超前性的规划技术指标以适应旅游业长远发展。

⑦相关编制人员由旅游、资源、城市规划、经济、环境、建筑等各专业广泛构成。

具体来看，《通则》对于规划编制要求的规定可以分为两部分：前三条是规划编制的指导思想与基本原则，其中对旅游规划的鲜明特性做了明确说明，贯穿旅游规划编制始终；后四条是对具体规划编制手段、人员的技术要求，体现了旅游规划编制手段的严格化与多学科融合的特点。

### 2.2.3 旅游规划编制相关标准

在我国旅游规划 30 多年发展历程中，为逐步提高旅游规划工作水平，规范相关标准，各相关部门陆续出台了一系列政策条例，如林业部颁布的《森林公园总体设计规范》，建设部发布的《风景名胜区规划规范》，国土资源部制定的《关于加强世界地质公园和国家地质公园建设与管理工作的通知》[①]，以及国家旅游局发布的一系列规定，使我国旅游规划逐渐有章可循。同时，旅游厕所、特色小镇、田园综合体等一系列相关规范标准的推出，为旅游规划编制提供了更加详细的规范要求与指标，使旅游规划变得更加具体。

2000 年 10 月国家旅游局颁布了《旅游发展规划管理办法》(以下简称《办法》)，《办法》共分五章二十七条，从部门规章的角度对旅游发展规划的概念、类别、规划编制、审批及实施等方面做了详细规定，明确指出旅游发展规划对于各类型旅游区的开发建设具有指导作用[②]。总体来看，这一条例主要从宏观层面对旅游发展规划进行解释说明，但其中的规定较笼统，不足以指导具体的旅游规划项目。

2003 年国家旅游局发布《旅游规划通则》，其中对旅游区规划、旅游发展规划、旅游产品等概念进行明确定义，对旅游规划编制的要求、程序、规划体系、主要内容及评审等进行了详细说明。《通则》自制定以来为我国旅游规划行业发展做出了巨大贡献，是目前我国较为权威的一项编制规范，也是当前规划编制和评审的重要依据。但具体从编制体系及内容来说，《通则》的内容要求偏原则性，对于应对各类型旅游规划实践显得不足。

---

① 张宏等：《旅游规划编制体系研究》，《地域研究与开发》2010 年第 3 期。
② 周晓霞：《旅游规划类型与编制内容研究》，同济大学建筑与城市规划学院，2008，第 10 页。

2003 年国家旅游局颁布了《旅游资源分类、调查与评价》,对旅游资源类型进行了全面划分,将旅游资源分为 8 大主类、31 个亚类、155 个基本类型,明确提出了旅游资源调查规范与评价方法。总体来看,这一标准类型全面、技术规范、操作方便,但其更适合于面积较大、资源类型丰富的区域,对于那些面积较小、资源单一的景区来说,照此分类进行资源调查就存在一定缺陷。同时,资源的客观评价与其旅游开发利用价值还存在一定的差异,故而这一标准更多偏重于学术研究,对旅游规划编制实践参考价值有限。

2003 年国家旅游局颁布了《旅游区(点)质量等级的划分与评定》(修订),2005 年颁布了《旅游景区质量等级评定管理办法》,其中根据旅游区交通、安全、卫生、购物、经营管理、资源吸引力、游客接待量等方面,将旅游区分为 1A—5A 五个级别。这一标准更加便于加强对旅游景区管理,提高服务质量,同时对旅游规划编制提出了具体的要求,成为旅游景区 A 级建设规划的重要依据。

## 2.3 现行旅游规划编制体系

### 2.3.1 现行规划编制体系的主要内容

根据《通则》要求,当前对旅游区规划主要完成总体规划、控制性详细规划及修建性详细规划的编制。各规划具体内容参见表 3.2:

表 3.2 现行旅游规划编制体系具体内容

|  | 总体规划 | 控制性详细规划 | 修建性详细规划 |
|---|---|---|---|
| 性质 | 是旅游区详细规划的基础,对于统筹把握规划方向、发展战略、规划内容有重要意义。 | 衔接总体规划与修建性详细规划,以控制性指标体系规范项目规划。 | 旅游区规划体系中针对项目建设最具体、最详细的一个规划层次。 |
| 任务 | 为景区旅游开发进行宏观统筹,提供方向指引,明确开发内容。 | 以总体规划为依据,详细规定景区各项建设控制指标和其他规划管理要求。 | 在总体规划、控制性详细规划的基础上,对项目设计进一步深化和细化。 |
| 特点 | 1. 全局性<br>2. 指导性<br>3. 方向性 | 1. 控制引导性<br>2. 图则标定 | 1. 具体性<br>2. 针对性<br>3. 可操作性 |

| 主要内容 | 1. 分析客源市场<br>2. 界定规划范围，发展现状，资源调查评价<br>3. 构思开发主题与性质<br>4. 确定功能分区和土地利用，明确游客容量<br>5. 道路交通系统布局<br>6. 景观、绿地系统布局<br>7. 基础服务设施布局<br>8. 防灾及安全系统布局<br>9. 资源保护规划<br>10. 环卫系统布局<br>11. 近期建设规划<br>12. 实施计划<br>13. 投资估算分析 | 1. 明确用地类型与界限<br>2. 交通系统规划控制<br>3. 各类建筑规划控制<br>4. 道路系统规划控制 | 1. 综合现状及建设条件分析<br>2. 用地布局<br>3. 景观系统规划设计<br>4. 道路交通系统规划设计<br>5. 绿地系统规划设计<br>6. 服务及附属设施规划设计<br>7. 工程管线系统规划设计<br>8. 竖向规划设计<br>9. 环境保护及环卫系统规划设计 |
|---|---|---|---|
| 成果要求 | 1. 规划文本<br>2. 图件<br>3. 附件 | 1. 规划文本<br>2. 图件<br>3. 附件 | 1. 规划设计说明书<br>2. 图件 |

### 2.3.2 现行规划编制体系存在的问题

在我国旅游规划发展初期,《通则》规定的内容体系对于推动旅游规划实践发展发挥了巨大作用,但随着实践的不断深入,其在发展过程中逐渐暴露出一些问题。主要表现在:

#### 2.3.2.1《通则》的制定存在的问题

《通则》的内容最先参照于《城市规划编制办法》中先进行城市总体规划、再进行分区规划,然后是分区的总体规划、控制性详规、修建性详规的规定,但旅游规划更多的是形式上的借鉴,还未形成自己独立的理论体系、操作体系与技术标准,也没有严密的监督管理机制。这种停留在表面的借鉴对于宏观指导旅游规划发展具有一定效果,但针对具体项目深度规划就显得"水土不服",且由于城市规划更多的是针对用地而言,而旅游各层次规划用地关系针对性并不强[①],这就

---

① 周晓霞:《旅游规划类型与编制内容研究》,同济大学建筑与城市规划学院,2008,第11页。

决定了《通则》规定的编制体系是无法完全适应我国不断变化的旅游规划现实需求的。随着规划内容的不断深入，《通则》制定之初存在的问题就逐渐暴露出来。

### 2.3.2.2《通则》的要求存在的问题

按照《通则》要求：旅游区在开发、建设之初，原则上应当编制总体规划。但是，小型旅游区可直接编制详细规划[①]。言外之意，一般旅游区规划需要分三步：编制总规、控规、修规三项规划，而且相互之间是上下统属、前后递进的关系[②]。在我国旅游规划发展中，这项规定应用于国内所有一般性的旅游区规划。但随着实践发展，旅游区类型的多样化，统一要求的三层次规划体系逐渐禁锢了各类型旅游规划的编制，像一个固定的模板将各规划嵌套其中，无法满足不同类型旅游区规划的现实需求。

比如对大型景区而言，分别编制三层次规划能够逐步明晰景区发展脉络与步骤，对于指导景区发展有重要意义。但面对中小型景区深度规划与成果实用性的规划需求，分三层次规划就显得费时费力，无法满足其"快、准、实用"的规划需求。若按照《通则》规定，在没有总体规划的情况下直接编制控制性详细规划，其发展方向的准确性又很难保证。这就说明了《通则》相关要求在面对不同类型旅游区规划时存在一定的问题。在这样的发展形势下，对不同类型旅游区规划进行"按需编制"，使旅游区规划类型进一步向细分化方向发展，成为解决规划编制存在问题的一个主要办法。

## 2.4 当前旅游规划发展趋势

### 2.4.1 旅游规划市场发展趋势

随着旅游产业的强势崛起，"全域旅游""泛旅游""旅游+""田园综合体"等旅游新概念被不断提出，旅游开始以一种"综合性产业"的姿态出现在大众面前，特别是2018年全域旅游年的提出，旅游业在促进供给侧改革方面发挥的作用愈加重要。而在经济新常态下，传统模仿型排浪式消费阶段基本结束，个性化、多样化消费渐成主流，立体化、多层次的旅游空间体系开始形成，相对应我国旅游规

---

① 国家旅游局：《旅游规划通则》(GB/T18971—2003)，2003。
② 张世满：《中小型景区规划应"三规合一"》，《中国旅游报》2015年6月17日，第14版。

划市场也逐渐出现一些新的趋势：具体表现在：

1. 规划对象趋向 "小" 而 "实"

经过多年发展，目前我国各类大型景区旅游规划工作基本完成，今后将更多的转向修编规划、小型景区规划、乡村旅游规划以及更加精准的专项旅游规划方面，而小型景区规划，具有开发投资小、建设周期短、收益快、风险低、筹资灵活等优势，已经成为当前旅游开发大模式的一种必要组成部分，而其规划需求不同于大景区的总体方向性指导，要求内容越来越详细、规划成果更具实用性。

2. 规划成果趋于多样化

当前规划市场上，随着规划实践的发展，《通则》要求之外的规划形式逐渐趋于丰富，以概念性旅游规划、旅游策划的突破为标志，市场上还出现了各种 "总规或控规+重要节点修建性详细规划" 的 "1+1 型混合规划"。各种新型规划形式的出现不仅满足了规划市场的各种需求，推动了规划成果更具实用价值，更带动了规划编制体系进一步改革细化的潮流。

3. 规划需求更加多元化

在传统市场环境下，无论是以行政区为对象的发展规划或是一些大型旅游景区规划，项目委托方一般为政府机构，这类规划一般以宏观规划为主，详细规划要求不高。随着规划市场的逐步完善与发展，大量的私人投资者涌入旅游行业，旅游规划编制的委托方开始由传统政府部门向民间转移，他们对于规划的需求更加具体，对于规划成果的实用性要求更高。同时，规划市场上也出现了越来越多的市场营销、景观设计等专业性规划需求，规划要求越来越多样化。

### 2.4.2 旅游规划编制需要改革创新

随着规划市场环境的变化，新常态下的旅游规划工作将更加注重战略性、创新性、前瞻性和可操作性。而无论是社会发展方面的多规合一还是全域旅游规划，点状、线状、面状的旅游空间形态和不同尺度的旅游类型，都需要不同的政策加以管理，旅游规划编制体系的改革创新同样如此。从理论方面来看，以 "旅游概念规划" 为代表的规划创新开始冲击着原有规划体系。"旅游概念规划" 最早由北京旅游学院刘德谦教授提出[1]，随后学者们不断对其深化研究。概念性规划虽不是《通则》中要求的规划内容，却成为当前旅游规划编制中的一种常态性规划形式，逐渐为社会各界所接受、认同，并有学者建议在《通则》中增加"旅游区概念规划"的相关章节[2]。

同样，之前也有学者提出过"规划整合"的思想，对于规划编制是否一定要按照原有三层次规划进行提出过质疑。虽然这一思想尚未进行过深入研究，前期相关文献与理论很少，但它对于推动规划实践发展与理论创新发挥了重要的指引作用，成为本文研究重要的思想来源。

从规划实践方面来看，面对一些规划案例，旅游规划编制单位进行了一些新的尝试，如在没有总体规划的情况下编制详细规划，就在控规中融合部分总规的内容，如确定发展方向、进行市场分析、旅游产品定位等，这样完成的控制性规划其实质就变成了"总规+控规"二合一的规划；另一种情况是按照"1+1复合型规划"的方式编制，即"总体规划（或总体策划）+重要节点修建性详细规划"或"控制性规划+近期建设项目修建性详细规划"的规划形式[3]，这样将某两项规划融合于一体编制的混合型规划其实质同规划整合的思想具有一致性。这些新型规划体系的尝试，在理论研究尚且不足的情况下率先进行了实践探索，起到了重要的方向引领作用，成为本文研究重要的实践支撑。

从诸多理论与实践结果来看，随着旅游规划市场的不断深入，《通则》规定的旅游规划编制体系也将逐渐深化，向更加专业化、细致化、实用化方向发展。在这一发展形势下，占据市场主流的中小型景区旅游规划将成为规划编制体系改革创新的重要突破口。

---

① 宋增伟等：《国内旅游概念规划研究述评》，《旅游论坛》2010年第1期。
② 陈南江：《旅游规划的管理优化：体系、标准与规范》，《旅游学刊》2014年第5期。
③ 张世满：《中小型景区规划应"三规合一"》，《中国旅游报》2015年6月17日，第14版。

# 第三章　"三规合一"旅游规划概述

随着当前旅游市场上规划对象与规划需求的巨大变化，原先解决宏观问题的规划思路逐渐转向兼顾宏、微观双向规划，而大空间尺度的旅游规划也逐渐转向中小尺度，在这一环境下，传统规划编制体系对于适应新形势下的规划需求显得程序繁杂、规划繁多又费时费力。在这样的发展形势下，规划理念与规划技术均需要进行相应调整。"三规合一"综合性旅游规划的提出是紧跟当前中小型景区旅游规划市场需求，对完善我国旅游规划编制体系进行系统思考，推动其进一步完善的初步尝试。

## 3.1 中小型旅游景区概念体系研究

### 3.1.1 中小型旅游景区的概念

当前已有文献研究对旅游景区的类型从不同角度进行了多样划分：按照国家A级景区标准分为1A级、2A级、3A级、4A级、5A级旅游景区；按照景区地域知名度分为国际级旅游景区、国家级旅游景区以及省级旅游景区；按照景区规模进行划分：包括大、中、小型三类旅游景区。本文主要从这一角度进行研究，但当前对于这一划分标准并没有明确的概念限定，各学者的评定标准并不统一。

在国家建设部1999年发布的《风景名胜区规划规范》（GB50298—1999）中将风景区按照规模大小进行划分：小型风景区面积在20km²以下、中型风景区面积在21—100km²、大型风景区面积在101—500km²、特大型风景区面积在500km²以上[①]。王星在《中小型景区的旅游体验营销探析——以四川安县寻龙山为例》中结合风景名胜区的划分，将旅游景区的概念等同于风景区，对"中小型景区"进行定义：大型风景区（大型景区）通常面积在几百平方公里以上，一般指国家级和省级风景区，而中小型风景区（中小型景区）一般为市县级风景区，面积小、资

---

① 国家建设部：《风景名胜区规划规范》（GB50298—1999），1999。

源单一、游客停留时间短①。

胡红梅在《试论中小型景区的创新发展》中结合景区 A 级级别划分大型景区与中小型景区：大型景区包括国家 4A 级、5A 级旅游景区，中小型景区包括 1A 级、2A 级、3A 级和一些新开发的、未定级的旅游景区②。

成云涛在《小景区的特点分析与发展战略》中认为小景区具有以下基本特点：一是知名度低甚至是新开发的景区；二是景区规模小，资源少；三是发展实力弱，资金不足；四是设施相对简陋，接待能力差；五是发展历史短；六是客源单一，大多来自附近地市；七是旅游高峰集中，平时游客较少③。这些景区多属于从属地位，与那些知名的大景区相比，各方面都较弱。

曹伟在《小规模旅游景区的发展战略研究》中对"小规模景区"定义：指那些投资规模在一千万以下，年接待游客在三十万人次以下，特别是那些个人投资新开发的景区。这些景区一般规模较小，知名度低，管理落后，基础设施较差，客源单一④。

综上所述，当前对中小型景区概念定义并没有统一的标准，主要从以下几方面进行界定：一是与国家风景名胜区的概念等同，按照风景区的类型划分，从面积定义的角度区分大、中、小型旅游区，但一方面旅游景区与风景名胜区的概念并不完全等同，旅游景区中还包括众多风景名胜区之外的其他类型景区，另一方面，这类划分对于景区范围大小的界定只是泛泛而谈，并没有提出精确的面积标准，特别是对于中小型景区的面积范围更没有明确规定；二是借助国家 A 级景区划分进行范围界定，但国家 A 级标准评定是从景区交通、旅游安全、卫生、经营管理、资源环境保护、资源吸引力、市场吸引力等各方面进行综合考量得出的，其实质是资源吸引力及各项基础服务设施的完善程度，仅以资源吸引力较低，各项设施不完善就定义为中小型景区其合理性有待商榷；三是从中小型景区表现出

① 王星：《中小型景区的旅游体验营销探析——以四川安县寻龙山为例》，《乐山师范学院学报》2006 年第 4 期。
② 胡红梅：《试论中小型景区的创新发展》，《城市旅游规划（下半月刊）》2013 年第 5 卷。
③ 成云涛：《小景区的特点分析与发展战略》，《三峡大学学报（人文社会科学版）》2007 年第 29 卷。
④ 曹伟：《小规模旅游景区的发展战略研究》，郑州大学，2006，第 2 页。

来的特点方面进行定义，这对于具体理解中小型景区概念内涵具有一定的意义；四是从景区投资及接待游客量方面考量，但这一标准对于尚未开发的旅游景区则无从统计，同时各地对于中小型景区的信息收集未必完善，故而这一评定标准同样存在缺陷。

在吸收借鉴前期研究成果的基础上，本文采用"范围定义+特征定义"的方法对"中小型旅游景区"进行概念界定：

首先，鉴于之前以面积大小界定景区范围的相关标准、文献并不多，而风景名胜区作为旅游景区的一种，故而本文参考国家风景名胜区及前人对大中小型景区的划分标准定义"中小型旅游景区"：主要指那些面积在 $20km^2$ 以下的县市级旅游景区。但这一范围界定具有相对性，并不是绝对的。各地现实情况不同，对"中小型"的范围界定并不能严格按照面积标准进行定义。有些景区可能面积较大，但其内部资源单一，编制三层次规划费时费力，也适合于编制"三规合一"综合性规划；同样，有些规划区可能面积在 $20km^2$ 以下，但其内部资源类型较多，发展情况复杂，编制一项综合性规划并不能很好地满足其规划需求，这类型景区就应按照原有规划体系分别编制三层次规划。所以在规划实践中需要根据各旅游区实际情况具体分析，不能一概而论。

其次，从特征定义的角度，本文具体从内部资源条件及景区环境两方面综合界定"中小型旅游景区"。这样既能摆脱单一的面积评定法对规划实践带来的局限性，又能更加形象地体现"中小型旅游景区"的特点，提高其应用参考价值。

具体来说，"中小型旅游景区"的特点主要表现在：

从资源条件来看，"中小型旅游景区"内资源相对单一，资源类型较少，且其中不涉及国家规定要求重点保护的资源类型，如湿地、重要地质形态、重点森林片区等资源条件，这就决定了其建设项目和内容不多，可开发的旅游产品较少。

从景区内部环境来看，这类景区不仅规模小，且区域内基础服务设施相对简陋，知名度低甚至是新开发的景区，发展历史短，游客接待量小，一般以周边地域为主要游客来源，属于地区性旅游景点。

综上所述，在对"中小型景区"进行概念界定时，更适合于采用面积限制+特征定义的方法综合考量，以保证对景区类型的准确界定，从而选择符合其规划要求的编制体系。

### 3.1.2 中小型景区旅游规划编制体系创新的必要性

根据 2017 年新浪网报道，我国共有 2.6 万个景区，近 7000 个 A 级景区，而其中中小型景区在整个景区体系中占有较大比重，但从现实发展情况来看，我国多数中小型旅游景区由于产品单一、缺乏深度开发、服务质量较差等问题，多数发展受限。这不仅源于其后期的经营失误，还与先期的旅游规划不完善，前瞻性不足、问题考量不全面有关。

从中小型景区规划自身来说，其规划面临着一个既简单又复杂的局面。简单在于其规划区资源本底相对简单，范围较小，决定了该类型景区规划算是一个"小"规划，而对于规划委托方来说，投入较多的规划费用编制三项规划、人力、财力、物力得不偿失，在这样的条件下，就要求规划编制要"小"且"精"，且这类景区对规划成果要求较高，要具有较强的可操作性、前瞻性、时效性与全面性，这就对规划质量与规划形式提出了较高要求。

另一方面，按照原有规划体系，这类景区属于《通则》要求中的"小型旅游区"，可以跨越总规而直接编制详细规划，但缺乏了总体规划对于景区宏观方向的把握，如果方向定位不准确，控规与修规的编制将毫无意义。若按照总规、控规、修规三层次规划体系编制，相对于景区内部较少的资源条件、规划项目与设施环境，编制三项规划则显得费时费力。且若规划相互之间衔接不到位，规划成果的价值还会大打折扣。由此可以看出，中小型景区规划的现实需求与《通则》相关规定存在一定的错位和矛盾，若将多重规划整合编制，不仅规划耗时更短，其对于掌握国家最新的产业政策有重要作用。同时，当前规划市场上出现的各类"总规+修规"或"控规+修规"的编制形式，已经逐渐成为中小型景区旅游规划编制的主要方法。但这一编制形式明显不符合《通则》要求，在一定程度上造成了中小型景区旅游规划市场的混乱。针对规划市场环境的变化，迫切需要研究一种更加全面、规范化的中小型景区旅游规划编制体系，以此推动《通则》相关标准完善，从而更好地指导市场上各类中小型景区旅游规划。

## 3.2 "三规合一"旅游规划概念体系研究

### 3.2.1 "三规合一"旅游规划的基本概念

"三规合一"旅游规划主要就原有规划体系在面对中小型景区规划时产生的各种问题而提出。简单来讲,"三规合一"就是将原有规划体系中"总体规划"、"控制性详细规划"、"修建性详细规划"的内容进行整合,将上下一脉但深度不同的内容在一个规划成果中完整展现,对每个层次规划需要重复进行的工作在一个规划过程中完成,最终通过对原有规划内容的适度取舍、有效整合,经过合理的规划结构编排,形成一项更具针对性、操作性更强、成果更精炼的规划形式。

从具体操作来看,"三规合一"旅游规划既不是简单地将原有三项规划的内容放在一个规划中,也不是完全脱离原有规划另起炉灶,而是在综合原有规划体系的基础上,根据实践需求,立足更加实际的指导景区开发建设这一中心目标而进行规划编制创新,融合规划要求的刚性约束与规划内容的弹性需求,选取三项规划中的重点内容进行整合编制,兼顾总规的方向引导、控规的建设控制,以修建性详细规划为主进行编制,达到规划与设计、发展与建设的有机结合。

当前市场上各类"总规+修规"或"控规+修规"的"1+1型混合规划",其实质同综合性规划一致,但总体缺乏一套规范化的编制体系与要求。"三规合一"综合性规划的提出更多地侧重于在现有实践成果的基础上总结形成一套规范化的编制体系,并对其进行完整阐述,以期将这一体系引入规范,推动《旅游规划通则》完善。

### 3.2.2 "三规合一"旅游规划的适用条件

"三规合一"旅游规划的提出同当前规划市场发展形势相吻合,这一编制体系的运用对景区有一定的要求,需要具备以下几个条件:

首先,景区类型必须为中小型景区。从空间范围上指那些面积较小,区域内资源类型较单一,开发历史短甚至是新开发的景区。这类景区之前并未编制过任何形式的旅游规划或原有规划需要修编,只有这类中小型景区才具备"三规合一"旅游规划编制的基本条件。

其次,景区要求建设周期短。以短期规划为主,这类中小型景区规划的初衷主要立足于修建性详细规划，规划内容更多侧重于具体项目规划与建设，要求规划期限短、项目可操作性强。这类中小型景区采用"三规合一"的旅游规划编制体系，能在保证规划方向准确的前提下，更多地突出近期建设项目，满足景区发展要求。

只有符合上述两个条件的中小型景区才适合运用"三规合一"综合性旅游规划的编制体系。

### 3.2.3 "三规合一"旅游规划的特点

作为一种全新的规划形式，"三规合一"旅游规划具有以下几个特点：

1. 规划主体的一致性

在"三规合一"旅游规划中，整个项目从前期规划定位、方向构思、规划布局到确定各地块技术控制指标以及具体项目景观设计，均由一家规划单位完成。规划主体的一致性，有效避免了原有三项规划由不同单位完成时产生的规划理念不一致、思路衔接不畅等问题。

2. 规划形式的整合性

"三规合一"旅游规划编制在形式上整合了原有三项规划，将原有规划过程中需要重复进行的资源调查、方向讨论等在一个规划中完成；并将原有三项规划各自的文本、图件、附件及说明书等规划成果在一个规划成果中体现，这就大大整合了原有各规划复杂的成果形式。

3. 规划内容的全面性

"三规合一"旅游规划涵盖了原有三项规划的精髓，包含总规的空间布局、控规的建设控制，重点以各具体项目的修建性详细规划为主进行编制，整个规划的内容涵盖更加全面。

4. 规划成果的实用性

"三规合一"规划编制整合后，规划成果更加全面且针对性强，委托方能够迅速理清规划方向、规划主体与重点项目，并将有限的资金快速用于景区开发建设，大大提高了规划可操作性，规划成果更具实用价值。

### 3.2.4 "三规合一"旅游规划的意义

1. 规范编制体系

当前旅游规划市场上各规划编制单位针对中小型景区具体项目纷纷进行了各种有益尝试，市场上出现了各类名称多样，形式不一的规划成果，这在一定程度上造成规划市场混乱，给规划评审带来困难。"三规合一"旅游规划的提出，不仅在于以一种全新的规划编制体系规范当前市场形态，为中小型景区旅游规划提供一项具有普遍适用性的编制体系，更在于推动《通则》标准体系的不断完善，强化其市场管理功能，完善规划市场。

2. 协调规划内容

在原有规划编制体系中，总规的内容侧重于宏观统筹，控规的内容侧重于指标控制，修规的内容集中于具体项目建设。"三规合一"综合性规划将原有三项规划的重点集中于一个规划体系，统一协调，避免重复、缺漏，对景区开发建设具有重要指导意义，同时有效避免了原有规划过程中三项规划分属于不同编制单位时，出现的规划上下衔接不到位等问题。"三规合一"针对中小型景区提出的综合性规划，能够在规划编制过程中根据现实需求统一协调规划内容，保持规划思路的完整衔接，从而有效组织规划编制。

3. 提高规划实用性

在原有规划体系中，总规内容全面但可操作性差，其对具体规划项目开发建设的指导性较低，控规与修规对具体项目建设有实践意义，但规划内容需依托于总体规划统筹。"三规合一"综合性规划通过对原有三项规划中规划内容、规划思路及规划形式的整合，在保持总规规划内容的前提下，融合控规与修规的建设规划，在一项规划中实现方向引导、建设控制与重点项目设计的融合，完整实现全面规划与实用规划。

4. 提高规划效率

对于中小型景区而言，以一项综合性规划融合三项规划的内容，能够在短时间内完成对项目的认知、规划与设计，而由同一批规划人员完成，其所耗费的时间、人力、财力、物力将会比原有分项规划大大缩短，降低规划成本，提高规划效率。

### 3.3 "三规合一"旅游规划与原有规划体系的关系

在原有规划体系中,总体规划侧重于统筹总体把握规划方向、战略布局、分析客源市场、总体安排基础服务设施等内容,其更多地侧重于宏观方向指导,而对于具体项目建设的规划控制及设计并不过多涉及,规划的可操作性较低。控制性详细规划在编制过程中缺乏详细的前期研究,对景区发展方向、定位、市场、产品等内容不做分析[①],欠缺了市场所要求的前瞻性和概念化,同时对具体项目建设规划多是技术性指标,可操作性也较小。修建性详细规划主要具体指导各项建筑设计,其对项目的前期研究缺乏,将更多的精力投入到具体项目建设上,这样导致的后果很有可能由于缺乏统筹把控而影响整个项目的价值。

从内容逻辑上看,集中了三项规划内容的综合性规划囊括了原有规划体系中各项规划的重点,其中保持了总体规划的思路与框架,延续其对具体项目的前期调研、分析定位、市场研判、项目规划及各类基础服务设施规划,并将控规与修规中对于具体项目建设控制与规划设计的内容融合于总体规划相关项目中,合一后的规划体系延续了总体规划的全面性,又以具体项目修建性详细规划为重点,以适度取舍、有所整合的编制形式理顺与原有规划体系之间的关系。

综上所述,"三规合一"旅游规划编制体系是具体针对中小型旅游景区的规划实践提出的一种新型综合性规划,并不是对原有规划体系的综合替代,而是在原有规划体系与内容适度取舍的基础上形成的一种规划形式,与原有三项规划之间是对等的关系。本文旨在通过系统研究,将这一综合性的规划编制形式发展成为与总规、控规、修规相互并列的规划体系,从而完善《通则》相关要求,更好地指导规划实践。

---

① 汪芳、侯安扬:《对旅游区详细规划的探讨》,黑龙江科学技术出版社,2007,第749—752页。

# 第四章 "三规合一"综合性旅游规划编制体系研究

"三规合一"形成的综合性规划是在原有规划体系创新融合的基础上提出的，作为一种全新的规划形式，在明晰其概念定义的基础上，进一步深入分析其编制体系、主要内容、规划过程、规划成果及技术要求，以推动这一新型编制体系不断完善，同时为市场上广泛存在的中小型景区旅游规划提供一种实用性规划指导，促进《通则》逐步完善。

## 4.1 "三规合一"综合性规划编制内容体系研究

通过对原有规划体系研究发现，修建性详细规划编制要求进行综合现状与建设条件分析以及用地布局规划，对于同一项目，与总体规划中的现状调查相重复，这就出现了在规划过程中重复调查、重复规划的情况。同时总体规划中对交通系统、景观绿地系统、服务设施、基础设施与环境卫生系统等的总体布局，与控规中的道路交通建设、建筑建设等的控制及修规中的道路交通系统规划设计、景观系统规划设计、绿地系统规划设计、服务及附属设施规划设计、工程管线与竖向规划设计、环境保护与环境卫生系统规划设计，是对同一规划内容的三层次规划，上下位规划之间存在着一定程度的详略关系。对于中小型景区而言，资源较少，项目简单，规划内容较少，对同一内容分别进行三次规划编制显得费时费力又不切实际。

"三规合一"综合性规划主要在对《通则》规定的总规、控规、修规内容体系分析的基础上，对三项规划中重复、可操作性小的内容予以融合、删减，并将其主要内容按照一定的逻辑顺序重新整合，在一个编制体系中予以承接，从而形成一个针对中小型景区更加系统、完整、实用性强的规划编制体系。

具体来看，在综合性规划中各部分规划主要保留内容参见图 3.4：

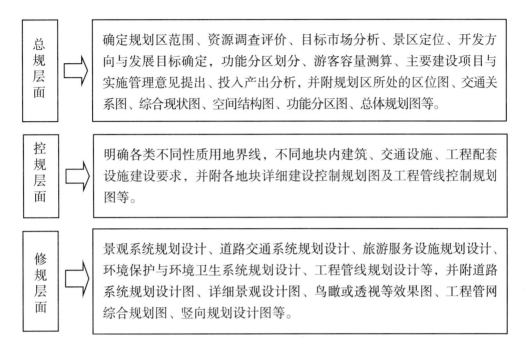

| 总规层面 | 确定规划区范围、资源调查评价、目标市场分析、景区定位、开发方向与发展目标确定,功能分区划分、游客容量测算、主要建设项目与实施管理意见提出、投入产出分析,并附规划区所处的区位图、交通关系图、综合现状图、空间结构图、功能分区图、总体规划图等。 |
|---|---|
| 控规层面 | 明确各类不同性质用地界线,不同地块内建筑、交通设施、工程配套设施建设要求,并附各地块详细建设控制规划图及工程管线控制规划图等。 |
| 修规层面 | 景观系统规划设计、道路交通系统规划设计、旅游服务设施规划设计、环境保护与环境卫生系统规划设计、工程管线规划设计等,并附道路系统规划设计图、详细景观设计图、鸟瞰或透视等效果图、工程管网综合规划图、竖向规划设计图等。 |

图 3.4 综合性规划中各部分规划具体保留内容

总体来看,在"三规合一"综合性规划中,保留总体规划基本结构,融合控规与修规中与总体规划相同的规划部分,对与景区建设息息相关的规划项目如重点项目规划设计、道路交通系统、基础、服务设施等项目进行重点规划,突出规划编制的实用性与可操作性。具体来说,保留总规部分的现状、资源调查评价、市场分析、规划总体定位及布局等方向性引导内容,将景观系统、道路交通系统、绿地系统、环境卫生系统、基础、服务设施等项目布局,以及控规中道路交通、景观建筑、工程设施等的建设控制要求与修规中同类项目的详细规划设计融合,以"总体安排—建设指标控制—详细规划设计"的编制形式对同一规划内容集中阐述;同时将控规与修规中对现状与用地布局的分析集中于前期项目认知中统一分析,保留总规中实施步骤、建设运营管理意见与投资估算分析。这样既能避免对同一项目的反复描述,又能以更加具体、全面、清晰的编制形式展现规划思路与主要内容,突出重点项目规划设计,指导实际开发建设。

"三规合一"综合性规划编制体系如图 3.5:

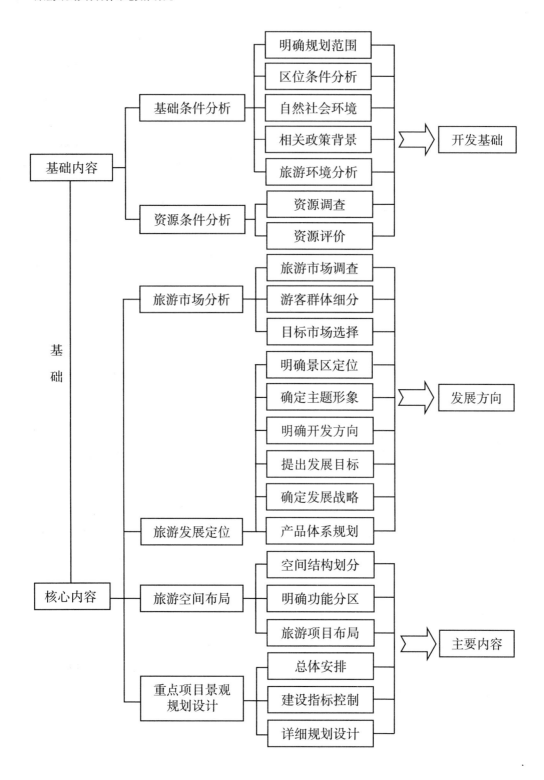

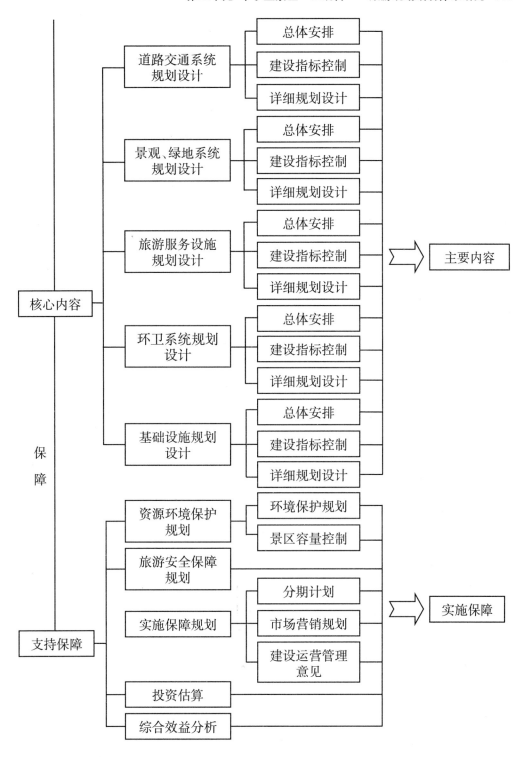

图 3.5 "三规合一"综合性规划编制体系

从结构层次看，整个规划体系主要包括：基础内容、核心内容与支持保障三部分。在新的编制体系中，首先，将原有各项规划分别进行的基础、背景、现状、资源条件分析等集中于基础内容研究，这是景区开发的基础环境与背景条件，为进一步开发思路与开发方向的确定奠定基础；其次，遵循总体安排—建设指标控制—详细规划设计的规划思路，将原有三层次规划体系中对同一项目的建设控制与景观设计进行整合编制，从旅游市场分析、发展定位、空间布局、重点项目、道路交通、旅游设施等方面，详细规划景区开发内容；最后，将资源环境保护、旅游安全、实施保障、投资估算及效益分析等内容集中于支持保障系统，保证整个景区开发的顺利实施。最终通过三规整合的编制办法，打破原有三层次规划壁垒，剔除原有规划体系中重复、不具有可操作性的内容，以更加全面、具体、完善的规划编制体系指导中小型景区旅游规划。

### 4.1.1 基础内容

综合性规划中基础内容研究主要包括规划区旅游发展基础条件分析与资源调查。全面、系统、深入的背景、资源调查是景区旅游开发的基础，为下一阶段景区发展方向确定与产品项目规划奠定基础。这一部分内容在原有规划体系中主要集中于总体规划，控规与修规中涉及内容较少。

1、基础条件分析

基础条件分析是景区规划与发展的前提。中小型景区旅游规划基础条件分析主要包括明确规划区范围、进行区位条件分析，了解当地自然社会环境、历史沿革，熟悉相关旅游发展政策背景及上位规划，对当地旅游发展环境进行综合评价等。

原有规划中，基础条件分析在总体规划中主要包括"界定旅游区范围、进行现状调查、分析"，控规中几乎没有涉及，修规中只包括"综合现状与建设条件分析"一项要求。在"三规合一"综合性规划中，基础条件分析结合原有规划体系要求，并根据现实规划需求，从多方面综合分析规划区旅游开发的基础环境。

①明确规划范围

明确旅游区范围是整个规划的基础，对于进一步确定区域内资源条件、发展现状及地理环境特征有重要作用。在规划之初，首先要根据甲方的规划需求与当地地理测绘图件明确旅游区范围，为进一步现状调查奠定基础。

②区位条件分析

区位条件主要指规划区与周边各区域相互之间的位置关系,既包括其所在的地理位置,还包括景区在整个空间范围内的交通条件以及与规划区周边各景区景点的位置关系,即地理区位、交通区位、旅游区位等。区位条件分析对于确定规划区所处的具体位置、分析景区的可进入性、研究其与周边各景区的相互关系有巨大意义,这是前期景区认知的基础。

③自然社会状况

自然状况包括当地地势地貌、气候、水文、土壤、动植物资源、自然生态环境等;社会状况指当地历史沿革、人文概况、民俗传统、社会背景及经济发展情况等。规划区自然社会状况构成了整个景区大的环境背景,直接影响着景区开发的本底环境与其未来前景。中小型景区面积较小,其面对的各项景区环境都较具体,对旅游发展的制约、推动作用明显,前期对各项环境背景因素进行深入分析能够有效避免各类不切实际的规划成果的出现。

④相关政策背景

政策条件包括国家及地方相关法律、法规、条例、现有开发扶持政策以及已有上位规划,特别是与该旅游区发展密切相关的政策、规范等。这些支持或限制条件对于规划区旅游开发具有较强的引导作用,是规划区旅游开发的重要依据与原则。

⑤旅游环境分析

主要指影响旅游区发展的相关人文环境,包括当地旅游发展现状、旅游传统、旅游态度等方面。中小型景区规模相对较小,旅游开发与周围环境密不可分,社区居民、政府、企业对旅游开发的支持程度,是规划区能否顺利开发及有效落地的重要保障。

2、资源条件分析

景区开发以资源条件为本底,区域间资源赋存的不同造就了各地旅游景观在特征、功能方面的差异,对资源开展广泛而深入的考察、评价是规划编制中的重要内容。

原规划中,资源条件分析的要求主要集中于总体规划,包括"进行现状调查及对旅游资源科学评价"。在"三规合一"综合性旅游规划中，资源条件分析主要包括开展资源调查与资源评价两方面工作。资源调查是通过细致考察，了解当地可供开发的资源条件，包括各类自然资源及人文资源等，充分分析其数量、品位、分布、成因、价值、组合状况等因素，并从定性、定量两方面综合评价，为进一步深入开发奠定基础。

中小型景区区域内资源相对单一，在前期资源认知方面更要注重深入挖掘，做好资源调查，以独特的视角确定景区的优势资源，从成因、特点、分布等方面挖掘特色，进行创意性项目产品开发，确定景区开发方向与开发次序。

### 4.1.2 核心内容

"三规合一"综合性规划的核心内容是整个规划的重点，包括客源市场分析、发展定位、项目规划及实施控制等方面。在中小型景区规划中，这一部分将原有三项规划体系中属于同一内容的规划整合于一体，在总体布局的前提下融合建设控制与规划设计，在保证规划质量的同时以更加清晰明了、简洁的编制体系予以展现。

#### 1. 旅游市场分析

市场分析与定位是景区旅游开发工作中的重点内容，恰当、准确的市场分析对于明确产品开发方向、确定发展目标、引导项目开发及有效的营销方式的选择至关重要，是保证景区未来游客数量的基础。

原规划中，旅游市场分析的内容主要集中于总体规划，具体包括"预测客源市场的需求总量，对其消费习惯及地域特征做综合分析"。"三规合一"后的综合性旅游规划，旅游市场分析主要进行两方面工作：市场调查与客源市场分析。市场调查主要是对整个市场环境做全面调查，具体包括当地市场成熟度、周边市场发展情况及外部市场环境变化等各方面；客源市场分析包括进行游客群体细分及目标市场选择，从目标游客的人口、地域两方面综合分析规划区目标市场。

①旅游市场调查

市场调查主要是从内、外部两方面综合分析，不仅需要从整体层面对整个旅游市场环境做全面分析，评估当前旅游市场发展前景，与周边各景区协同竞争条件及当地旅游市场发展潜力，还需要对区域内典型的资源条件分别进行市场分析，评估其市场吸引力大小，以细致的市场调查，充分了解景区开发前景。

②游客群体细分

游客群体细分主要通过对区位、资源及外部环境的系统分析，确定该类旅游资源、旅游产品能够吸引哪类游客群体，并进一步确定、细分目标游客的人口特征、客源规模、消费水平、消费结构、需求特点、需求总量等。游客群体细分对于进一步确定中小型景区目标游客，保证景区游客量，指导景区项目开发有重要作用。

③目标市场选择

目标市场选择主要是进一步明确规划区主要游客群体的地域分布情况，通过对游客群体的深入调查，确定景区目标市场的地域结构，明确规划区未来旅游发展的基础市场、重点开拓市场与机会市场，从而为不同层次的目标市场各自营销宣传手段的选择打下基础。

2. 旅游发展定位

发展定位是对景区未来发展做出的宏观定位，具有方向引领作用，对景区开发思路、主题形象、发展方向、战略目标、产品体系的确定有重要作用，是进一步详细规划的基础。原规划中，景区发展定位方面的规定主要集中于总体规划，具体要求包括"确定规划区的性质和主题形象"，控规及修规方面对这一要求并未涉及。

①明确景区定位

景区定位是在景区资源、背景环境及市场前景等方面综合分析下，对其发展前景做出的全面审定。景区定位不同，其开发思路、战略、投资规模就大不一样，对于宏观指导景区发展有重要作用。中小型景区规模小，发展针对性强，准确的景区定位能够为进一步规划、建设指明方向，避免盲目与不切实际的开发。

②确定主题形象

主题形象是在对规划区地理、文化特征提炼升华的基础上，为吸引游客而凝练提出的、富有感召力的旅游口号。通常以主题宣传语的形式进行表达[1]，是游客感知景区形象的重要方式，对于景区吸引游客有重要意义。中小型景区旅游形象

---

[1] 李静、王铮：《旅游地品牌化中的旅游形象与旅游口号》，《人文地理》2006 年第 2 期。

定位对于更加清晰地展现景区特色、吸引游客有重要作用，是景区市场宣传的重要前提。

③明确开发方向

旅游开发方向是根据一定时期内可预测到的市场前景，结合景区自身特色提出的发展方向，对于开发何种类型的旅游产品、确定旅游组织形式、指导旅游项目建设有重要意义。

④提出发展目标

旅游发展目标包括经济目标、环境目标、社会目标、生态目标等，在中小型景区旅游规划中，各类发展目标的确定对于宏观指导景区未来发展有重要意义。

⑤确定发展战略

发展战略是为实现景区发展目标而制定的行动框架，对于明确景区以什么样的方式进行发展，保障规划顺利实施有重要作用。

⑥产品体系规划

旅游产品是基于市场需求与本底资源条件，根据规划内容而形成的各类活动项目，如观光旅游产品、体验旅游产品、休闲旅游产品、度假旅游产品等，是景区主要的活动项目，也是吸引游客的重要内容。通过对景区宏观产品体系的细分能够进一步指导景区项目开发，实现景区旅游吸引力。

3. 旅游空间布局

空间布局是在综合分析规划区资源特色及发展潜力的基础上，从空间层面对规划区旅游发展做的总体部署。通过空间结构划分，明确景区项目布局，进一步确定开发次序、实现旅游接待网络的配置。旅游空间布局规划有助于综合分析规划区内各部分资源条件与发展定位，因地制宜地进行旅游开发。

原规划中，旅游空间布局的要求重点体现于总体规划，包括"进行旅游区功能分区和明确土地利用、提出近期建设内容，进行重点项目策划"；控规中主要体现于"划分各类不同性质的用地界线"，修规中主要是对各项目的深入规划。"三规合一"综合性旅游规划的空间布局，是将原有规划中功能分区、用地布局及各地块界线的规划内容提炼融合于一体。这一规划形式从三个层次上实现了对旅游空间布局的逐步深入。

①空间结构划分

空间结构划分是根据区域内用地布局、资源赋存及道路交通等情况,将整个规划区以条、块、轴线的形式进行分割,从而将规划区划分成若干个不同面积的小空间,且不同空间之间开发重点与功能定位相互错位,共同形成对整个景区的发展方向指导,从而为景区项目布局奠定基础。

②明确功能分区

功能分区是在空间结构划分的基础上,确定各区域主要功能、发展方向与特色,以形成合理的产品分工,为进一步开发、利用和保护旅游资源,布局旅游项目与各服务设施提供依据。

③旅游项目布局

旅游项目布局主要是从整体规划的角度确定规划区主要旅游项目位置及建设内容,明确其分布、名称、主要内容、功能、规模等,为进一步详细规划及重要节点的景观设计奠定基础,对整体把握景区规划内容有重要意义。

4. 重点项目景观规划设计

对主要建设项目做详细景观设计,是景区规划的重点内容。原规划中,对景区重点项目的规划要求主要在控规的建设控制以及修规的详细设计中展现,总规中虽没有具体内容,但其宏观布局的作用不可或缺。在综合性旅游规划的重点项目规划中,融合原规划内容于一体,依托项目总体布局,将建设控制要求与其详细规划设计相融合,以一种整合性的规划方式满足现实规划需求。

旅游景观规划设计首先从总规层面统筹规划旅游区总体景观布局,对各景观节点主要特性、位置、功能等做初步界定及构思。其次,在对各重要节点进行建设控制规划构思的基础上,明确规定建筑高度、建筑密度、建筑体量、尺度、间距、色彩等指标,为进一步重点景观设计奠定基础。再次,在总规与建设控制引导下,具体通过建筑、山石、水体、植被及景观小品的规划布置以及对项目的详细设计构建景观,结合旅游产品、旅游活动完善景观系统,构建规划区重要的旅游节点。

5. 道路交通系统规划设计

道路交通系统规划决定着游客进入旅游地的路径及在景区内部的游览方式,

不仅是旅游地开发、建设的主要内容，更是其发展程度的重要体现。景区道路交通系统主要有对外交通、内部交通及交通设施等方面，分别从总体布局、建设控制及详细设计三方面对其进行规划。

原有规划体系中，道路交通系统在总规、控规与修规中均有涉及。总规中包括"总体布局旅游区对外交通系统、交通设施及内部道路交通"；控规中要求规划"道路出入口方位、停车泊位、道路红线、控制点坐标及标高"；修规中重点包括"对道路交通系统的规划设计"。在"三规合一"综合性规划中，道路交通系统规划分别按照总规、控规及修规建设要求，对其进行适度融合，按照从总体安排—建设指标控制—具体规划设计的规划思路，对其进行详细规划。

首先，统筹规划区域内外交通走向、交叉情况及主要交通设施布局，保证区域整体交通系统规划的合理性；其次，详细规划各类景区道路红线、控制点坐标与标高，从技术层面保证景区道路系统规划建设的科学性，并对各交通出入口及停车泊位的方位、规模、样式等进行统一规划，以保证其符合景区整体规划建设要求；最后，在此基础上对各级别道路铺装、绿化、宽度及各交通设施规模、建材、设施配备等做进一步规划设计，完善景区道路系统规划。

6. 景观、绿地系统规划设计

景观、绿地系统规划主要是通过景观小品及绿地系统布置实现对旅游区的环境营造，既可作为游览背景，又能起到绿化美化景区环境、分隔游览空间、自然生态防护及视线引导的作用。原规划中，这一内容重点集中于总规与修规，总规方面在于统筹布置，修规方面则侧重于对其详细规划。在"三规合一"综合性规划中，同样遵循从总体布局到详细设计的规划思路，首先总体规划整个区域景观及绿地系统布局，统筹协调景区各类景观小品及园林绿化的布置；其次要对各绿地布局方式、树种、位置、形态以及各景观小品的布局位置、造型、材质等做详细规定，将景观、绿地系统布局与景区规划主题相结合，烘托游览氛围。

7. 旅游服务设施规划设计

旅游服务设施是满足游客游憩、观光以外的其他活动需求所配备的设施，包括旅游服务站点、餐饮、住宿、购物、娱乐休闲设施及解说、标识系统等。旅游服务系统的构建对于保证游客旅游行程的舒适、便捷有重要作用，同景观系统、绿地系统共同构成景区重要的旅游吸引物，是景区旅游规划的重要内容。

原规划中，这一内容在总体规划中主要表现为对其进行总体布局；由于服务设施规划与建筑建设密切相关，其规划内容还受到控规中对建筑密度、建筑高度、建筑间距、体量、尺度、色彩、风格以及用地的限制；修规中包括对其进行系统的规划设计的要求。在"三规合一"综合性规划中，旅游服务设施规划融合原有规划要求于一体，在规划思路上按照总体安排—指标控制—详细规划设计的方法，完成景区旅游服务设施规划设计。

旅游服务设施规划首先在宏观布局指导下，配合游览线路走向、旅游节点、土地利用与生态环境保护要求进行统筹安排，在此基础上对建筑规模、体量、色彩、风格等要素进行详细控制，并对建筑材质、布局等细节做具体规定。

8. 环卫系统规划设计

环卫系统规划包括环境保护与环境卫生系统规划两部分，是保证景区环境质量的重要内容，也是旅游规划体系中必不可少的一部分。

原规划中，这一部分在总规中主要体现于"对环境卫生做系统布局，明确防治及污染治理措施"；控规中主要包括对各环卫设施的建设、布置等做具体规划控制；修规中包括"对景区环境保护及环境卫生系统的规划设计"等要求。在"三规合一"综合性规划中，主要在总体安排的前提下，实现对景区环卫系统的建设控制与详细规划设计。

环卫系统规划设计首先要在全局指导下进行环境卫生系统布局，提出规划区环境保护的措施与主要手段，制定环卫设施的设置标准和原则，确定垃圾回收方式、垃圾处理场所规模、布局以及公共厕所、垃圾箱等的数量、位置，同时对其外观、体量、风格等做统一规定并详细设计，保证与旅游区总体风格相统一。

9. 基础设施规划设计

基础设施规划设计是旅游活动得以顺利开展的重要保障，其中包括给排水工程规划、电力系统规划、电信工程规划、供热系统等方面规划，需要从总体规划、工程配套设施建设控制及具体设计等方面予以详细规划。

原规划中，这一部分在总规中主要是进行总体布局；同时与控规中道路、建筑等的具体规划密切相关；修规中要求对"工程管线及竖向进行规划设计"。在"三规合一"综合性旅游规划中，融合原内容要求，在宏观统筹的前提下实现对各基础设施的详细规划。

首先，结合道路走向、地势条件、高差等，对规划区内各类基础设施、管线等做综合部署，妥善处理与道路、建筑物等相互间的关系，有效利用各种外部环境，尽可能实现一举多得。其次，在总体规划的基础上，对各类工程管线及竖向做详细设计，如对管径大小、布局位置、规模、铺设方式等进行详细规定，保证整个旅游区基础设施的完善与合理。

### 4.1.3 支持保障内容

支持保障系统的构建是完善规划、确保规划顺利落地实施的重要基础。在"三规合一"综合性规划中，核心内容规划之后，还需要进行资源环境保护规划、旅游安全规划、实施保障规划、投资估算及综合效益分析，这是进一步完善规划系统，提高规划实践意义的重要内容。

1. 资源、环境保护规划

景区本底资源的有效保护与周围环境的持久保持是旅游活动顺利开展、实现旅游长久吸引力的关键因素。景区资源、环境的保护重点从两方面予以规划：环境保护与景区容量控制。

环境保护首先要对区域内资源条件、自然生态环境做充分调查，确定保护范围、保护内容与保护措施，实施分类分级保护；还要树立开发与保护并重的观念，避免在开发过程中对景区造成建设性破坏。原规划中，环境保护的内容集中于总体规划，包括"确定资源保护范围与保护措施""确定旅游容量"等，控规与修规中涉及较少。

景区容量主要包括游客心理容量、景区资源容量、生态容量、旅游地地域社会容量和旅游经济发展容量等方面①。综合各方面因素合理安排游客接待量，提出景区旅游可容纳的合理容量与极限容量，禁止对景区进行超容量开发，对于景区可持续长远发展有重要意义。

---

① 牛海燕：《浅议旅游景区游客容量管理》，《管理视窗》2013 年第 20 期。

2. 旅游安全保障规划

旅游安全是旅游规划的重要内容，包括饮食安全、交通安全、住宿安全、游览安全、购物安全、娱乐安全以及防灾体系的构建等，其完善与否涉及旅游活动能否顺利进行，在整个旅游过程中占有特殊地位。在原规划中，这一部分要求集中于总体规划，包括"对防灾系统及安全系统的总体布局"。在"三规合一"综合性规划中，还涉及对具体项目的详细规划。

在旅游规划编制过程中，根据景区现在的环境及项目规划，在对各类安全设施及防灾系统总体布局的基础上，还要详细指出各类安全措施及防灾体系的具体内容、救援措施与保险保障，助力景区各项活动的顺利实施。

3. 实施保障规划

景区实施保障规划主要通过项目建设分期、市场宣传、提出建设运营管理意见等方式，确保规划的有序推进与景区高效、健康发展。原有规划中，实施规划主要集中于总体规划，具体包括"提出规划实施步骤、措施与方法，提出规划、建设、运营中的管理意见"。在"三规合一"综合性规划中，根据规划实践要求，在实施规划中还加入项目分期规划及市场营销规划，保障景区规划顺利实施。

①项目分期规划

在旅游开发过程中，需要对具体建设项目划分不同规划时序，以保障规划项目能够顺利实施，实现景区对市场的长久吸引力。在中小型景区"三规合一"旅游规划编制过程中，一般项目规划期限短，以3—5年为主，这就要求在较短的规划期限内合理安排规划进度，明确年度计划、规划区前期、后期规划内容，并提出详细的实施步骤、方法与时间要求，以保证景区规划内容稳步落实，实现长远发展。

②市场营销规划

营销是根据对市场与景区规划内容的综合分析，融合多种宣传方式而使旅游者了解景区，进而光顾景区，实现经济效益的重要手段，是提高景区市场知名度、吸引游客的重要途径。

③建设运营管理意见

旅游开发能否有效推进，不仅在于规划设计的可操作性，还在于开发商对景区的建设控制与运营，如何最大限度地保证规划落地、充分利用各项有利外部条件以推动景区发展是旅游规划编制过程中又一重要内容，包括从政策保障、资金保障、人力资源保障等方面为旅游区建设、管理、运营提出意见，保障景区规划能够顺利推进。

### 4. 投资估算

投资估算是根据市场现状对规划内容进行的经济投入匡算。在原规划中，这一内容集中于总体规划要求中，明确指出"对景区开发建设进行总体投资分析"。在"三规合一"综合性规划中，延续原有总体规划中投资分析的内容，对景区进行投资估算。

### 5. 综合效益分析

综合效益分析是明确景区收益及各项投入产出比的重要内容，包括经济效益、社会效益、环境效益等，对于评估景区发展综合效益及各规划项目的合理性与可行性有重要意义。

以上就是中小型景区"三规合一"综合性规划的主要内容，其中需要注意的是，这一编制体系并不是对中小型景区规划编制内容的严格限制，其目的在于提出一种参考性的规划框架，以此为基础进行具体问题具体分析，指导中小型景区真正实现有效规划；同时，"三规合一"规划编制体系中基础内容、核心内容、支持保障三部分内容的划分也不是完全绝对的，本文为了更加详细地明确景区规划内容而进行设定，其相互之间并没有明显的界线，其中的内容也不是固定不变的，需要根据具体情况的变化进行适度调整，对规划内容有所取舍。

## 4.1.4 规划图件

在规划图件方面，综合性规划的图件要求是对原有规划图件的进一步整合，以实现景区基础性图件共用、规划性图件统一呈现的效果，从而更加详细地表达规划内容，实现规划的完整性与承接性。整合后的规划图件主要包括：旅游区区位图、综合现状图、旅游资源评价图、旅游市场分析图、总体规划图、空间布局图、功能分区图、各地块控制性详细规划图、各重要节点景观设计图、各类效果图、道路交通系统规划设计图、绿地系统规划设计图、服务设施规划设计图、工程管线规划设计图、竖向规划图等。

同规划文字内容一样,"三规合一"综合性规划的图件其内容也是需要随着具体规划要求不断变化的,对于规划内容的深度与详略要根据现实规划需求进行适度调整,而不是原封不动地照搬这一规划内容,以便实现对规划内容的灵活把握。

### 4.2 "三规合一"综合性规划编制过程

综合性规划虽然将三项规划整合于一体,但就其编制内容来说依然有上下位递进的关系:总规的内容主要包括基础条件分析、市场调查、发展定位与空间布局等方面,其对整个开发思路与方向的统筹把控为景区进一步准确、恰当的详细规划奠定基础。控规的内容将三项规划进行连接,在总体布局下对各项目进行建设控制约束,为后续详细规划设计提供保障,达到对同一规划内容三规的融合,其依旧是总规与修规的连接桥梁。所以,在"三规合一"综合性规划中,存在着两个方面的统筹:总体规划编制过程中从总规—控规—修规的步骤统筹以及在具体规划内容如重点项目、道路交通、旅游服务设施等项目编制中从总规—控规—修规的思路统筹。相应地,整个规划过程也需要在步骤和思路两方面做出调整。

首先,就整个规划编制过程而言,编制体例必须按照从整体到局部、从宏观到微观的原则进行。在编制内容上必须遵循先谋划总规部分,再安排详细规划的顺序,故而需要在总规思路确定的情况下,召开一次专家论证会,从规划开发方向、市场定位、发展目标、空间布局、功能分区及主要建设项目安排等方面,讨论前期规划的科学性与可行性。如果得不到专家认可,就需要做进一步修改,修改后重新进行专家论证直到合格,才能开始下一阶段深入规划,只有这样才能保证后续规划建设的合理性。这种规划过程中的中期专家论证环节是"三规合一"规划中必经的一步。换言之,在综合性规划中,规划最终评审之前必须就规划性质定位、市场分析、功能分区等进行前期论证并获得通过,后续编制出的规划内容才能按照要求进行成果评审。

其次,针对项目编制而言,在编制思路上同样需要遵循由总到分的过程。对具体项目、绿地系统、道路交通系统及基础、服务设施等的规划设计要在对该项目宏观统筹布局下,针对各自内容进行建设控制要求思考之后才能进行详细的规划设计,只有这样才能保证微观项目规划与整个景区的规划布局相协调,并能在宏观层面有效组织各规划内容,协调景区规划。这是规划过程中思想层面的编制步骤。

在综合性规划这两个层次的编制过程中，第一层次是从具体实施方面予以规定，第二层次则是从规划思路及规划编制方面进行强调。只有从这两个方面共同推进，才能保证"三规合一"综合性规划的编制过程及质量。由于中小型景区现状、资源条件的局限性，总规、控规、修规三方面内容在规划成果上存在内容多少的差别，故而在规划结果上总体规划与控制性规划的内容相对较少，更加注重于项目修建性的规划内容，但在规划思路方面一定需要经历这样从总及分，由宏观到微观的过程。

具体"三规合一"综合性规划编制技术路线如图 3.6 所示:

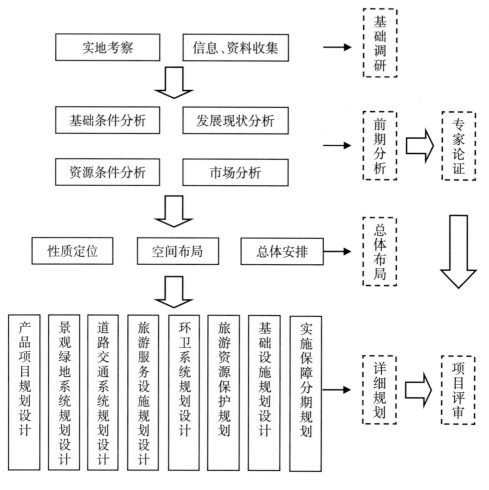

图 3.6 "三规合一"综合性规划编制技术路线

## 4.3 "三规合一"综合性规划成果要求

### 4.3.1 "三规合一"综合性规划编制成果要求

在原有规划体系中,总规及控规的规划成果包括文本、图件、说明书及附件,修规的规划成果要求规划设计说明书及图件,并在各自规划体系中对图纸的比例进行了明确规定。综合性规划融合了三层次规划于一体,其规划成果主要有:规划文本、图件及说明书。

规划文本是对规划内容的进一步提炼升华,是快速明晰规划内容的重要手册性文件。其中主要对与项目建设密切相关的规划内容做提纲式概述,内容编制要求重点突出、简洁明了,格式编排不同于传统的纯文字格式,多以条款形式出现,一般不做解释说明。

图件是以图片的形式对规划内容进行的表达,具有形象、直观、鲜明的特点。综合性规划的图件包括基础条件分析图、项目总体布局图、景区规划建设控制图及各具体内容的详细规划设计图等,主要通过合理的造型、色彩、比例搭配,更加鲜明的表达规划内容,对具体项目建设有一定指导意义。

规划说明书是对规划文本内容的详细分析说明,其对发展背景、方向、规划主要内容及各项支持保障系统的描述均更加详细具体,是规划思路与内容的完整展现。其内容编排多以文字为主,辅以必要的分析图、示意图、效果图等规划图件,是景区最完整、最全面的规划成果,对于详细指导景区开发建设有重要意义。

相较于原有规划体系,"三规合一"旅游规划的成果要求在形式上并没有很大差别,主要形式依旧参照于原有规划,具体不同主要是由规划的深化与丰富而在规划内容上产生的差别。

### 4.3.2 "三规合一"综合性规划编制命名

从规划名称来看,由于规划内容的综合性,"三规合一"旅游规划的名称命名不能以"XX景区总体规划"或"XX景区详细规划"等某一方面做统称,也不能以"XX景区总体规划及修建性详细规划"或"XX景区控制性详细规划及重要节点修建性详细规划"的名称来命名,因为这样的命名方式既不符合《通则》对相关规划内容的要求,也没有对规划内容做完整表述,使规划价值大打折扣。

作为《通则》要求之外的一种新型规划编制体系,这一类型规划可以尝试以一种新型方式来命名，如"XX 景区综合性旅游规划设计"。"综合性"的命名方式能较好地囊括规划内容，表达规划内容融合的特点。一直以来"旅游规划设计"被作为"旅游规划"的别称，将"旅游规划设计"等同于"旅游规划"；有时也被作为旅游规划的一种动态描述，如"XX 景区的旅游规划设计正在做"。而"旅游规划设计"本身兼具双方面内涵，既是一种动态的规划过程的体现，又有对规划成果的集中描述，包含了策划、规划、设计三部分的内容本质[①]。在综合性规划中，将"旅游规划设计"作为规划名称，既能突出规划过程中的旅游统筹布局，又能突出重点项目景观规划设计的内容，同时也能较为准确地概括规划内容。所以，"三规合一"综合性规划可以尝试以这一名字命名。

### 4.4 "三规合一"综合性规划编制技术要求

"三规合一"综合性规划作为一种新型规划方式，不仅其编制内容和程序不同于前，其对规划的技术力量，特别是规划人员与工作平台都有着较高要求。

首先从编制人员组成来说，由于规划兼顾了总体规划与详细规划的内容，要求规划编制人员具有较高的综合素质与丰富的规划编制经验，既了解项目总体规划，又能完成控规与修规的编制，特别是对于控规的技术指标与修规的具体设计都能熟练掌握，同时对三者有深刻了解，并能灵活运用，才能在新型规划编制体系中有的放矢地进行取舍、结合，并深入完成项目详细规划设计。具体到规划策划人员，不仅要有丰富的总体规划、详细规划的编制经验，还要有不同范围景区规划的实践经验；而在规划图件方面，要求具体设计人员既要有宏观思维，同时又能完成详细、深入的规划图件设计。

其次从规划工作平台来看，编制综合性规划要求编制单位拥有丰富的规划编制经验，规划思想先进、技术成熟，地理、旅游、历史、建筑、景观、经济等各专业人员配备齐全，才能在同一项规划中有机融合各专业特长，对同一项规划项目进行深度整合。

---

① 石培华等：《旅游规划设计的内涵本质与核心理论研究》，《地域研究与开发》2012 年第 1 期。

# 第五章 结 论

## 5.1 本文结论

旅游规划发展至今,规划数量越来越多,"无意义"规划的现象也越来越突出。面对全域旅游背景下对旅游规划提出的新要求,旅游规划如何进行有效编制是当前要面对的一个重要问题。关于中小型景区旅游规划编制体系的探讨,是基于当前规划市场变化的环境下进行的理论研究。"三规合一"综合性旅游规划的提出,以一种更加综合、全面、实用的编制体系指导中小型景区旅游规划工作。通过对其概念体系、编制体系与内容的研究,实现对这一新型规划体系的初步建立,推动《通则》逐步完善,使我国旅游规划逐渐走向成熟。

在本文研究过程中,首先从旅游规划相关概念体系入手,从其定义、发展历程、类型划分等方面综合分析,研究当前规划编制体系及其存在的主要问题,并结合规划市场环境的变化,提出中小型景区旅游规划编制体系改革创新的必要性,在此基础上,提出"三规合一"的综合性旅游规划编制体系。具体来说,本文研究的主要结论包括:

### 1、详细定义了中小型景区相关标准

在本文研究中,综合性规划主要适用于中小型景区,当前对这一概念并没有明确的定义。本文从范围界定与特征界定两方面对"中小型景区"进行详细规定:面积界定参考国家风景名胜区中的小型风景区的限定要求,但并不具有绝对性,最主要还是要从其特征界定的角度进行限定,主要指那些面积较小、区域内资源相对单一、投资额度不太大、项目实施要求高的景区。明晰中小型景区概念界定对于确定"三规合一"综合规划编制体系的适用范围有重要意义,为规划委托方及规划编制单位有选择地进行规划编制提供了一种清晰的指引。

### 2、明确规定了"三规合一"旅游规划的概念体系

"三规合一"这一提法虽然在城市规划中已经较多使用,但在旅游规划中还

没有明确提出。本文提出这一概念基于前期"规划整合"的思想，结合实践发展，具体针对各类中小型景区旅游规划。本文对"三规合一"综合性旅游规划，从其概念定义、适用要求、特点、意义等方面进行研究，初步构建了这一新型编制体系的相关概念。这一新型编制体系主要是对原有规划体系进行适度整合，将原有总规、控规、修规规划内容有选择地集中于一项规划中，兼顾总规编制体系的全面性、控规的控制性，着重突出修规的建设内容，以一种更加综合、全面的规划编制体系应对中小型景区旅游规划。

### 3、提出了"三规合一"综合性规划编制的内容体系

本文在综合分析原有规划体系及内容的基础上，将其整合凝练形成"三规合一"综合性旅游规划的编制体系，对编制内容、过程、成果及技术要求等予以详细规定。编制体系中按照基础内容、核心内容、支持保障三部分进行梳理，从文字、图件两方面设定规划编制内容，形成了"三规合一"综合性规划的编制内容体系及要求，为中小型景区旅游规划编制提供了一个具有普遍指导意义的框架体系。

### 5.2 不足与展望

作为一种新型规划编制体系，这一规划理论前期并没有很详细、直接相关的学术研究成果，完全相符的规划实践案例也基本没有，理论缺乏、实践不足的发展现状给本文的研究带来一定困难。所以，在本文研究过程中，尽管尽可能地对其进行详细描述，但仍然存在一些问题：

首先，就中心词汇的概念定义而言，由于面积定义具有相对性，本文对"中小型景区"的概念定义采用了范围界定与特征描述相结合的双重定义标准以更准确地表达其内涵，但面对多样化的市场环境，在实践过程中必然会有许多涵盖不全或意义不明的情况出现，需要结合不断变化的市场环境逐步深化、加以完善，以便能产生一个更加全面、系统的概念定义。同样，"三规合一"的概念体系也是根据其规划核心理念提出的，缺乏前期研究支撑，需要在实践过程中不断丰富其理论成果，完善理论体系。

其次，本文提出的规划编制体系重点从理论探索的角度进行总结，受理论与实践案例局限的影响，其中可能存在缺乏详细的理论支撑，案例支持不够典型，相关概念、体系内容并不全面等问题。"三规合一"综合性规划作为一种新生事物，今后还需要从理论和实践两方面做进一步探讨，征求多方面意见，使其不断完善。

# 第六章 附 录

鉴于并没有很典型的这一类型规划实践成果，故本文实践支撑主要从现有相近的规划成果的规划大纲入手，结合具体规划内容分析，通过对规划大纲研究，明晰"三规合一"综合性规划与原有规划编制体系的差别，从而进一步验证这一新型规划编制体系的合理性与可行性。本文具体以《泽州县山里泉旅游景区总体规划》为例，对其编制体系及具体内容进行分析，并按照"三规合一"综合性旅游规划的编制体系予以整合。

《泽州县山里泉旅游景区总体规划》在 2014 年由陕西世纪城市景观规划设计有限公司编制，性质上属于总体规划，规划成果包括三部分：文本、图件及说明书，说明书中包括两部分：说明书及主接待片区规划策划，其中将主接待区项目规划以规划策划的形式在说明书之后重点进行表达，以详细的图、文结合的形式展示规划区重点规划项目。

## 6.1 山里泉景区概况

山里泉旅游景区位于山西省晋城市泽州县，是太行山南段重要的旅游景区。景区初建于 2004 年，已经被批准为国家 AA 级景区，经过十多年发展，景区取得了不俗的成绩，但面临着如何进一步做大做强的问题。同时，山里泉旅游景区所拥有的资源禀赋未完全挖掘，需要对其重新认识，以突出其优势资源，故而对景区进行提升改造，使之向更高级别的旅游景区发展。

山里泉旅游景区总面积 24.9km²，分东西两部分，东部为生态保护与恢复区，以保护、保育为主，暂不开发利用；西部为旅游用地，面积 12.6km²，为本次规划核心区域。规划将山里泉旅游景区划分为七大片区：西部的中心接待休闲片区、背寨康体健身片区、纱帽山文化—自然观光片区、鲤鱼山观光旅游片区、拴驴泉生态观光片区、龙湾河山水科考片区以及东部生态保护片区。本次规划以西部片区为主，其中又以中心接待休闲片区和纱帽山文化-自然观光片区共同构成的主接待区为重点规划区，总占地面积 2.2km²，包括沁河水库、主河道两岸及纱帽山等区域，是山里泉旅游景区景点最集中、最具代表性的区域，也是整个规划重点建设项目集中区。其中，主接待区又对沁水苑及五峰苑做了详细规划，对其他片区以旅游总体规划为主。

## 6.2 原规划主要内容

在本文研究中，基于文本的内容及框架相对简练，故以图件与说明书为主进行分析，对原有规划大纲及内容做对比研究，并按照"三规合一"综合性旅游规划的编制体系进行调整。

### 6.2.1 说明书规划大纲

在原有规划中，说明书第一部分主要包括：

1. 总则

　　1.1 规划背景

　　1.2 规划依据及参考文献

　　1.3 规划原则

　　1.4 规划范围及年限

　　1.5 与上位规划及其他相关规划的衔接

　　1.6 规划技术路线

2. 景区发展现状及其旅游资源评价

　　2.1 发展现状

　　2.2 景区旅游资源评价

3. 景区发展机遇及态势

　　3.1 景区发展态势

　　3.2 景区发展的问题和机遇

4. 旅游客源市场分析

　　4.1 山西省旅游市场的发展特点与趋势

　　4.2 景区客源市场分析

　　4.3 景区客源市场潜力分析

　　4.4 景区游客人数预测

5. 指导思想、目标及战略

　　5.1 指导思想

5.2 发展目标

5.3 发展战略

6. 旅游形象基础与设计

6.1 旅游景观形象设计的目的

6.2 旅游景观形象设计的基础

6.3 旅游景观形象总体设计

6.4 景区宣传口号

7. 景区空间结构与布局

7.1 景区土地利用规划

7.2 景区旅游布局规划

7.3 景区空间结构

7.4 各个片区的旅游开发思路

8. 旅游产品开发规划

8.1 开发原则

8.2 旅游产品类型分析

8.3 旅游产品开发方案

9. 景区旅游项目开发规划

9.1 主接待区项目规划

9.2 其他片区建设项目规划

10. 旅游景区游线组织规划

10.1 游线组织原则

10.2 游线和游程安排规划

11. 旅游基础设施规划

11.1 道路交通设施规划

11.2 给水排水工程规划

11.3 电力工程规划

11.4 电信工程规划

11.5 供热工程规划

11.6 公厕与环卫规划

11.7 防灾与消防工程规划

18.2 景区发展建议

说明书第二部分内容"主接待片区规划策划"主要包括规划片区中的"中心接待休闲片区"以及"纱帽山文化—自然观光片区"两部分，但沁水苑和五峰苑规划策划是其重点。具体内容框架包括：

1. 主接待区规划策划

 1.1 主接待区高程分析

 1.2 主接待区坡度和坡向分析

 1.3 主接待区现状分析

 1.4 主接待区规划策划

 1.5 主接待区三苑规划策划

2. 沁水苑规划策划

 2.1 现状分析

 2.2 规划构思

 2.3 规划布局

 2.4 景观的塑造

 2.5 基础设施规划

 2.6 概算

3. 五峰苑规划策划

 3.1 现状概况

 3.2 规划理念

 3.3 布局结构

 3.4 功能分区

 3.5 道路系统及竖向规划

 3.6 给排水工程规划

 3.7 电力电信工程规划

 3.8 环卫工程规划

 3.9 旅游服务系统规划

 3.10 标识系统规划

 3.11 投资概预算

 6.2.2 图件规划大纲

原规划图件主要内容见表 3.3：

表 3.3 原规划图件主要内容

| 1 区位图 | 2 综合现状图 |
|---|---|
| 3 景区资源分布图 | 4 规划范围图 |
| 5 景区客源市场图 | 6 土地利用现状图 |
| 7 土地利用规划图 | 8 功能分区规划图 |
| 9 布局结构规划图 | 10 中心接待休闲片区规划图 |
| 11 纱帽山文化自然观光片区规划图 | 12 背寨康体健身片区规划图 |
| 13 拴驴泉生态观光片区规划图 | 14 鲤鱼山观光旅游片区规划图 |
| 15 龙湾河山水科考片区规划图 | 16 景观系统规划图 |
| 17 一日游线路规划 | 18 二日游线路规划 |
| 19 三日游线路规划 | 20 徒步旅游线路规划 |
| 21 车行道路规划 | 22 步行道路规划 |
| 23 给排水工程规划 | 24 电力电信工程规划 |
| 25 环卫工程规划 | 26 安全防灾工程规划 |
| 27 标识系统规划 | 28 服务系统规划 |

"主接待片区规划策划"中图件内容包括：

对主接待区高程分析图、主接待区坡度分析图、主接待区坡向分析图、主接待区现状图、主接待区总平面图、主接待区三苑总平面图以及沁水苑、五峰苑现状图、规划总平面图、规划鸟瞰图、详细的建筑平面及立面图、绿化配置图、道路系统规划图、竖向图、给排水规划图、电力电信规划图、环卫系统规划图、旅游服务系统及标识系统规划图以及各类意向图。

## 6.3 说明书部分"三规合一"整合

从整个规划编制结构及内容来看，整个规划虽然名为"总体规划"，但并不属于严格意义上的"旅游总体规划"，而是"总体规划+重要节点修建性详细规划"的"1+1"型混合规划，其中融合了景区旅游的总体规划与重点项目的修建性详细规划。从说明书框架体系看，整个规划按照总规的结构框架编制。"主接待片区规划策划"是对规划区主要建设项目的进一步详细规划。总体来看，这一规划形式在对景区发展方向进行宏观把握的前提下，通过重点项目规划策划的形式实现了对景区规划内容的详细设计，一定程度上提高了规划的可操作性与实用价值，但这一规划形式一方面与《通则》中的相关要求不甚相符，另一方面，规划中相关内容阐述出现诸多前后重复的现象，这就在一定程度上造成规划冗长、混乱的问题。

例如，"主接待区规划策划"1.4 部分对两大片区规划策划只进行了简略的建设项目分析，这是对前一部分说明书中 7.4 "各个片区旅游开发思路"内容的提炼，存在一定的内容重复；且"主接待区规划策划"1.3 主接待区现状分析同前一部分说明书中 9.1.1 "主接待区建设现状及问题"内容一致；同时，"主接待区规划策划"第二章"沁水苑规划策划"中 2.1—2.4 现状分析、规划构思、规划布局、景观的塑造，以及第三章"五峰苑规划策划"中的 3.1—3.4 现状概况、规划理念、布局结构、功能分区内容在前面说明书第九章 9.1 "主接待区项目规划"已经进行过全面描述，前后内容完全相同。这是规划中前后内容重复的情况。

从景区范围看，山里泉旅游景区实际规划范围只涉及景区西部，特别是主接待区，规划面积较小，完全符合"三规合一"综合性规划中"中小型景区"的面积要求。从景区资源条件来看，山里泉旅游景区属于峡谷类旅游景区，以自然山水资源为主，但其中"以形命名"的山体居多，辅之以部分人文旅游资源，但资源评级不高。而且，现有"1+1 型混合规划"也间接佐证了原有规划体系中分别编制总规、控规、修规三层次规划对该景区的不适用性。但这一规划形式缺乏了控规的规划内容，在一定程度上也无法形成一个完整的规划体系。若按照"三规合一"综合性规划的体系进行编制，将总规、控规、修规的内容融合于一体，更能突出规划内容的连续性与完整性，形成一个完整、全面的规划。

首先，从重点项目规划来看，可以将说明书中第二部分"主接待片区规划策划"内容与前一部分第九章"景区旅游项目开发规划"相融合，保留相同的规划内容，将前一部分中没有的"基础设施规划"、"概算"等内容加入，这样新融合的"景区旅游项目开发规划"就包括两部分内容：主接待区详细规划设计与其他片区建设项目规划，主接待区详细规划是景区重点建设项目，包括现状分析、规划构思、规划布局、景观塑造以及一系列基础设施规划等内容，这部分内容是整个综合性规划体系融合后改动最大的一部分，将在如下规划大纲"旅游项目规划设计"中着重体现，其他片区建设项目规划采用原有规划内容。

其次，对于景区其他内容规划，可以将"三规合一"综合性规划编制体系与原有说明书的规划内容进行整合。按照综合性规划的编制程序，在各核心内容规划中按照总体安排—建设指标控制—详细规划设计的编制思路完成。在实际规划编制中，具体建设控制与详细规划设计的内容将更多的集中于一体。

整合后的说明书规划体系包括：

1. 总则

  1.1 规划背景

  1.2 规划依据及参考文献

  1.3 规划原则

  1.4 规划范围及年限

  1.5 与上位规划及其他相关规划的衔接

  1.6 规划技术路线

2. 旅游发展基础条件分析

  2.1 区位条件分析

  2.2 发展态势分析

  2.3 景区发展现状分析

  2.4 景区发展的问题和机遇

3. 旅游发展资源条件分析

  3.1 景区旅游资源调查

  3.2 旅游资源等级划分

  3.3 资源总体评价

4. 旅游客源市场分析

  4.1 山西省旅游市场的发展特点及趋势

  4.2 景区客源市场分析

  4.3 景区客源市场潜力分析

  4.4 景区游客人数预测

5. 旅游发展定位

  5.1 指导思想

  5.2 发展目标

  5.3 发展战略

  5.4 产品体系规划

6. 景区空间结构与布局

　6.1 景区土地利用规划

　6.2 景区旅游布局规划

　6.3 景区空间结构

　6.4 各个片区旅游开发思路

7. 旅游项目规划设计

　7.1 主接待区项目规划

　7.1.1 主接待区开发现状及问题

　7.1.2 主接待区建设背景条件分析

　　7.1.2.1 主接待区高程分析

　　7.1.2.2 主接待区坡度和坡向分析

　　7.1.2.3 主接待区三苑规划策划

　7.1.3 主接待区项目建设规划

　　7.1.3.1 沁水苑项目建设规划

　　（1）现状分析

　　（2）规划构思

　　（3）规划布局

　　（4）景观塑造

　　（5）道路系统及竖向规划

　　（6）基础设施规划

　　（7）服务设施规划

　　（8）概算

　　7.1.3.2 五峰苑建设项目规划

　　（1）现状分析

　　（2）规划理念

　　（3）布局结构

　　（4）规划布局

　　（5）道路系统及竖向规划

　　（6）基础设施规划

　　（7）服务设施规划

（8）概算

7.2 其他片区建设项目规划

8. 道路交通系统规划设计

8.1 道路交通系统总体规划

8.2 道路交通系统规划控制

8.3 道路交通系统详细规划设计

8.4 游线与游程安排规划

9. 景观系统规划设计

9.1 景观系统总体规划

9.2 地域景观分析和设计

9.3 景区景观结构

9.4 景区景观规划及思路

10. 旅游服务设施规划设计

10.1 服务设施总体规划

10.2 公共服务设施规划

10.3 旅游景区标识系统

10.4 旅游景区导游系统

10.5 游客容量调控

11. 旅游基础设施规划设计

11.1 基础设施总体规划

11.2 给水排水工程规划

11.3 电力工程规划

11.4 电信工程规划

11.5 供热工程规划

11.6 公厕与环卫规划

11.7 防灾与消防工程规划

12. 旅游形象营销、产品促销及景区包装规划

12.1 旅游景观形象设计

12.2 景区宣传口号

12.3 旅游形象营销

12.4 旅游产品促销规划

12.5 景区包装规划

13. 旅游开发保障规划

13.1 旅游人力资源开发规划

13.2 旅游开发政策

13.3 景区发展建议

14. 项目实施规划

14.1 规划时序及规划项目

14.2 近期发展规划

14.3 远期发展规划

15. 旅游开发建设投入产出分析

15.1 旅游开发建设项目安排原则

15.2 规划项目赢利能力评估和投资分析

15.3 融资方式规划

15.4 投入产出和效益分析

同原有规划体系相比,整合后的综合性规划将原规划说明书中两部分内容进行融合,将重点项目规划融合于整个规划编制体系,同时整合原有规划中前后重复的内容,整个规划形式更加简洁、直观,形成一项内容全面、重点突出、行文流畅的规划成果。从整合后的规划体系来看,前三章内容属于规划基础内容分析,明晰了整个景区开发背景与条件;第四章到第十一章属于景区规划的核心内容,包括景区总体定位与各项内容的详细规划设计;从第十一章到第十五章属于景区旅游开发的保障部分,保障规划顺利推进与落地实施。

## 6.4 图件部分"三规合一"整合

"主接待片区规划策划"部分图件主要是对主接待片区相关规划背景、现状、总平面及其重点建设项目的详细规划;而整个规划图件是对规划区域总体进行的规划,鉴于主接待片区相关内容主要位于中心接待休闲片区,二者之间具有详—略、统—分的上下层关系,故而整合后的规划图件可以将"主接待片区规划策划"图件放在"中心接待休闲片区规划图"之后,以较大篇幅突出本规划重点项目,从而形成一项完整的规划体系。

整合后的规划图件主要内容见表3.4：

表3.4 整合后的规划图件主要内容

| 1 区位图 | 2 现状综合图 |
|---|---|
| 3 景区资源分布图 | 4 规划范围图 |
| 5 景区客源市场图 | 6 土地利用现状图 |
| 7 土地利用规划图 | 8 功能分区规划图 |
| 9 布局结构规划图 | 10 中心接待休闲片区规划图 |
| 11 主接待区规划背景图 | 12 主接待区规划现状图 |
| 13 主接待区规划总平面图 | 14 主接待区三苑总平面图 |
| 15 沁水苑相关规划图件 | 16 五峰苑相关规划图件 |
| 17 纱帽山文化自然观光片区规划图区 | 18 背寨康体健身片区规划图 |
| 19 拴驴泉生态观光片区规划图 | 20 鲤鱼山观光旅游片区规划图 |
| 21 龙湾河山水科考片区规划图 | 22 景观系统规划图 |
| 23 一日游线路规划 | 24 二日游线路规划 |
| 25 三日游线路规划 | 26 徒步旅游线路规划 |
| 27 车行道路规划 | 28 步行道路规划 |
| 29 给排水工程规划 | 30 电力电信工程规划 |
| 31 安全防灾工程规划 | 32 标识系统规划 |
| 33 服务系统规划 | |

从整合后的规划结构可以看出，相较于原有规划体系，说明书与图件部分均实现了对同一部分规划内容的集中阐述，摒弃了重复描述，使得规划体系更加紧凑，更易理解，规划内容更加通顺。在具体编制过程中，融合总规、控规及修规的规划内容于一体，弥补了前期规划中缺乏控规的编制现状，实现了在一项规划中既突出重点建设项目，又能达到内容全面、方向准确的规划编制，这是"三规合一"综合性规划与原有规划形式的主要区别。

**作者简介：**

于晓燕：女，山西省晋中市人，2009.9—2013.6 山西大学旅游管理专业本科，2013.9—2016.6 山西大学旅游管理专业研究生，2016年7月至今大地风景文旅集团北京大地乡居旅游发展有限公司工作。

# 第四单元

# 基于多规融合的"旅游型乡村"综合性规划研究

康小青　张世满

**摘　要**：发展乡村旅游是促进城乡一体化和新型城镇化建设的重要抓手，也是推进乡村振兴的重要途径之一，如何发展乡村旅游已成为时下热点。乡村旅游规划的科学合理与否在一定程度上决定着乡村旅游项目的成败，做好规划工作对"旅游型乡村"尤其重要。当前，在一个乡村范围内，有多种规划与乡村旅游规划并存，这些规划间是否相互协调影响着乡村事业的整体发展，因此，探索多规间如何协调，构建更为适用且有效的乡村规划编制框架成为当务之急，本文将就此问题展开论述。

面对乡村范围内多种规划并存，导致规划内容重复、规划成本高、规划间不协调的问题，学术界和规划企业进行了有益的探索，他们试图找到解决问题的方法。本文在参考和借鉴前人研究成果及相关规划的基础上，运用文献研究、定性研究、比较研究、分类研究等方法，从多规融合的视角对"旅游型乡村"多种规划编制的协调问题进行了针对性研究。首先，对多规融合的概念、旅游型乡村的概念及特征做了简要论述；其次，详细探究了"旅游型乡村"多种规划并行编制的现状和存在的问题；第三，围绕旅游型乡村综合性规划，就其内涵、特点及实现条件进行了重点阐释，提出以一种主导规划统筹其他规划的多规融合规划编制方法，同时在分析主导规划的选择标准基础上，将旅游型乡村分成一般旅游型乡村和传统村落进行研究；最后，从理论基础、基本原则、编制过程、内容框架、编制成果五个方面展开论述，构建出两套在内容上有所区别，思路上相互一致的旅游型乡村综合性编制框架，其中一套适用于一般旅游型乡村，另一套适用于以旅游业为主导产业的传统村落。通过本文的研究，旨在为"旅游型乡村"制定多种规划相互协调的总体规划提供参考，助力乡村振兴战略。

**关键词：** 旅游型乡村；多规融合；综合性规划

# 第一章 引 言

## 1.1 选题背景

### 1.1.1 新时期全域旅游发展理念的提出

全域旅游作为新时期的旅游发展战略在2016年的全国旅游工作会议上被提出。全域旅游是指在一定的区域范围内，将旅游业作为优势产业，以旅游业带动和促进经济社会协调发展的一种新的区域协调发展理念和模式[1]。它要求对全域范围内的经济社会发展资源进行统筹优化配置；在规划方面通过推进多规融合，打破规划壁垒；加大旅游业和其他产业之间的融合，充分发挥旅游的经济乘数效应；注重全面参与机制的建设，实现全民共享共建[2]。

全域旅游发展理念对乡村旅游发展具有重要的指导作用，在发展乡村旅游的过程中，要树立全域统筹、协调发展、全民共享的思维，并将这种新型思维贯彻乡村发展的始终。对主要发展旅游业的乡村，它的农业生产、林业种植、动物养殖等活动应该围绕旅游业展开，以旅游带动乡村事业的全面发展。

### 1.1.2 国家正在全面有效推进乡村规划工作

2008年《城乡规划法》颁行为城乡一体化发展提供了重要法律依据，乡村规划被正式纳入法律体系，乡村规划编制工作得到了一定的重视[3]。但由于乡村经济文化的特殊性及长期受城乡二元体制的影响，乡村依然存在无规划、无序建设或一味模仿城市规划理念与方法、规划实用性差等问题。在此背景下，住房城乡建设部在2015年印发了《住房城乡建设部关于改革创新、全面有效推进乡村规划工作的指导意见》，要求树立根据农村实际情况进行乡村规划的理念，促进县（市）域乡村建设规划编制，提升和注重乡村规划的覆盖率和实用性，做好乡村规划管

---

① 石培华：《如何认识与理解全域旅游》，《中国旅游报》2016年4月。
② 李金早：《全域旅游的价值和途径》，《中国旅游报》2016年7月。
③ 杨君杰、刘学：《乡村建设规划管理地方立法刍议——〈城乡规划法〉框架下的乡村建设规划管理》，《小城镇建设》2013年第4期。

理和组织领导工作。[①]

这一做法说明国家对乡村规划工作的重视，但其中也有不妥之处。乡村规划是系统的、全方位的一项工作，是对乡村方方面面的规划，是政府相关部门共同作用的结果。但现实情况是，乡村规划全覆盖的意见却是由城乡建设部门提出的，具有明显的部门利益色彩，缺乏与其他部门的交流，后期不可避免地会产生一些矛盾与冲突。

### 1.1.3 乡村旅游成为乡村发展的新模式

随着大众旅游时代的到来，旅游已成为现代人的一种生活方式，人们通过旅游增长见识、释放压力、净化心灵，其中乡村旅游凭借其独特的优势在近些年逐渐成为旅游发展的热点。从国家层面来看，乡村旅游在新型城镇化和城乡一体化建设中起着积极的促进作用，已经成为解决"三农问题"，实现乡村振兴的重要途径；从旅游发展的角度看，乡村旅游具有较大的市场潜力，是拓展旅游消费空间的主战场，也是国内旅游休闲的主战场。

乡村旅游作为后起之秀在旅游发展中势头强劲，成为乡村发展的新模式。不少拥有优美自然生态环境、丰富历史人文资源、独特乡风民俗资源的乡村将旅游业作为经济发展的主导产业，通过发展旅游业为乡村发展注入新鲜血液，实现旅游的综合带动效应。

### 1.1.4 发展旅游的乡村存在规划不协调的困惑

发展旅游的乡村，需要编制的规划较一般乡村要多，除了编制基本的规划，如乡村经济发展规划、乡村建设规划、村庄整治规划等[②]，还需编制乡村旅游规划或传统村落保护与发展规划等。在这一过程中，不同类型的规划分别由不同的主管部门负责，编制单位也可能不是一家，由于它们相互之间沟通协调不足，只是从自身要求的出发点和侧重点来进行规划，规划内容难免会重复或是矛盾，最后造成规划成本高、规划效率低及规划难以落地的后果。比如：发展旅游的乡村在编制村庄建设、土地利用等规划的时候，往往会忽略相关旅游项目或设施的空间

---

① 《住房城乡建设部关于改革创新、全面有效推进乡村规划工作的指导意见》（建村〔2015〕187号），http://www.mohurd.gov.cn/wjfb/201512/t20151203_225842.html.

② 张二东：《村庄规划与管理》，中国农业出版社，2009，第124—125页。

布局及相关建设用地要求，造成在以后编制乡村旅游规划时出现用地、布局等矛盾，使得多种规划难以落地；而且，当发展旅游的乡村是传统村落时，保护规划和其他规划之间也会出现矛盾。为了能够很好地解决上述问题，保障乡村规划工作的协调顺利开展，需要探索适当的规划方法对多种规划进行有效协调。

### 1.1.5 多规融合成为解决规划协调问题的途径

多规融合在解决空间规划协调问题上受到重视。"推动有条件的地区'多规合一'"已被正式写入《国家新型城镇化规划》当中，体现了国家开展规划体制改革的决心。学术界也在城市规划及乡镇规划层面进行广泛的探讨，提出了一些具有可实施性的管理机制及规划方案。

多规融合在城市及乡镇层面受关注较多，同时在乡村层面也不容忽视，市场上已经出现不同形式的多规融合成果。如由同一规划单位编制多种规划，最后形成多种规划成果，这一做法虽然在内容上做到了相互协调，但在成果形式上依然是多个规划；还有将不同的规划内容通过整体统筹、合理调整，最终形成"一本规划""一本蓝图"。这些尝试都是对乡村规划中多规协调问题的有益探索。这些探索难免存在不完善、不全面、不合规的地方，需要不断进行修正和完善。

### 1.1.6 我国规划体制现状是多规融合的现实阻碍

不同部门编制多种规划，这种现状是实现"多规融合"的障碍。由于不同部门政府职能不一，多种规划的从属关系、法律地位不清晰，规划体系相互独立，这种状况不可避免地会影响"多规融合"的实现。如县经济与社会发展规划、县土地利用总体规划和县域乡村规划"三规"，它们分属发改局（综合管理部门）、国土局（专业管理部门）和住建局（专业管理部门）管辖，职能各不相同；在法律地位上县土地利用总体规划有《土地管理法》保障，县域乡村规划受《城乡规划法》保护，而县经济与社会发展规划法律地位不明确。因此，"多规融合"道路将是一条综合改革之路，需要从多个层面进行探索。

## 1.2 课题研究目的及意义

### 1.2.1 研究目的

在历史的长河中，乡村问题的解决关乎整个国家的发展命运。在当前的形势下，乡村旅游作为解决乡村问题的重要途径之一备受重视。乡村旅游迎合了大中城市居民追求不同旅游体验的需求，同时有利于乡村经济结构调整、农民收入增加，已经成为连接乡村与城市、农民与市民的重要纽带。科学合理的规划对乡村旅游及整个乡村的发展起着重大的指引作用，对乡村规划编制问题进行针对性研究十分必要。

对于"旅游型乡村"，可能会编制不同的规划，如发改部门编制经济发展规划，住建部门编制建设规划、整治规划，环保部门编制生态环境保护规划，旅游部门编制旅游规划，当"旅游型乡村"是传统村落时，文物、住建部门还编制传统村落保护发展规划。不可否认，编制多种不同规划能为"旅游型乡村"各方面发展提供指导，但其中也存在着问题。这些规划是不同部门对乡村某些资源的配置和安排，虽然都强调各种规划的相互衔接，但在实际编制过程中由于缺乏沟通和协调，出现了多种规划对同一资源或同一方面的规划设计，导致规划内容重叠且互相矛盾，最后难以实施。另外，由于乡村地域范围较小，是否所有类型的规划都要编制也是值得思考的问题。为此，本文旨在分析"旅游型乡村"多规编制现状的基础上，指出多规并行编制存在的问题，提出旅游型乡村综合性规划编制的框架，分析并尝试解决该类乡村中规划的编制问题。

### 1.2.2 研究意义

#### 1.2.2.1 理论意义

理论意义在于：第一，对"旅游型乡村"和"多规融合"概念重新做出界定。在总结与分析关于这些概念的相关文献的基础上，结合笔者的思考，对这些概念进行重新界定，为继续深入的研究工作提供理论依据和参考。第二，创造性地提出旅游型乡村综合性规划，并对其内涵、特点等开展具体的理论阐述，推动协调规划理论的发展。

#### 1.2.2.2 实践意义

实践意义主要表现在：第一，通过构建旅游型乡村综合性规划编制框架，解决多规编制不协调问题，为"旅游型乡村"在编制乡村规划时提供具体的框架指引。第二，通过本文的探讨，建议国家旅游局在修订《旅游规划通则》时加入乡村旅游综合规划类型。

## 1.3 研究对象及相关概念界定

### 1.3.1 研究对象界定

本文以"旅游型乡村"作为研究对象，从多规融合的规划理念出发，构建旅游型乡村综合性规划框架体系。

### 1.3.2 相关概念界定

（1）旅游型乡村

目前学术界提出相似的概念有"旅游产业导向型乡村、旅游型村庄、旅游休闲型乡村、旅游型新农村"等。"旅游型乡村"尚未形成统一既定的概念，已有的概念包括"旅游型乡村是指具有旅游资源禀赋，包括自然资源禀赋、人文资源禀赋、客源市场禀赋等，并以此为基础通过发展乡村旅游，同时推动农村第三产业发展，具有可持续发展前景的乡村。"[①]"旅游型乡村是具有较好的旅游资源禀赋，并以此为基础发展乡村旅游，并以旅游产业为龙头，整合带动第一产业、第二产业、其他第三产业复合发展的乡村。"[②]

通过对比分析文献中关于旅游型乡村的概念，总结出旅游型乡村概念必须体现三个要点：旅游资源禀赋，旅游发展条件优良，旅游产业带动全面发展。本文汲取旅游型乡村的概念要素，将其定义为：具有良好的旅游资源，包括自然生态资源、历史人文资源、传统民俗资源等，且区位及交通优势明显，并以此为依托通过旅游规划与开发、相关设施配套、旅游市场营销等，可能成为以旅游业为主导产业，能为城镇居民提供农业景观观光、乡村生活体验、乡村休闲度假等旅游活动，带动当地经济、社会、文化全面发展的乡村。由于传统村落在资源价值、社会价值、人文价值上具有较强的特殊性，本文将传统村落作为旅游型乡村中特殊类型进行讨论。

（2）多规融合

本文从多规的类型、适用的空间尺度和规划成果三个方面对多规融合进行概念界定。多规融合的概念为以乡村为空间单位，将乡村涉及的多种规划，包括乡村经济发展规划、乡村建设规划、土地利用规划、乡村旅游规划、村庄整治规划、

---

① 张菡、王福林：《旅游型乡村新农村建设思想探析——以西安市蓝田县汤峪镇塘子村为例》，《消费导刊》2012 年第 2 期。

② 王丹：《新形势下旅游型乡村的村庄规划要点初探》，《城市规划》2014 年第 4 期。

乡村保护与发展规划、乡村生态环境保护规划和乡村景观规划等多个规划在规划原则、规划目标、规划范围、规划期限、规划内容上进行相互融合，最后尽可能形成一本规划。

## 1.4 课题相关研究综述

### 1.4.1 国外乡村规划研究综述

国外许多发达国家的规划都是整合统一的，规划间主要是上下级的关系，没有平行级的规划关系，因此不存在规划之间不协调的现象，如美国规划体系是由国家级、州级（亚区域级）和县级（市镇级）规划组成；德国规划体系主要是上下级关系的国家级"规划纲要"、州市发展规划、地区规划、市镇村规划、村庄更新；英国规划体系包括国家级、区域级、郡级以及区级规划；日本规划体系中有国家级的全国综合开发规划、区域级的都道府县规划、地方级的市村町规划、村域级的村镇综合建设规划。而上述这些国家完整、简洁的规划体系成为其他城市效仿的对象，例如芝加哥 2030 年大都市规划和发展的战略选择、波特兰 2040 年都市规划等都是规划整合的成功案例，它们纷纷通过进行规划的整合和梳理，促进规划体系的逐步完善。

通过整理文献，对国外乡村规划特征进行归纳：

（1）国外很多发达国家的乡村规划强调对乡村区域的全面覆盖和管理，对于每一块区域是否允许建设都做出了明确的规划，详细规定了土地的用途。如英国的乡村规划对其行政区域范围内的每一块土地都详细规定了使用途径，将可建设区域又细化为建设规划区、建成区和外围地区三种，对每个区域做了详细的规定。

（2）国外的乡村规划十分重视对乡村的综合宏观调控，乡村规划的范围不仅限于农村居民点等建设用地，而且包括农业、林业等非建设用地，从宏观层面对乡村各类用地进行统筹规划。

（3）国外都在积极探索乡村规划模式，有的进行村镇合并、町村合并，试图通过中心村镇的发展带动基层村镇发展；有的实行"中心居民点"政策，在规划时综合考虑地形、环境、基础设施、人口、经济和土地等因素。不同情况决定了不能单纯追逐同一模式，要在充分认识自身特点的基础上进行乡村规划建设。

（4）乡村涉及的管理内容比较复杂，不仅包括对村民的管理，还有对经济、文化、生态环境、基础建设、土地等其他各方面的管理，为此，国外在进行乡村规划时十分注重部门间的协作性。

（5）对于乡村地区的规划管理，国外更加强调地方性，授予地方政府更多的管理权限，省级以上政府只有按照特殊的规定对地方事务进行干涉，这与目前我国乡镇级政府和县级政府管理受限形成鲜明对比。

（6）乡村生态系统较为薄弱，一旦遭到破坏将是毁灭性的。国外一些国家制定了详细的法律法规以保护乡村的生态、环境和耕地。例如英国出台《限制带状发展法》《国家公园和进入乡村法》等法规以阻止城市对乡村的破坏，保护乡村的各种资源。[1]

国外关于乡村旅游规划的研究，以案例研究方法为主，研究的内容包括乡村景观与土地利用、乡村旅游规划中"乡村性"和"原真性"问题、社区参与乡村旅游规划、乡村旅游的发展策略等。David Pavon 和 Montserrat Ventura（2003）研究西班牙乡村旅游的发展对社会与环境矛盾、土地利用变化的影响。[2]Hochtl F 和 Susanne Lehringer（2005）对阿尔卑斯山旅游规划的乡村性、原生性问题进行分析。[3]Barbel Tress 和 Gunther Tress（2003）利用跨学科方法，研究丹麦乡村景观规划，认为景观规划师在进行乡村旅游规划的过程中，应该协调好包括当地政府、旅游规划专家等利益相关者之间的关系。Donald G Reid 和 Heather Mair（2004）为加拿大的乡村旅游地建立了一套社区参与规划的自我评估方法体系，期望通过评估体系，提高旅游规划的可实施力度。Liu A（2006）对马来西亚乡村旅游发展类型和旅游规划方法的适当性进行了研究，发现阻碍社区参与旅游的因素有：对地方旅游住宿设施不够重视、本地居民区未得到整合、居民职业观念错误等。[4]

### 1.4.2 国内乡村规划研究综述

#### 1.4.2.1 多规融合下乡村规划研究

经过对文献的筛选与整理，发现众学者从多规融合的角度研究乡村规划的文

① 闫琳：《英国乡村发展历程分析及启示》，《北京规划建设》2010 年第 1 期。

② Pavón D,Ventura M and Ribas A,et al, "Land use change and socio-environmental conflict in the Alt Empordà county (Catalonia, Spain)," *Journal of Arid Environments*, 54(2003): 543—552.

③ Hochtl F, Lehringer S and Konold W, "Wilderness: what it means when it becomes a reality – a case study from the southern Alps. Landsc Urban Plan," *Landscape & Urban Planning*, 70(2005): 85—95.

④ LIU A, "Tourism in rural areas: Kedah, Malaysia," *Tourism Management*, 27 (2006): 878—889.

献数量较少，更多的研究放在了国家级、县级、市级的尺度上，随着研究的不断扩展和对乡村规划重视程度的提高，村级尺度多规融合规划研究将会引起更多方面的关注。

关于多规融合下乡村规划研究，罗小娇（2011）从村域的角度提出：在村镇规划和土地利用规划耦合的背景下，要将乡村建设规划、土地利用规划、产业规划和生态及环境保护规划进行四规合一，实行乡村一体化规划，以避免多种规划之间由于目的和出发点的不一致导致的矛盾与不协调[①]。秦淑荣（2011）从村域层面提出将乡村规划与发展规划、土地利用规划"三规合一"[②]。范辉（2015）从镇村的角度，建议产业规划、土地利用规划、城镇体系规划和村庄规划等进行多规合一，指出以"产业规划为动力，土地利用规划做保证，城镇体系规划重统筹，镇区规划重落地，村镇体系与村庄规划重实际"的编制原则[③]。蒋蓉，李竹颖（2013）等在成都市城乡统筹规划实践经验的基础上，总结了乡镇村综合规划编制的技术、方法和内容。

### 1.4.2.2 旅游型乡村规划研究综述

旅游型乡村作为新兴的乡村发展类型，国内对其规划的专门性研究还比较少，尚处于研究的初始阶段。通过对国内旅游型乡村规划文献的梳理，发现其研究主要是基于城乡统筹、美好乡村建设的背景，提出旅游型乡村规划的策略或模式。

董瑞娜（2013）在现行乡村规划体系提升与整合的态势下，以陇南市生态旅游村庄为研究对象，从乡村规划体系的内容、主体和时间三个模块入手，提出了针对陇南市生态旅游乡村规划模式。张景（2013）明确指出了乡村土地利用特征与乡村规划方法和乡村旅游功能实现需要不配套，提出建立一个乡村发展控制体系，形成政府、村民共同参与，规划技术支持的管理模式[④]。陆文宇（2014）在美好乡村建设背景下，从区域规划、旅游策划、村庄建设三个角度探讨旅游型乡村发展的各项策略。陶涛（2014）认为旅游型乡村规划应该注重生态优先、生活为

---

① 罗小娇、崔珩、蒋玮:《"两规"耦合背景下村庄发展一体化规划方法思考》,《小城镇规划》2011 年第 3 卷，第 22—27 页。

② 秦淑荣:《基于"三规合一"的新乡村规划体系构建研究》，重庆大学，2011。

③ 范辉:《"四化同步"背景下镇村规划的多规合———以湖北潘家湾镇"四化同步"规划为例》,《小城镇建设》2015 年。

④ 张景:《景中村发展规划策略研究》，浙江大学，2013。

本、旅游为进。马妮娅（2014）在城乡统筹发展的背景下，对成都"五朵金花"进行详细的规划设计，并总结出了旅游型乡村规划的发展策略与相应对策。

### 1.4.2.3 乡村旅游规划研究进展

国内乡村旅游规划研究主要集中在乡村旅游规划基础内容、规划中问题、规划模式、规划体系等方面。方增幅（2000）提出乡村旅游规划坚持的基本原则和编制的方法。黄建清（2011）利用实例研究法指出乡村旅游规划要具有针对性，不同的规划策略适用于不同资源和区位背景的乡村。魏有广（2007）将关注点放在了乡村规划体系的构建上，强调规划之间的互相协调。

### 1.4.2.4 旅游规划与其他规划融合研究

许多学者认为应该协调好旅游规划与其他规划之间的关系，探索多规协调的可行路径，其中有些学者提出了"多规融合"的解决方法。

李文苗，汤少忠（2015）认为由于旅游规划、土地利用规划缺乏衔接或旅游项目没有明确的用地分类，导致规划项目无法落到实处；还提出了在新时期各地旅游格局已初步形成的局势下，土地指标供不应求的现实问题，指出旅游规划的方向要向"优化型规划"转变，不断探索"多规合一"的旅游引导路径。杨振之（2015）认为旅游规划与其他规划在实际衔接的过程中面临着多方面的挑战，如土地利用规划与城乡规划之间具有的矛盾让旅游规划无所适从；有些保护规划编制时没有考虑游客的基本需要；旅游规划在法律上处于弱势地位。

吴必虎（2013）充分认识到由于同一资源或同一地区控制权具有较强的部门特征，在根据相关的法律法规、技术标准，不同的部门会制定有利于自身利益的各种规划，常常忽视部门与公众之间利益的平衡，这样不利于各方利益的平衡和资源多种功能的实现。为此，吴必虎希望弱化政府的管制，加大部门之间的协调，充分注重人的需要。张世满（2015）提出由于中小景区面积小，建设内容与项目不多，可以将纵向的总规、控规、修规结合起来编制综合性规划。汤少忠（2015）在《温江区生态旅游区产业发展战略规划》中积极探索以旅游为导向的"多规合一"规划方法，提出"通过产业升级带动城乡统筹，依据城乡统筹优化土地利用方式"的核心策略，将规划的重点聚焦在产业落实、城镇空间布局与重点项目设计上，指出在操作多规合一项目时，要明确切入点、着眼多规的协调统一、着手于法定规划。

## 1.5 研究方法与创新之处

### 1.5.1 研究方法

文献研究法：借助国内外文献数据库平台，收集大量与论题相关的中外文献上百篇，在获得基础性研究资料的基础上，对文献进行归类、整理，形成较为全面的研究综述。另外，笔者接触了大量有关乡村规划的文本、图件和说明书，为论文的写作提供了充足的资料。

定性研究法：它是以社会现象或事物所具有的属性和在运动中的矛盾为依据，从事物的内在特征来研究事物的一种方法或视角。本文研究的是旅游型乡村的规划，研究依据是规划实践过程中存在的规划不协调的问题。

比较研究法：旅游型乡村作为特殊的乡村类型，它既具备乡村的一般特征，又有自身的独特性，因此本文借鉴了乡村规划的基本理论、旅游规划的基本理论，通过比较研究旅游型乡村的规划问题。

分类研究法：本文运用了分类研究思维，具体表现在：根据是否有潜力成为旅游业占主导的乡村，将所有的乡村划分为一般乡村和旅游型乡村，在具体分析旅游型乡村时，又根据它是否是传统村落分为一般旅游型乡村和传统村落。

### 1.5.2 创新之处

目前国内对乡村规划编制的研究成果较多，大部分成果以案例研究为主。而从多规融合的角度研究乡村规划编制的成果较少，有较大的研究余地。本文的创新之处在于从多规融合的角度，针对旅游型乡村规划编制问题，提出具有针对性的综合性规划编制框架，具有一定的实践意义和理论参考价值。

## 1.6 研究思路与研究框架

论文的研究思路如下：第一章介绍研究背景、课题研究目的与意义、研究对象及相关概念界定、课题相关文献综述、研究方法和论文创新之处。第二章对"旅游型乡村"进行基础性研究，按照资源属性、空间分布和旅游产品三个划分尺度对旅游型乡村进行分类研究，总结出旅游型乡村在资源、产业、设施及市场四个方面的特征。第三章对旅游型乡村多规编制的现状及问题进行系统全面的分析。第四章、第五章是本文的重点。第四章主要针对前面几章的内容，提出了旅游型

乡村综合性规划，并对它的内涵、特点、实现条件及涉及的其他相关问题进行了
详细的阐述和分析。第五章是对第四章内容的扩展和延伸，从理论基础、基本原
则、编制过程、内容框架、编制成果五个方面详细具体地提出了旅游型乡村综合
性规划编制框架。第六章总结本文研究结论，并指出因为各种局限性，论文存在
的不足之处。论文研究框架如图4.1。

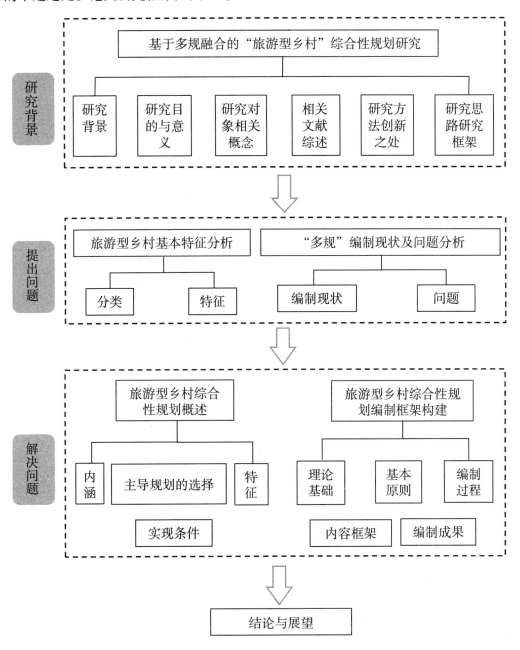

# 第二章　旅游型乡村特征研究

## 2.1 旅游型乡村的类型

### 2.1.1 按旅游资源属性划分

独特的旅游资源是旅游型乡村核心吸引力要素之一，旅游型乡村中可用于开发的乡村旅游资源，按照属性特征可分为六大类。（表4.1）

表 4.1 旅游型乡村旅游资源分类

| 主　类 | 亚　类 | 基本类型 |
|---|---|---|
| 自然生态资源 | 山地、水域、生物 | 山丘型地貌、独峰、奇石、峡谷、岩石洞穴、岛区、河流溪水、湖泊池沼、瀑布、林地等 |
| 田园景观 | 农业生产、田园、林区、渔区、草场和城郊 | 农业生产场景、农业用具、水乡、旱地、梯田、森林、种植园等 |
| 遗产与建筑 | 遗迹遗址、聚落文化、居住社区、主附建筑 | 军事遗址与古战场、宗教与祭祀活动场所、特色聚落、文化活动场所、名人故居等 |
| 旅游商品 | 乡村传统工艺与手工艺品、乡村特产 | 风味食品、乡村特产、传统工艺与手工艺品等 |
| 人文活动与民风民俗 | 人物记录、艺术与文化、民间习俗、现代节庆 | 人物、民间演艺、协会、民间节庆、地方文化、宗教活动、旅游节、文化节等 |
| 景观意境 | 景观通道、乡村景观意境 | 乡村景观生态廊道、乡村山水环境意境、乡村聚落文化意境、乡村农耕田园生活意境等 |

来源：雷晓蓉：《乡村旅游资源开发利用研究》，湖南大学出版社，2012，第17—18页。

乡村自然生态景观包括山地、水域风光和生物生态，体现了农业社会人与自然和谐统一的本质，是乡村景观中的基质，也是旅游型乡村发展的背景。乡村田园景观是乡村景观中最重要的构成部分，也是旅游型乡村发展乡村旅游的基础。乡村遗产与建筑是乡村精神文化的重要载体，是重要的景观资源。乡村旅游商品资源代表着旅游型乡村的地方文化特色，具有丰富的文化价值。乡村人文活动与民风民俗代表着乡村的文化风貌，是重要的非物质文化景观。

### 2.1.2 按空间分布特征划分

根据空间分布特征划分，旅游型乡村划分为景区周边型、都市依托型、边远特色型。[1]（参见图4.2）

（1）景区周边型

景区周边型是著名景区辐射效应的体现，是一种附属产品，主要借助著名景区的知名度，充分挖掘自身优势的基础上，为旅游者提供乡村旅游产品及住宿餐饮等服务。此类旅游型乡村在一定程度上分流了著名景区的人流，提高了整个区域的旅游承载力，旅游者在观赏著名景区之余，有机会亲近乡村，感受田园风光与乡间野趣。

（2）都市依托型

该类旅游型乡村位于经济发达的大中城市周边，是为了满足现代城市人摆脱嘈杂环境、解除压力、维护家庭关系等需要，借助与城市迥异的乡村自然环境和人文历史环境、便利的交通设施而发展起来的，是目前我国最成熟、发展潜力最大的一类旅游型乡村。这种旅游型乡村定位为都市居民的"后花园"，为他们在周末及节假日提供休闲度假的旅游地。

（3）边远特色型

这种类型的旅游型乡村交通条件较差，但是地域特色鲜明，文化特征突出，以民俗旅游产品为重点开发产品，具有很强的旅游吸引力。国家充分认识到这些乡村的旅游开发价值，不断加强旅游扶贫力度，真正发挥这些乡村的旅游资源优势，使当地居民脱贫致富。

---

[1] 唐代剑、池静：《中国乡村旅游开发与管理》，浙江大学出版社，2006，第30页。

### 2.1.3 按旅游产品和活动类型划分

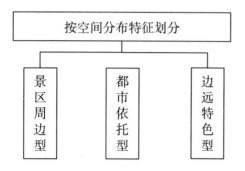

图 4.2 旅游型乡村按空间特征分类

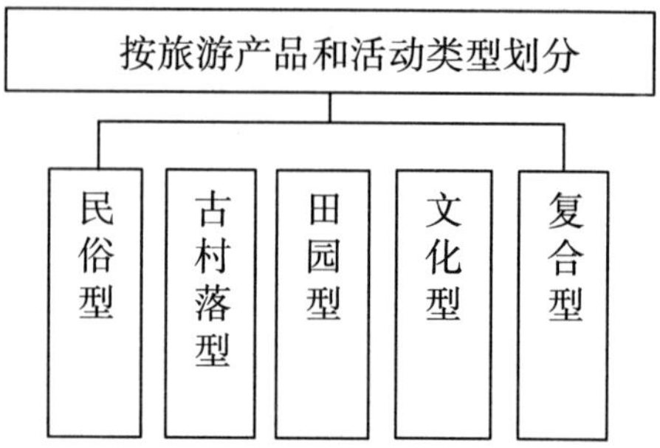

图 4.3 旅游型乡村按旅游产品
和活动类型分类

按照主要旅游产品和活动类型，将旅游型乡村划分为民俗型、古村落型、田园型、文化型、复合型。[①]（参见图 4.3）

（1）民俗型

这种类型主要以乡村传统民俗风情为载体，包括民族节庆、民族服饰、民族礼节、民族婚俗、民族技艺等，开展民俗旅游，旅游者可以从不同的方面了解当地的文化和历史。

（2）古村落型

这一类旅游型乡村是历史发展的缩影，是凝结着智慧的宝贵文化财富。主要以传统建筑形式、聚落形态、古村落环境氛围、传统居民为观赏对象。

（3）田园型

主要以田园风光、农业生产活动、农业文化景观为主要吸引物，可以让游客充分感受到农业文化的深厚、体会到农业活动的乐趣。

（4）文化型

指依托乡村浓厚的文化资源，如红色文化、名人故居而进行开发的旅游型乡村。这类乡村主要以开展爱国主义传统教育、缅怀名人、铭记历史等旅游活动。

（5）复合型

此类乡村旅游产品和活动类型较为丰富，既包括农业田园景观、民情风俗，又包括建筑特色等。

---

① 唐代剑、池静：《中国乡村旅游开发与管理》，浙江大学出版社，2006，第31页。

从上面旅游型乡村的分类可以看出，按照不同的标准，旅游型乡村被细化为不同的类型，正是这些乡村在资源或市场方面的独特优势，使之能成为旅游型乡村。

## 2.2 旅游型乡村的特征

旅游型乡村与一般乡村相比，在资源特色、产业结构、功能空间、市场区位等方面存在特殊性。

### 2.2.1 资源独具特色，具有较强吸引力

拥有较为独特的生态资源、民俗资源、建筑资源或历史人文资源是发展乡村旅游的前提条件，是吸引游客前来的重要因素。游客前往乡村旅游的主要目的是寻求原生态的乡村氛围、感受悠闲的乡村生活、体会丰富的传统文化和欣赏独特的民居建筑，因此，作为旅游型乡村必须具有独特的旅游资源。

### 2.2.2 依托第一产业，重点发展旅游业

一直以来，农业、林业等第一产业在乡村经济发展中起着至关重要的作用，是乡村发展的基础产业。随着乡村经济发展和新型城镇化建设，国家在重视农业等产业发展的基础上，不断提倡乡村产业结构调整与优化，大力推进产业联动发展，提高农民多种收入。旅游型乡村正是在这种时代背景下产生，它以农业为依托，重点发展旅游业，注重产业的联动发展。

### 2.2.3 注重基础设施，增设旅游服务设施

一般乡村只需建设办公、医疗、教育、文体等基础设施，满足当地居民的生产、生活需要。而旅游型乡村在考虑满足当地居民生产、生活需要的同时，还要充分考虑旅游者欣赏的需要，建设必要的游览、住宿、餐饮、娱乐、购物等旅游服务设施。

### 2.2.4 大中型城市或知名景区周边，市场潜力无限

位于大中型城市或知名景区附近，是众多旅游型乡村的典型区位特征。乡村旅游产品的目标群体主要是生活在城市里的人们，他们渴望着与城市不一样的生活，并且也有时间和金钱来实现他们的追求，因此，大部分旅游型乡村拥有较为优越的市场区位。

# 第三章　旅游型乡村"多规"编制现状及问题分析

"多规融合"作为我国规划体系改革的重要方向，受到广泛关注和讨论。近些年来，国家与各级政府尝试探索"多规融合"，希望打破传统编制体系，根据实际特点，实现统筹规划。在乡村范畴，许多学者不断进行规划编制的创新，以期提升乡村规划的编制水平。本章详细分析旅游型乡村在编制"多规"中存在的问题，从侧面反映出多规融合的必要性和重要性。

## 3.1 旅游型乡村"多规"编制现状

《城乡规划法》施行以后，破除了城市与乡村两元分化编制的格局，乡村规划的地位不断上升，但仍存在着问题。目前乡村规划依然处于混乱状态，有些乡村尚无规划指导，处于自然发展状态；而有些乡村则会编制诸多规划，存在规划间矛盾、规划落地难等问题，这一现状对乡村的建设与发展造成了不利影响。

在旅游型乡村中，按照相关的文件要求，结合乡村实际状况，需要编制的规划主要有乡村经济发展规划、村庄规划、乡村旅游规划、传统村落保护发展规划、村庄整治规划、乡村土地利用规划、乡村生态环境保护规划、乡村景观规划。这些规划分别属于独立的规划体系，存在内容和空间的交错，相互协调不够，影响旅游型乡村的发展。本节对与旅游型乡村相关的规划进行梳理，总结"多规"之间存在的差异，指出"多规"并存的主要问题。

### 3.1.1 "多规"概述

#### 3.1.1.1 乡村经济发展规划

乡村经济发展规划是依据乡村的自然资源、劳动力资源与产业发展现状，确定乡村经济发展战略、方针与目标，确定产业结构调整的规划类型。

（1）规划任务

依据县经济与社会发展规划，明确乡村的产业发展方向目标，进行产业结构调整，提出产业近远期发展战略以及具体落实措施。

（2）规划内容

①分析乡村区位、自然、社会经济条件和乡村经济现状，确定乡村性质和经济发展方向。

②依据经济发展条件，明晰乡村经济发展的优劣势，制定乡村经济发展目标、战略方针、战略布局与战略措施。

③根据实际情况进行产业结构调整。

④有计划地进行劳动力的配置与培育。

⑤提出相应的资金筹措方法。

（3）编制成果及规划期限

编制成果有文本、说明书和图件。图件包括乡村现状图、产业发展布局等。规划期限一般是五到十年。

### 3.1.1.2 村庄规划

村庄规划是对村域范围内各种建设的相关规划部署和安排，一般分为总体规划和建设规划两个阶段，总体规划是整体部署，建设规划是具体安排。在实际的操作过程中，许多地区会将两个层面合并规划，统称为村庄规划，以提高规划效率①。《村镇规划编制办法》对村庄规划工作做了相应规范，现对村庄规划的任务、内容等进行梳理。

（1）规划任务

村庄规划的规划任务是：以村镇总体规划为指引，确定村庄性质，明确发展方向，对人口和用地规模、结构进行预估，布局相关用地，合理规划村内居住区、中心区、基础设施公共设施等。

（2）规划内容

①在分析村庄地理位置、人口等基本概况，经济社会发展条件，村庄历史条件，村庄用地、基础设施和公共建设现状等的基础上，找出建设中存在的问题，拟定相应的设计方案。

②对居住区的用地和建筑类型展开规划，其中居住区用地包括居宅、公建、建筑和绿化用地。

---

① 姜鹏、王璐：《多规融合导向的村域单元规划编制探索》，《上海城市规划》2015 年第 4 期。

③对村庄建筑用地结构、布局进行调整和规划。

④根据县区、镇区等上级规划，对乡村的道路、给排水、电力、电信、燃气、防洪、抗震、消防等方面进行安排，合理布置及协调相关设施。

⑤对村民中心和重要场地的布局形态、建筑体量、外形、色彩等提出原则性要求，进行合理规划与设计。

⑥竖向设计。

⑦编制近期建设规划。

（3）编制成果及规划期限

编制成果包括文字资料和图件资料。其中图件资料有村庄现状分析图（根据规模大小，比例尺可在1:1000—1:5000之间选择）、村庄建设规划图、村庄工程规划图、近期建设规划图（同建设规划图合并或单独绘制时比例尺采用1:200—1:1000）。

规划期限一般是十年至二十年，近期规划期限是三年至五年。

### 3.1.1.3 乡村旅游规划

依据旅游发展规划，将乡村或农业园区等中小尺度区域作为规划范围，将乡村性作为核心吸引物，对区域内旅游的开发、建设、管理与发展等方面进行的全面、综合的安排和部署[①]。目前，用于指导乡村旅游规划编制的政策文件是《旅游规划通则》，旅游型乡村作为以旅游及其相关活动为主要功能之一的空间应该遵循通则的相关规定，并在具体的编制过程中，体现旅游型乡村旅游区的特殊性。现对乡村旅游规划编制的相关规定加以概括。

（1）规划任务

对客源市场进行调研分析，根据目标市场，设计乡村旅游地的主题形象与口号，确定旅游用地类型、范围及空间布局，合理安排基础设施，并提出措施。

（2）规划内容

①对现状进行调查，深入挖掘景观资源，并做出科学的评价。

②对客源市场的需求、地域分布、消费结构等进行全面分析与预测。

③明确性质和主题形象。

④确定空间布局和功能分区。

---

① 张述林、李源、刘佳瑜等：《乡村旅游发展规划研究》，科学出版社，2014，第11页。

⑤规划产品体系。

⑥规划外部交通布局和内部交通的走向、断面和交叉形式。

⑦对基础和公共设施进行总体布局。

⑧规划卫生系统、防灾系统和安全系统的总体布局。

⑨对容量、管理机制进行规划部署；提出乡村旅游地近期建设规划，策划重点项目，进行总体投资分析。

（3）编制成果及规划期限

规划成果有规划文本、图件（区位图、现状图、资源评价图、旅游市场分析图、总体规划图、空间结构图、道路交通规划图、基础设施规划图、近期建设项目图等）、附件（规划说明和其他基础资料等）。

规划期限一般为十年至二十年。对近期的主要建设项目，做近期规划。

### 3.1.1.4 传统村落保护发展规划

旅游利用成为保护传统村落的重要方法，一方面可以有效地吸引投资，改善传统村落基础设施及卫生状况，另一方面还可增强当地居民的保护意识，加速当地经济的发展，人民生活水平的提高。对于这类旅游型乡村，保护是第一要义，在保护的基础上开展旅游才是正确的发展途径。为了更好地指导传统村落的发展，编制传统村落保护发展规划和乡村旅游规划是十分必要的，其中，2013年颁布的《传统村落保护发展规划编制基本要求》（试行）对保护发展规划的任务、要求、成果做了具体的规范。

（1）规划任务

在调查村落传统资源的基础上，建立传统村落档案，确定保护对象、保护范围，提出传统资源保护及人居环境改善的相关措施。[①]

（2）规划内容

①根据传统村落传统资源的价值，对需要保护的传统资源进行分类分级保护。

②通过划定保护区的方式对村落及与其相关文化、视觉区域进行整体保护；村域范围也应划定小范围保护区；针对性地制定保护管理规定。

③明确传统村落自然景观环境、传统格局、整体风貌的保护要求，提出相应的修复及整治措施。保护传统建（构）筑物和非物质文化遗产，对传统建（构）筑物进行

---

① 住房城乡建设部：《传统村落保护发展规划编制基本要求（试行）》，建村〔2013〕130号。

分类保护，对非物质文化遗产的传承人、场所、相关实物制定相关要求等。

④提出保障规划顺利实施的意见。

⑤分近远期落实保护项目和整治项目，进行资金估算。

⑥提出村落发展定位与发展途径。

⑦进行人居环境规划，包括道路规划、旅游交通组织、停车设施，完善基础和公共服务设施、安全防灾工程。

（3）编制成果及规划期限

编制成果：文本、图件和附件、说明书、传统村落档案。其中图件具体包括村落传统资源分布图，格局风貌和历史街巷现状图，反映传统建筑年代、质量、风貌、高度等的现状图，基础设施、公共安全设施及公共服务设施现状图，村落保护区划总图，建筑分类保护规划图，道路交通规划图和人居环境改善措施图。[①]图纸的比例尺一般用 1/2000，也可用 1/500 或 1/5000。

规划期限一般是五年到十年。

### 3.1.1.5 村庄整治规划

它是村庄规划广泛应用的重要类型之一，同样适用于旅游型乡村，主要依照中华人民共和国住房和城乡建设部发布的《村庄整治规划编制方法》进行编制。

（1）规划任务

整治规划主要是为了改善村庄人居环境、保障居民基本生活条件、治理村庄环境、提升村庄整体风貌。

（2）规划内容

①保障村庄安全和村民基本生活条件。进行村庄安全防灾整治，对既有农房、庭院、危旧房和自建房提出完善、加固措施和设计指引，对生活给水设施和道路交通安全设施提出整治措施。

②改善村庄公共环境和配套设施，包括村庄环境卫生整治、排水污水处理设施整治方案、厕所整治、电杆线路整治、村庄公共服务设施完善和村庄节能改造。

③提升村庄风貌，注重挖掘地方特色，提出绿化美化方案，提出重要景观整治方案，保护历史文化遗产和乡土特色。

---

① 住房城乡建设部：《传统村落保护发展规划编制基本要求（试行）》，建村〔2013〕130 号。

④建立村庄整治项目库，明确项目规模、建设要求及时序。

⑤建立村庄整治长效管理机制。

（3）编制成果及规划期限

编制成果有整治规划图（地形图比例尺为 1:500—1:1000）、主要指标表、整治项目表和规划说明书。

规划期限一般是五年至十年。

### 3.1.1.6 乡村土地利用规划

我国土地利用总体规划体系分为五级，分别是国家、省、市、县、乡，其编制的工作路线是自上而下地分配和落实指标[①]。因此，乡村土地利用规划就是在结合乡村自身特点的基础上，细化、分配和落实乡土地利用总体规划的指标和要求。

（1）规划任务

依据县（市）、乡（镇）土地利用总体规划，严格控制非农建设用地，严格落实用地分区规划，并且根据乡村的实际情况，结合存在的问题，提出具体办法。

（2）规划内容

①了解村庄的土地利用现状，从中找出存在的问题，对土地的利用潜力进行分析，在此基础上依据上级规划，对该村的全部土地进行统一规划和安排，从行政管理、经济措施等方面提出部署方案。

②制定基本农田保护规划，划定保护耕地的红线。

③对村庄未利用的土地进行开发规划，提高土地的利用率。

④对土地利用不合理布局的农田道路、村庄建设用地进行调整；对利用不充分的废弃沟渠、坑塘、闲置工矿整理出的土地进行整理。

⑤对矿区塌陷地、废弃工矿用地和其他废弃建设用地复垦为耕地或其他农用地。

（3）规划期限

县土地利用总体规划期限一般是二十年，中期是十年，近期为五年。而乡村土地利用规划应该与县土地利用总体规划期限一致。

### 3.1.1.7 乡村生态环境保护规划

当前农村环境存在诸多问题，如农村饮用水安全隐患、生活污染问题、土壤

① 秦淑荣：《基于"三规合一"的新乡村规划体系构建研究》，重庆大学，2011。

污染、农业生产废弃物污染及生态破坏问题，随着对农村环境保护紧迫性和重要性认识的加强，国家发布各种文件，保障环境保护工作的顺利开展。农村生态环境是旅游型乡村的重要吸引力要素，维护良好的农村环境至关重要，为此需要编制农村环境保护规划。国家环境保护总局在 2007 年颁布《全国农村环境污染防治规划纲要》对乡村生态环境保护规划提供依据。

（1）规划任务

乡村生态环境保护规划的任务是防止生态环境污染和破坏，合理利用自然资源，保持和发展生态平衡，对环境投入经济和技术措施，制定切实可行的保障措施。

（2）规划内容

①采取相应措施治理已被污染的生态问题，包括水污染、生活污染、工矿污染、土壤污染、大气污染、噪声污染、固体废弃物等。

②制定可能产生各种生态环境问题的预防措施。

③从组织、资金、科技和宣传方面建立一套完整的保障机制，保证各项防治措施的有效实施和开展。

（3）规划期限

规划期限一般是五年至十年。

### 3.1.1.8 乡村景观规划

由于我国人地矛盾突出，人类经济建设活动和乡村生态环境之间存在较多不协调因素，造成乡村生态环境破坏，经济发展落后，景观风貌混乱，而编制乡村景观规划对于如何保护和利用乡村景观，营造良好人居环境具有指导意义。现对乡村景观规划的任务、内容和规划成果进行梳理。

（1）规划任务

合理安排乡村土地利用过程中的各种景观要素，实现乡村人与景观的共生。

（2）规划内容

①分析景观生态特征，包括气候、土壤、植被、水文、建筑物，了解人与景观的相互影响作用。

②根据景观功能及空间形态进行景观生态分类；景观格局与生态过程分析；景观生态适应性分析。

③根据土地利用性质和景观属性特征进行景观空间结构布局。

④景观生态设计，包括农、林、牧等土地利用方式规划，农业景观、草地景观等各种乡村景观类型的规划设计。

⑤乡村景观管理。

（3）规划成果及规划期限

规划成果包括说明书和图纸。图纸包括区位图、现状图、分析图、规划总平面图、设计图等。规划期限为十到二十年。

### 3.1.2 "多规"差异分析

上述多种规划是对旅游型乡村各个方面的统筹安排，存在主管部门、规划类别、主要内容、规划年限和编制依据等方面的差异，现对"多规"间的差异加以梳理，为后文多规间的融合提供依据。（参见表4.2）

表4.2 旅游型乡村"多规"差异表

| 规划类型 差异 | 主管部门 | 主要内容 | 规划年限 | 编制依据 |
|---|---|---|---|---|
| 经济发展规划 | 发改局 | 产业结构规划 | 5—10年 | 《国务院关于加强国民经济和社会发展规划编制工作的若干意见》 |
| 村庄规划 | 旅游局 | 乡村建设用地规划设计 | 10—20年 | 《村庄和集镇规划建设管理条例》《村镇规划编制办法》 |
| 乡村旅游规划 | 旅游局 | 乡村旅游发展规划布局 | 10—20年 | 《旅游规划通则》 |
| 保护发展规划 | 住建局、文物局 | 保护传统村落措施 | 5—10年 | 《传统村落保护发展规划编制基本要求》 |
| 村庄整治规划 | 住建局 | 整治村庄公共环境与配套设施 | 5—10年 | 《村庄整治规划编制办法》 |
| 土地利用规划 | 国土资源局 | 保护农田，对不合理用地进行整理 | 5年 | 《乡（镇）土地利用总体规划数据库标准》 |
| 生态环境规划 | 环保局 | 对生态、环境问题提出防治措施 | 5—10年 | 《全国农村环境保护防治规划纲要》 |
| 乡村景观规划 | 住建局 | 景观布局和设计 | 10—20年 | 《村庄和集镇规划建设管理条例》《村镇规划编制办法》 |

## 3.2 "多规"并存主要问题分析

在对旅游型乡村"多规"各自规划要求及"多规"间差异进行分析的基础上，现对"多规"并行规划编制所存在的主要问题进行总结。

### 3.2.1 规划类型多样，编制要求不一

旅游型乡村涉及的规划类型繁多，每种规划的编制要求也各不相同，当这些规划由同一规划公司编制，还有可能实现规划间的相互协调和参照，不然，会出现规划间的不协调甚至矛盾的现象，最后实施规划的人不知道以哪类规划为准，规划可能会被束之高阁，没有了实用价值。

### 3.2.2 规划内容重叠，规划成本高

旅游型乡村与一般乡村相比，除了在资源特色、产业发展方向等方面具有特殊性外，应该编制的规划也较多，既要编制基本的村庄规划、乡村土地利用规划等，还要编制专门的乡村旅游规划，如果它是传统村落，还应该编制传统村落保护发展规划，这些规划在编制的过程中对规划内容并没有进行有效协商，虽然都有各自的侧重点，但存在对同一空间、同一资源或同一建设项目等进行的重复规划，在人力、物力、财力上造成不必要的浪费，导致规划成本高。

比如，所有的规划在规划编制之前都要对村庄的基本现状进行摸底，基本调查工作的重复开展造成了整体工作量的加大；而且在编制过程中好多规划都涉及乡村基础设施、交通道路等的规划内容造成规划内容的重复。

### 3.2.3 规划内容矛盾，可操作性弱

编制多种规划并不一定能使旅游型乡村各个方面井然有序地开展，原因之一在于不同规划对同一内容的规划上存在矛盾，它们都按自身的规划编制要求开展，考虑的是自身利益的最大化，而没有统筹考虑乡村的整体效益，这样造成在规划内容上的矛盾，最后导致规划难以操作。例如村庄规划中的道路交通规划、建筑布局上更多的是进行标准化建设，没有充分考虑旅游发展的要求，与乡村旅游规划在这方面的规划内容有一定的冲突最后导致项目难以实施。

# 第四章 旅游型乡村综合性规划概述

旅游型乡村进行多规融合，即编制综合性规划，对于有效解决多规间衔接问题，完善乡村规划体制改革具有重要意义，还有利于从总体上把握乡村发展方向，统筹考虑乡村的各项规划建设，促进乡村事业的有序健康发展。本章就旅游型乡村综合性规划的概念及相关问题进行详细说明。

## 4.1 旅游型乡村综合性规划内涵

本文提出的旅游型乡村综合性规划是在"多规融合"视角下提出的一种新的乡村规划编制方法，主要适用对象是旅游资源优势显著，旅游发展潜力大，可能以乡村旅游为主导产业，并借助旅游产业的发展带动当地全面发展的一类乡村，即本文界定的旅游型乡村。

综合性规划并不是多种规划在内容形式上的简单融合，而是要求在编制技术路线、前期调研、编制人员构成、技术要点等规范上达成协调的前提下进行的综合性的融合过程。具体到旅游型乡村中，首先提出保证综合性规划实现的前期条件，主要包括编制人员的构成要合理，实施村民参与的编制机制，注重规划的前期调研工作，规范统一技术要点。其次，在具体编制路径上，结合旅游型乡村的发展问题及需求，判断各种规划对旅游型乡村发展的重要性，据此选择最重要的一种规划作为主导规划。根据乡村具体建设需求，融合其他规划之核心内容，对"多规"进行整合编制，保证规划内容之间的相互融合，提高规划的针对性和实用性。最后，在成果上形成"一本规划"，即综合性规划，也就是集乡村旅游规划、保护规划、村庄整治规划、乡村土地利用规划等多规为一体，综合研究乡村经济、社会、环境、资源、产业、设施等方面因素，制定村庄旅游、环境、景观、土地等长期发展的总体部署，以指导旅游型乡村的发展和建设。

## 4.2 综合性规划中主导规划的选择问题

旅游型乡村综合性规划，是根据旅游型乡村发展需要，以一种规划为主导，融合多种规划精髓内容的一种规划方法，其中，主导规划的选择成为关键问题之一。现针对编制旅游型乡村综合性规划过程中主导规划的选择问题进行阐述，说明选择主导规划时应考虑的问题及主导规划在规划中所起的作用。

### 4.2.1 主导规划的选择标准

只有充分考虑各方面的因素，才能保证旅游型乡村综合性规划在选择主导规划时的合理性和准确性。主要包括以下两方面内容。

第一，要考虑旅游型乡村中的特殊性。随着城镇化、工业化步伐的加快，大量农村人口向城市涌入，一些传统村落空心化形式越来越严重，部分古村逐渐消失。但是由于中国的传统文化要素大部分保留在了古村，古村文化价值、生态价值较高，另外伴随着城市人越来越希望去乡村度假，古村的经济价值也越来越显著，这些价值的存在要求我们一定要对其进行保护。目前我国即将步入后工业社会，资源配置逐渐变成全民配置，遗产的保护方式和模式也要随着不断变化，不能固守成规，要合理地发挥其经济价值，而利用乡村旅游"活化"保护古村文化的这种方式是值得推崇的。基于这些状况，旅游型乡村中的传统村落在进行多规融合过程中，不能就旅游谈旅游，也不能就保护谈保护，应该在"旅游中保护资源，保护中发展旅游"，选择的主导规划应该是保护发展规划，同时加强旅游发展、人居环境改善等部分的规划。反过来，对于一般旅游型乡村，其中也不乏保护的部分，但是最主要的宗旨还是要发展旅游，故其主导规划是乡村旅游规划，在旅游规划中融入其他规划的核心内容。

第二，考虑主导规划是否有较为完善的规划体系和制度保障，是否有足够的能力支撑整个旅游型乡村综合性规划的主体部分。旅游型乡村涉及的多种规划都有都有相应的制度作保障，但从规划的综合程度来看，村庄规划与乡村旅游规划在综合性上要比其他规划强，因此可以选择这两种规划之一作为主导规划。

所以，鉴于传统村落的特殊性，在选择主导规划时，本文首先将旅游型乡村分为一般旅游型乡村和传统村落，其中传统村落应该以传统村落保护发展规划为主导规划；对于一般旅游型乡村，基于它的旅游业将在产业中占主体地位，加之旅游规划体系也在不断完善，因此可选择乡村旅游规划作为主导规划。

### 4.2.2 主导规划在综合性规划中的作用

之所以在进行综合性规划的过程中选择某一规划作为主导规划，是因为这一规划往往在旅游型乡村发展中占有举足轻重的地位，也是能够决定乡村整个发展方向的规划。主导规划在综合性规划中的作用体现在：多种规划在融合的过程中要以主导规划制定的发展目标为准，内容编制时要与主导规划内容相协调。

第一，目标指引。主导规划是通过分析旅游型乡村的特点和价值，根据其发展需要重点编制的一种规划，指明了旅游型乡村主要发展方向。就一般旅游型乡村（非传统村落）而言，它的旅游资源较为丰富，旅游价值较高，为了能够科学有序促进其旅游事业的发展，乡村旅游规划是其最迫切最需要编制的规划。在一般旅游型乡村进行多规融合规划编制的过程中，以乡村旅游规划的目标为指引，可以有效解决多种规划分别编制由于目标存在差异而造成的规划不协调的问题。对于旅游型乡村的传统村落，以保护为主已经成为共识，旅游利用也是为了更好的保护古村文化，为此，传统村落保护规划是多规融合的主导规划，其制定的保护目标也是多规融合中共同遵循的目标准则。

第二，内容指引。主导规划是旅游型乡村综合性规划的主体组成部分，且规划本身具有整体性特征，因此，规划中的其他部分要以合理适当的形式融入规划中，保证规划内容既相互关联又互为补充，保证内容的全面和衔接。例如，一般旅游型乡村在进行综合性规划编制时，乡村旅游规划是主体组成部分，其他规划在融入规划时要处处考虑旅游发展的相关内容，避免重复进行某方面的规划或存在规划内容不相干的问题。

## 4.3 旅游型乡村综合性规划的特点

综合性规划是针对乡村多种规划内容重复、矛盾等问题提出的解决方案。这种规划形式主要具有以下几个特点：

### 4.3.1 编制主体的一致性

旅游型乡村在原先编制多种规划的情况下，不同的规划可能会委托不同的规划公司进行编制，这样很容易造成发展方向、规划思路、规划内容上的不衔接。而编制"一本规划"，即综合性规划时，通过招标或委托的形式，规划工作会交给一家综合实力较强的规划企业来完成，这样可以避免上述的问题，保证了规划内容的全面和相互衔接。

### 4.3.2 规划内容的综合性

旅游型乡村综合性规划包含了多种规划的内容，是规划相互融合的结果，具有综合性。但内容的融合并不是将多规中所有涉及的内容统统放进去，而是先要对多种规划进行对比分析，判断哪些内容是重要的、核心的，对重叠的规划内容进行合并同类项，然后在综合的过程中，选择一种主导规划，将其他规划融合在一起。通过这一工作，可以保证规划内容的全涵盖，防止规划内容的矛盾，实现规划内容的科学整合。

### 4.3.3 规划成果的实用性

旅游型乡村综合性规划的编制成果是在全面考虑旅游型乡村的发展历史、现状和发展方向的前提下，对旅游型乡村旅游、村庄建设、土地、保护、景观等各方面做出的综合性规划，相比原有的多种规划，更具有实用性，不会因多规间内容上的冲突，导致规划难以实施。综合性规划还可为旅游型乡村后期编制专题规划提供重要方向指引。

### 4.3.4 规划成本的经济性

旅游型乡村编制综合性规划，相比原有的多种规划，减少了不必要的开支，节约了规划成本。如可以委托同一家规划企业，减少招标成本；可以一次性地进行全面的前期调研和分析，减少调研成本；可以只举行一次规划评审会，减少评审费用等等，总之，编制综合性规划能够实现规划成本的经济性。

## 4.4 旅游型乡村综合性规划的实现条件

本节重点从旅游型乡村自身的产业特征、地域空间特征，多规在规划内容、规划空间、规划期限方面的关联性，多规融合过程中的技术管理以及规划的补充四方面对旅游型乡村综合性规划编制的实现条件进行分析。

### 4.4.1 旅游型乡村自身特征是实现综合性规划的基础

#### 4.4.1.1 产业特征显著

以乡村旅游业为主导产业,其他产业联动发展是旅游型乡村的重要产业特征,它的发展目标十分明确,要通过发展旅游来带动乡村全面发展,提升居民的生活水平,增加就业机会,保护传统生活环境和优良文化,实现乡村经济、环境、文化等综合效益。鉴于此,旅游型乡村综合性规划能够在发展战略方向与目标上形成一致,着重围绕旅游业来做文章。

#### 4.4.1.2 地域空间较小

乡村地域空间普遍较小,限制着人口规模和用地规模,其中小型乡村的人口规模不到 100 人,大型乡村的人口规模也多在 3000 人以下,乡村的人均建设用地指标为 100 平方米。[①]正是因为乡村的这些基本特征,为旅游型乡村综合性规划提供了可能性,不至于在基础数据上存在较大的差异,更容易形成一张图。

### 4.4.2 多规之间的关联性为实现综合性规划提供前提

#### 4.4.2.1 根本目标一致

旅游型乡村多种规划虽然在内容侧重点、工作路线等方面不一致,但其根本目的都是要合理安排乡村土地、空间、产业等各项资源,且在规划过程中,都遵循科学可持续发展这一根本原则,以求实现乡村经济、产业、文化、环境等各项事业的发展。所以,根本目标的一致性为旅游型乡村综合性规划指出方向,规划的具体内容都要围绕这一根本目标。

#### 4.4.2.2 空间存在重叠

多种规划是对同一地域空间进行的设计,其中村庄规划的重点是对乡村建设用地的规划部署,乡村旅游规划是对乡村全域范围内旅游项目及相关项目的规划,乡村土地利用规划是对整个村域范围内的土地利用问题的规划,而保护规划是对村域范围有价值的资源及相关的区域的保护,生态环境保护规划是对整个村域生态环境问题的保护和治理,它们在规划的空间上存在重叠,这样的话,在进行旅游型乡村综合性规划时应该充分认识到这一点,理清多规间存在的联系,分清主

---

① 中华人民共和国国家标准《村镇规划标准》( GB50188—93 )。

次先后顺序，做好重叠空间的规划事宜。

### 4.4.2.3 期限基本一致

多种规划在规划期限上虽然有所差异，但是这种差别是可以相互统一的，村庄规划的期限一般为 10—20 年，近期为 5 年，乡村旅游规划期限是 10—20 年，近期为 5 年，传统村落保护发展规划期限一般是 5—10 年，村庄整治规划期限是 5—10 年，而乡村土地利用规划和乡村生态环境保护规划的期限也是 5—10 年，总之，它们的规划期限一般都是近期为 5 年，中远期为 10—20 年，这样"多规"就在规划期限上存在统一的可能。

## 4.4.3 多规间技术、管理易协调为实现综合性规划提供支持

### 4.4.3.1 规划调研总量小

旅游型乡村编制综合性规划必然会增加前期基础调研的工作量，包括乡村发展现状、乡村旅游资源、旅游市场状况、周边发展情况等各方面的调研。但这相对于编制多种规划，减少了调查研究的总量，节约了不必要成本，且在规划内容的编制上能更好地协调，使规划更容易落地。

### 4.4.3.2 易于形成"一张图"

由于旅游型乡村空间范围一定，各类规划图纸的信息量不会很大，这便于图纸信息的合并或整合，更容易形成"一张蓝图"指导下的综合性规划。

### 4.4.3.3 管理机构简单

旅游型乡村规划管理机构设置较为简单，一般主要由县政府、乡（镇）政府、村委会管理乡村的规划编制，管理系统相对简单、集中，便于综合性的操作和实施。

## 4.4.4 可根据旅游型乡村实际发展需要编制专题规划以做补充

对旅游型乡村中涉及的规划进行融合形成的综合性规划，它吸收了各种规划的核心内容，内容较为全面，为旅游型乡村各方面的发展做出了相关部署。但不同的乡村在发展过程中可能会出现新问题、新变化，这时可以根据不同的需要编制相应的专题规划，做到具体问题具体分析具体对待。

# 第五章　旅游型乡村综合性规划编制框架构建

在对旅游型乡村多种规划编制现状梳理的基础上，面对旅游型乡村"多规"编制存在的诸多问题，结合前文中多规融合规划体制改革的背景，试图探索适用于旅游型乡村的乡村规划方法，提出旅游型乡村综合性规划编制方法，具体来说，要编制以一种规划为主导，抽取"多规"中的重要元素，融合各家之长，形成一个高于这些规划的总规划。通过编制一本规划，让多种规划在总体规划层面上达到相互融合与协调，使之成为旅游型乡村各方面建设的总指引及编制下一层面专题规划的总依据。

本章以第二、三、四章的研究为铺垫，试图构建旅游型乡村综合性规划编制框架，主要从规划的理论基础、基本原则、编制过程、内容框架和编制成果五个层面上进行阐述，其中理论基础有规划学理论和系统论；规划基本原则包括可持续发展原则、保护与利用原则、村民参与原则和生态效益原则；编制过程主要从技术路线、人员构成、村民参与、前期调研、技术要点等五个方面进行阐述；最后对综合性规划内容编制框架进行构建。

## 5.1 理论基础

### 5.1.1 规划学理论

规划学研究的内容主要包括：一是研究规划在管理中的地位和作用。实现一定的战略目标是管理的目的，而实现目标首先要有一个蓝图。

二是研究规划制定的程序。规划的制定必须按照严格的程序进行。一般包括以下十个步骤：①对规划对象相关方面进行全面系统调查，掌握其历史和现状，收集数据，充分积累数据；②对各种数据和资料进行认真分析，反复比较，发现问题；③做好预测研究和发展战略研究；④科学慎重地提出规划的方向、目标、任务、相关措施的初步想法，在一定范围内听取反应；⑤征集有关专家的意见，展开民意调查；⑥根据提出的建议，系统提出规划草案，再一次在一定范围内公布听取反应；⑦通过各种渠道，召开专家评审会和群众评审会，对几种草案进行选择；⑧修改、补充规划草案，修订稿再次征求意见；⑨由专门班子审定，并由主管部门审批；⑩正式部署规划的实施工作。

三是研究规划制定的方法。规划要用多种方法相结合的方法，使规划具有科学性和可行性。[①]

规划学理论在旅游型乡村综合性规划中的应用无处不在。主要体现为要以宏观、超前的视角和理念对内容进行把控，使规划符合思维逻辑，从而保证规划的先进性与科学性。

### 5.1.2 系统论

系统论是由加拿大籍奥地利人、理论生物学家贝塔朗菲创立的。系统论的特征表现在：它不仅强调系统各部分间的充分协调和有序连接，还注重系统与外部环境的有机联系。

从规划整合的角度，将综合性规划视为一个完整的规划系统，多种规划是构成规划系统的组成部分，只有把握好"多规"间的联系和差异，对其进行有效的衔接和协调，才能发挥出规划的最大效用；从规划内容的角度，乡村的各个要素构成一个完整的系统，各个要素之间是相互关联的，在规划编制时，要合理安排各个要素，遵循一定的规律，使其有序发展。

## 5.2 基本原则

### 5.2.1 可持续发展原则

经济发展与环境保护互为因果，相互联系，在强调发展的同时，还应重视环境保护。可持续发展原则是所有部门编制规划共同遵循的基本原则之一，这为旅游型乡村综合性规划编制提供原则指引，要求融合后的规划除了讲求旅游发展的经济效益，还要重视对乡村自然和人文环境的保护。

---

① 张述林、李源等：《乡村旅游发展规划研究：理论与实践》，科学出版社，2014，第20页。

### 5.2.2 保护与利用原则

规划要坚持保护与利用相结合的原则，具体表现为综合性规划要兼顾保护与发展，对于非传统村落的旅游型乡村，在关注其旅游发展事业的同时，还要对乡村中的文物、建筑、传统景观等进行保护，而对于传统村落，要考虑如何通过适当的旅游开发来发展和保护村落中的资源，保证村落的原真性、传统性不遭破坏。

### 5.2.3 村民参与原则

村民是乡村的主体，是乡村根本利益所在，乡村规划的科学与否直接影响着村民的生活，村民参与有利于减少规划失误、促进规划的顺利实施。综合性规划从始至终都要坚持这一原则，建立村民参与规划的机构，征求村民意见，保证规划成果村民认同。

### 5.2.4 生态效益原则

乡村生态环境较为脆弱，极易受到破坏，而以旅游及生活功能为主的旅游型乡村，保护生态环境显得尤为重要。为了维护良好的生态环境和自然文化景观，保持其原有的乡村性，综合性规划应该禁止新建和扩建任何污染性企业，控制新建建筑，保持新建建筑同乡村环境相协调，并做好乡村的整治规划，对出现的生态破坏、环境污染等问题提出相应的防治措施。

## 5.3 编制过程

### 5.3.1 技术路线

进行综合性规划应先通过实地考察、入户访谈等调研方式对旅游型乡村的各方面现状及村民意愿进行全方位信息搜集并做相应的分析，还要做好乡村发展旅游的基础、市场、资源等条件调查和分析工作。在全面掌握和了解基本信息并对乡村旅游发展条件进行综合评定后，确定旅游型乡村规划的总体目标和策略。然后在具体编制的过程中，结合乡村实际发展需要，从乡村经济发展规划、村庄规划、乡村旅游规划、村庄整治规划、乡村土地利用规划、乡村生态环境保护规划、乡村景观规划等多个规划角度进行解读，选取最迫切最重要的一种规划做主导，以此来统筹其他相关规划，对规划内容进行协调整合，形成"一本规划"，完成旅游型乡村的综合性规划。（参见图 4.4）

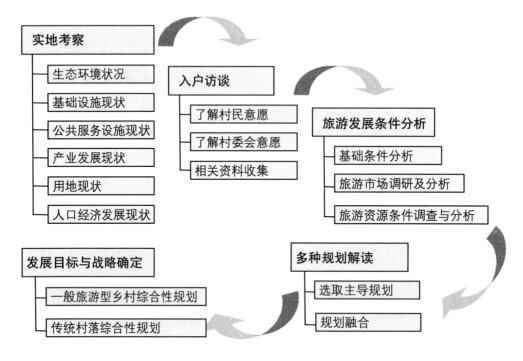

图 4.4 旅游型乡村综合性规划的技术路线

### 5.3.2 人员结构

编制人员结构是否合理决定着旅游型乡村综合性规划的成败。因为综合性规划涉及的内容比较多，且都具有一定的专业性，所以需要多领域的专业人才参与，包括经济、地理、规划、旅游、景观设计等领域，做到群策群力。在规划期间，还应做好综合性规划的中期讨论工作，请高校或业界专家团队进行指导、把关。通过合理配备编制人员，做到专业规划、科学规划，提升综合性规划的质量。

### 5.3.3 村民参与

村民是旅游型乡村的主体，与旅游型乡村的发展休戚与共，对于乡村的各种事项，村民应该有相应的知悉权和参与权。同时村民对规划项目的支持与否决定着规划能否顺利施行。为了能够保障规划的落实和村民的权利，应该建立公众参与的规划机制，充分尊重当地村民的意见，具体而言，从规划的调研阶段、编制阶段到评审阶段要积极主动地征求他们的意见，考虑村民的实际需要，将规划成果呈现给村民代表大会讨论，通过这种机制来提高村民的积极性，保证规划自下而上顺利实施。

### 5.3.4 前期调研

前期调研目的是为了全面了解旅游型乡村发展历史与现状，掌握其拥有的各种资源，是开展综合评价、旅游资源评价及整个规划工作的基础。旅游型乡村综合性规划要保证前期调研工作的全面和深入，包括对旅游型乡村中的历史发展过程，用地、产业、基础设施、公共设施等现状，资源类型、布局、开发利用现状、旅游市场、村民发展意愿等的深入调研。

### 5.3.5 技术要点

#### 5.3.5.1 统一规划期限

规划是人主观意识对客观存在的科学反映，是对未来状态的安排和对可能出现的问题的预测和预解决，因此前瞻性、科学性、战略性是所有规划必须坚持的基本原则。规划期限合理性是衡量规划是否具有科学性和前瞻性的标志之一，通过考量旅游型乡村多种规划的编制期限，将旅游型乡村综合性规划的编制期限调整为5—10年，保证规划的科学合理。

#### 5.3.5.2 创建"一张底图"

创建"一张底图"的工作平台，首先，规划区的范围以行政村域范围为边界，依照土地利用规划确定建设用地的控制范围、基本农田保护范围等；其次，结合村庄规划、乡村旅游规划、土地利用规划等内容的编制需要，形成"一张底图"。

#### 5.3.5.3 统一土地分类

统一土地利用方式是多规融合的必要步骤，多种规划在土地利用方式上的分歧主要表现在住建部2014年印发的村庄规划遵循的《村庄用地分类指南》和国土资源部制定土地利用规划依据的《乡（镇）土地利用总体规划数据库标准》（TD/T1028—2010）间的差异上，村庄规划和土地利用规划中，有些相同的土地分类名称侧重点和内涵有所不同或存在相互包容，如，土地利用总体规划中的农用地与村庄规划中的农林用地虽然名称一致，但包含的内容有所不同，其中土地利用总体规划中的农用地将坑塘水面和农田水利用地包含了进去，而村庄规划中没有。通过对这些差异进行协调才能够使"多规"更好地融合和衔接。

其一，村庄用地分类的衔接。现行《村庄用地分类指南》确定的村庄规划用地分类和现行土地利用总体规划的用地分类方式是"多规"用地分类标准协调的框架基础。《中华人民共和国土地管理法》中规定国家编制土地利用规划，按照土地的用途，将土地分为建设用地、农用地和未利用地"三大类"。因此，《村庄用地分类指南》确定的村庄规划用地要充分对接"三大类"用地，与土地利用分类充分衔接。(参见图 4.5 )

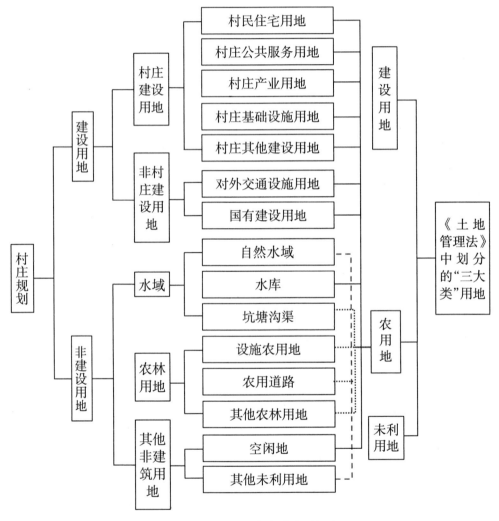

图 4.5 土地分类衔接图

其二，村庄建设用地类型的衔接。通过考量《村庄用地分类指南》和《乡(镇)土地利用总体规划数据库标准》(TD/T1028—2010)中用地类型的内涵、侧重点，将村庄建设用地分类进行对照衔接。(参见表 4.3)

表 4.3　土地利用总体规划分类与村庄用地分类对照衔接表

| 乡镇级土地利用总体规划数据库标准 | | | 村庄规划用地分类指南 | |
|---|---|---|---|---|
| 一级地类 | 二级地类 | 三级地类 | 地类代码 | 地类名称 |
| 农用地 | 耕地 | 水田 | E23 | 其他农林用地（耕地、田园、林地、牧草地） |
| | | 水浇地 | | |
| | | 旱地 | | |
| | | 园地 | | |
| | | 林地 | | |
| | | 牧草地 | | |
| | 其他农用地 | 设施农用地 | E21 | 设施农用地 |
| | | 农村道路 | E22 | 农用道路 |
| | | 坑塘水面 | E13 | 坑塘沟渠 |
| | | 农田水利用地 | | |
| | | 田坎 | E23 | 其他农林用地（田坎） |
| 建设用地 | 乡村建设用地 | 农村居民点用地 | V1 | 村民住宅用地（住宅用地、混合式住宅） |
| | | | V2 | 村庄公共服务用地（公共服务设施、公共场所） |
| | | | V3 | 村庄产业用地（商业服务业设施、生产仓储） |
| | | | V4 | 村庄基础设施用地（村庄道路、交通设施、公用设施） |
| | | 采矿用地 | N2 | 国有建设用地（采矿用地） |
| | | 其他独立建设用地 | V9 | 村庄其他建设用地 |

（续表）

| | | 铁路用地 | | |
|---|---|---|---|---|
| | 交通水利用地 | 公路用地 | N1 | 对外交通设施用地（包括村庄对外联系道路、国境公路和铁路等交通设施用地） |
| | | 民用机场用地 | | |
| | | 港口码头用地 | | |
| | | 管道运输用地 | | |
| | | 水库水面用地 | E12 | 水库 |
| | 其他建设用地 | 风景名胜设施用地 | N2 | 国有建设用地（风景名胜区和森林公园的管理和服务设施用地） |
| | | 特殊用地 | N2 | 国有建设用地（特殊用地） |
| 其他土地 | 水域 | 河流水面 | E11 | 自然水域 |
| | | 湖泊水面 | | |
| | | 滩涂 | | |
| | 自然保留地 | | E9 | 其他非建设用地（盐碱地、沼泽地、沙地、裸地、不用于畜牧业的草地等用地） |

#### 5.3.5.4 优化土地功能

众所周知，独立地将土地划分为单一的功能，现在已被实践证明，不管在城市还是乡村都是不合适的，应该使一块土地的功能多样化。尤其是对于旅游型乡村而言，一块土地既可以用来耕种，也可以用以休闲度假。在现实中，相关部门就乡村旅游用地问题已经做出了声明，明确表示乡村的集体用地可以用来发展乡村旅游，这为旅游型乡村实现多规融合撕开了一个口子，更能保障多规间的协调。

### 5.4 内容框架

#### 5.4.1 原有多规内容取舍

旅游型乡村开展综合性规划，要从各方面进行着手，其中最直观地表现在规划内容的编制上。针对旅游型乡村，将旅游型乡村分为两大类，其中一类是一般旅游型乡村，它的任务主要是发展旅游，在编制一般旅游型乡村综合性规划时应该围绕旅游开展，以旅游规划内容作为主体，将其他相关规划的核心内容融入旅游规划当中；另一类是传统村落，对于这类村落应该在保护为主的基础上，考虑如何加强乡村旅游规划等发展方面的相关内容，保证合理适度地开发旅游来活化利用传统村落，以更好地实现保护目的，在编制传统村落综合性规划时，以传统村落保护发展规划内容为主导，融合其他所需规划的核心内容。这样既能保证多规融合后的规划具有适用性，又能使规划内容全面且一致，全面科学地指导乡村整体发展。

　　具体来说，对于一般旅游型乡村综合性规划，以旅游规划的核心内容为主要支撑，包括乡村旅游资源调查与评价、乡村旅游市场分析，乡村性质和主题形象、空间布局和功能分区、产品体系、旅游线路规划、保障与管理机制、重点项目、投资估算；融合乡村所需其他规划的核心内容，包括乡村经济发展规划的村庄基本现状调查、制定经济发展战略、产业规划，村庄规划的居住区规划、基础设施、安全系统、村民中心规划、交通道路规划，土地利用规划的基本农田保护规划、未利用土地开发规划、用地布局规划，保护规划的保护对象及策略，村庄整治规划的安全防灾整治、公共环境及配套设施整治、村庄风貌提升，生态环境保护规划的水污染、生活污染、土壤污染、大气污染、噪声污染、固体废弃物等防治规划，乡村景观规划的生态景观规划、重点项目景观规划。（参见图4.6）

一般旅游型乡村中的多规内容取舍

| 主导规划 | 乡村旅游规划 | 乡村旅游资源调查与评价、乡村旅游市场分析、确定性质和主题形象、空间布局和功能分区、产品体系、旅游线路规划、保障与管理机制、重点项目、投资估算。 |

乡村经济发展规划 ⇒ 村庄基本现状调查、制定经济发展战略、产业规划

村庄规划 ⇒ 居住区规划、基础设施、安全系统、村民中心规划、交通道路规划。

土地利用规划 ⇒ 基本农田保护规划、未利用土地开发规划、用地布局规划

保护规划 ⇒ 明确保护对象，提出保护策略。

村庄整治规划 ⇒ 安全防灾整治、公共环境及配套设施整治、村庄风貌提升。

生态环境保护规划 ⇒ 水污染、生活污染、土壤污染、大气污染、噪声污染、固体废弃物等防治规划

乡村景观规划 ⇒ 生态景观规划、重点项目景观规划

图 4.6 一般旅游型乡村中的多规内容取舍

　　而传统村落，在"多规融合"规划中，以传统村落保护发展规划内容为主要支撑，具体包括传统村落资源调查与分析、保护范围划定、整体风格保护与整治、街巷保护与整治、建（构）物保护与整治、非物质文化保护；融合其他所需规划

的核心内容，有乡村经济发展规划的村庄基本现状调查、制定经济发展战略、产业规划，村庄规划中的居住区规划、村民中心规划，土地利用规划的基本农田保护规划、未利用土地开发规划、规划用地布局，乡村旅游规划中的乡村旅游市场分析和产品体系规划，生态环境保护规划中的水污染、生活污染、土壤污染、大气污染、噪声污染、固体废弃物等防治规划，乡村景观规划的生态景观规划与重点项目景观规划。（参见图4.7）

传统村落中的多规内容取舍

| 主导规划 | 传统村落保护发展规划 | （保护）传统村落资源调查与分析、保护范围划定、整体风格保护与整治、街巷保护与整治、建（构）物保护与整治、非物质文化保护、（发展）发展定位与发展途径、路网规划、交通组织规划、旅游线路组织、停车设施规划、基础设施、公共服务设施、安全防灾设施、管理实施、投资估算。 |

| 乡村经济发展规划 | 村庄基本现状调查、制定经济发展战略、产业规划。 |
| 村庄规划 | 居住区规划、村民中心规划。 |
| 土地利用规划 | 基本农田保护规划、未利用土地开发规划、规划用地布局。 |
| 乡村旅游规划 | 乡村旅游市场分析、产品体系。 |
| 生态环境保护规划 | 水污染、生活污染、土壤污染、大气污染、噪声污染、固体废弃物等防治规划。 |
| 乡村景观规划 | 生态景观规划、重点项目景观规划。 |

图 4.7 传统村落中的多规内容取舍

### 5.4.2 综合性规划的内容框架

#### 5.4.2.1 一般旅游型乡村综合性规划内容框架

一般旅游型乡村综合性规划的内容编制框架遵循以乡村旅游规划全面统筹其他所需规划，并按照逻辑顺序将所需规划内容整合到一个规划之中，这样既能避免规划内容的重叠，节约不必要的规划成本，又能防止规划内容相互矛盾，实现多规间的相互协调，最后形成的"一本规划"成果也会具有较强的指导性。为此，一般旅游型乡村综合性规划内容框架体系如图4.8。

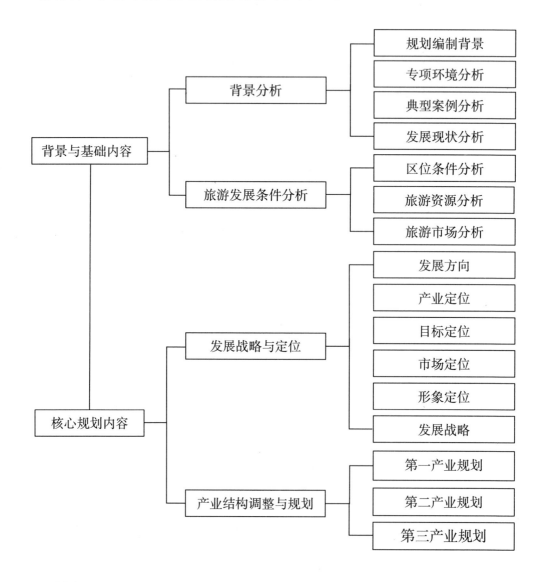

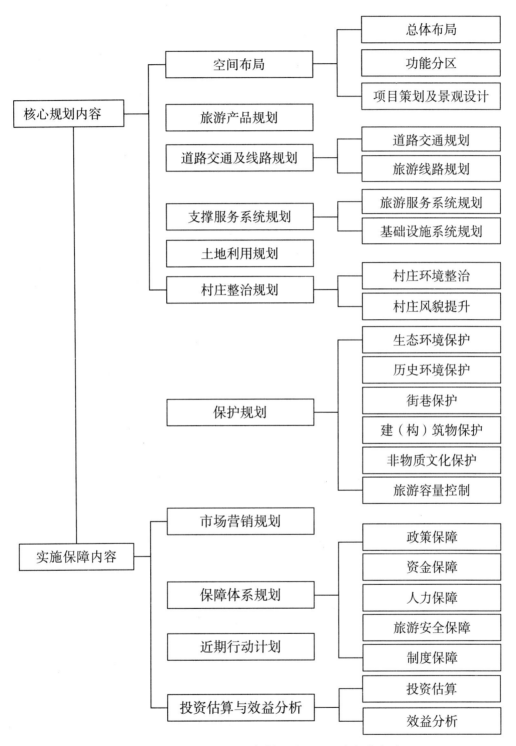

图 4.8 一般旅游型乡村综合性规划内容框架

一般旅游型乡村综合性规划编制内容主要分为三个部分，分别是背景与基础内容、核心规划内容和实施保障内容，在内容的整合方面主要体现在：第一，背景与基础内容部分将多规中涉及的基础资料一次性呈现，这样避免做重复调研工作，还有利于全面分析乡村的现状与问题，为下一步该做哪些方面的规划奠定基础；第二，在核心规划内容里将需要编制的多种规划的核心内容进行整合，从宏观层面对乡村多方面进行统筹部署；第三，在实施保障层面，从生态、文物的保护，旅游市场的营销，政策、投融资等的保障以及投资估算与效益分析等方面来保证整个规划的顺利施行。

### 5.4.2.1.1 背景与基础内容

背景与基础内容分析是规划的基础，通过对其分析从宏观上全面掌握规划的背景、乡村基本状况以及旅游发展条件和环境等方面的内容，为进一步做综合性规划提供基本依据。

（1）背景分析

背景分析主要是对规划编制背景、乡村旅游发展背景及国内外乡村旅游典型案例的剖析和解读，从宏观角度把握乡村旅游的发展方向和态势。

①规划编制背景

规划编制背景主要从相关政策、当地政府对乡村旅游的重视程度说明乡村做规划的原因。国家及地方制定的关于乡村及乡村旅游的法律、规章制度等，为乡村进行规划编制提供制度保障，当地政府在领悟政策精神后，结合乡村自身特征做出规划编制的决定。

②专项环境分析

发展乡村旅游事业是一般旅游型乡村的基本目标，这里的专项环境分析指的是对乡村旅游的发展环境、态势及模式进行系统的分析和解读，从较高层次上审视乡村发展旅游的问题，为乡村选择合适的发展模式、设计符合态势的旅游产品提供思路。

③典型案例分析

选择具有相似特征的国内外知名乡村旅游地进行分析，总结其成功经验和特点，将其合理地应用到规划中，为乡村发展旅游提供参考与策略。

④发展现状分析

乡村发展现状分析是通过实地调研工作对乡村产业、人口、环境、基础设施、公共服务设施、用地现状等方面发展现状的总结与分析，只有这样才能了解乡村的全貌，诊断乡村发展中存在的问题，为后面进行针对性的规划提供依据。

（2）旅游发展条件分析

不是所有的乡村都能发展乡村旅游，一般旅游型乡村之所以能够发展旅游，是因其具备了一定的条件，如资源优势、市场优势等。旅游发展条件分析是对有利于或不利于乡村旅游发展的相关内容进行的系统分析。

①区位条件分析

区位条件是影响乡村旅游的重要因素，主要包括地理区位、交通区位、旅游区位和自然环境，其中地理位置指乡村所处的行政范围及其与周边城市的位置关系等，了解乡村与周边地区的方位特征；交通区位主要分析其铁路、公路等交通通达状况，进而判断乡村的可进入程度；旅游区位主要分析该乡村在整个区域旅游中的地位及其与周边旅游资源的集群状况；自然环境是乡村发展的基底，包含气候、水文、土壤、动植物、地貌等方面。

②旅游资源分析

乡村旅游资源调查和分析是规划工作的重要一环，只有对旅游资源进行不断挖掘，对资源特征展开全面评价和分析，才能真正发现乡村的特色所在，也为之后的旅游产品开发提供思路。

乡村旅游资源的调查要做到全面、深入，不能浅尝辄止，目的是从中发现最有价值的资源特色，促进乡村的形象设计和品牌化建设。在对乡村旅游资源进行全面调查后，还要对其进行进一步的分类与评价，目前乡村旅游资源的分类可以依照国标《旅游资源分类、调查与评价》（GB/T18972—2003），并结合乡村特征进行划分；乡村旅游资源评价是对资源单体价值、资源组合、资源数量、空间组合关系等方面进行定性和定量评价。

③旅游市场分析

立足于市场进行规划对于延长乡村旅游地生命周期、提升竞争力具有重大意义，通过乡村旅游市场的分析，可以全面掌握目前市场上乡村旅游的供需状况、了解乡村旅游市场的发展趋势、预测乡村旅游市场规模。

旅游市场分析包括乡村旅游市场供需状况分析和乡村旅游市场规模预测两个方面。首先，采用问卷调查和数学统计的方法，从乡村旅游者和现有乡村旅游产品的角度分析市场的供需状况，具体来说，要对乡村旅游者的人口特征、收入、闲暇时间、消费水平、旅游动机进行全面调查，还要对市场上已经出现的乡村旅游产品的数量、价格等进行摸底。其次，运用定量或定性模型，如趋势外推模型、德尔菲法，对乡村旅游市场规模进行较为准确的预测，以保证旅游供需之间的协调和平衡。

### 5.4.2.1.2 核心规划内容

一般旅游型乡村综合性规划的核心部分是"多规融合"体现最为明显的部分，不仅将乡村会涉及的规划内容进行整合，实现形式上的合一，而且在具体内容上也是相互协调，互为参考的，达到了内涵上的一致。这部分内容主要包括发展战略与定位、产业结构调整与规划、空间布局、旅游产品规划、道路交通及线路规划、支撑服务系统规划、土地利用规划和村庄整治规划。

（1）发展战略与定位

凡事预则立，不预则废。"多规融合"规划的发展战略与定位是在综合分析乡村现状及旅游发展条件的前提下，以宏观性、战略性的方式，对乡村发展整体方向和目标的高度把控。它指明乡村发展的方向，对乡村产业、发展目标、旅游市场、旅游形象进行准确定位，并提出了相应的发展战略。

①发展方向

通过对乡村发展现状及旅游发展条件的总体分析，明确一般旅游型乡村的经济发展特征，从乡村产业发展、旅游发展及村庄建设等多个角度出发，科学合理地制定出乡村发展方向，为后面的规划和实施提供方向引导。

②产业定位

产业融合是促进乡村转变发展方式的重要举措，能够有效实现相关产业的协调发展。这里的产业定位是对一般旅游型乡村中第一、二、三产业的地位及功能进行的定位，重点要明确旅游业在乡村产业体系中的地位与作用，厘清"三产"间相互渗透、相互交叉的关系。

③目标定位

确定乡村的发展目标是规划中不可缺少的一环，也是乡村发展的不竭动力。

目标可以分为环境目标、经济目标、文化目标和社会目标等。在经济目标方面强调农业综合生产能力和发展方式的提高和转变，农村经济结构的优化，尤其是旅游产业与一二产业的融合，还有农民生活水平和质量的提升等。

④市场定位

对乡村旅游客源市场进行准确定位，有助于之后营销工作的顺利有效开展。在进行市场定位之前，首先要充分了解乡村旅游者的行为特征，如短期旅行、周末出行、城市居民为主等；其次还要对目标客源市场的市场规模、可进入性和稳定性进行分析，圈定目标市场群；最后按照市场的潜力及重要程度，将目标市场进行级别划分，划分为一级市场（基础市场）、二级市场（重要市场）、三级市场（次要市场）和四级市场（机会市场）。

⑤形象定位

旅游形象是旅游者和社会公众对某一地区旅游的总体印象和综合评价，是吸引旅游者最重要的因素之一，同时在旅游消费决策行为中起着关键性的作用。旅游形象是由视觉形象和感知形象共同塑造而成，最直观的表现在旅游标志、主题形象和宣传口号的设计上，其中旅游标志既要美观，又能体现乡村特色；主题形象要综合考虑乡村性质和旅游者的偏好，力求引起人们的广泛认同；宣传口号要遵循乡村性、时代性、地方性等原则，提炼出的口号要朗朗上口，还要突出资源特色。

⑥发展战略

科学合理的发展战略是实现目标的重要基础，在选择发展战略时应该贴近乡村实际，提出能真正发挥作用的战略途径。

（2）产业结构调整与规划

在分析产业发展现状的基础上，坚持以第一产业为基础产业，对一般旅游型乡村的产业结构进行调整，将旅游产业确定为主导产业，推动一二三产业融合发展，多种渠道促进农民增收。

①第一产业规划

农业作为第一产业，是乡村发展的基础，应该持续夯实其基础地位，保障农产品供给能力，加强现代化农业的建设，促进农业的专业化和机械化，强调农业与其他产业的相互融合，开发农业的旅游休闲功能。

②第二产业规划

健全农产品质量安全保障体系，促进农产品的深加工，使农产品增值、农民增收，同时合理组织和安排乡镇企业的布局。

③第三产业规划

积极发展第三产业是实现城乡一体化的重要途径，对于一般旅游型乡村而言，确定旅游产业作为其主导产业可以充分带动乡村整个经济的发展，可以更加有效地促进产业融合，打开乡村发展的新局面。

（3）空间布局

综合性规划在空间布局上主要表现在：第一，在进行总体布局时，要立足于土地利用规划，坚持保护基本农田方针，在此基础上进行旅游发展的空间布局；第二，进行功能分区时，不单从旅游功能角度出发，还要充分考虑乡村本身的居住和生态功能，实现多赢；第三，策划重点项目要综合考虑村庄发展与旅游发展，建设宜居、宜游乡村。

①总体布局

乡村作为小尺度范围，在进行总体布局时比大中尺度相对简单，首先要了解乡村的地势地貌、道路交通状况，提炼乡村旅游资源，总结乡村旅游形象；其次围绕乡村旅游，兼顾乡村居住及生态功能，确定恰当的空间布局模式，对乡村进行总体布局。

②功能分区

功能分区是依据乡村总体空间布局，对总体布局中的各分区进行的功能划分、目标确定、特色分析，以引导下一步的项目布局及策划工作。

③项目策划及景观规划

在总体布局和功能分区的基础上，对项目进行策划及景观设计。项目的策划要结合市场需求和村民需求，力求突出乡村特色，并确保项目的可操作性。对于重点项目，要在不破坏乡村景观的前提下，因地制宜进行景观设计，力求与乡村整体氛围融为一体。

（4）旅游产品规划

乡村旅游的核心是体验旅游，所以在进行旅游产品规划的过程中，应该深度挖掘旅游资源特色，完善旅游产品类型，满足旅游者多方面的消费需求，构建集观光旅游产品、文化旅游产品、休闲度假旅游产品、体验旅游产品在内的旅游产品体系。

（5）道路交通及线路规划

道路交通及旅游线路是方便居民生活、满足旅游者游览的必要基础。道路交通规划要充分与旅游线路设计相结合，具体要体现在以下两方面，第一，在对乡村内外部交通进行分级规划的同时，注重旅游人流需求，将停车场与入口相结合，做到人车分流；第二，旅游线路设计要与乡村原有的田间小道、步行街道相结合，连接重要景观节点，尽可能地形成环线，便于游客游览体验；第三，设计专门线路，如自行车专项道路，要紧密结合现有的主次干道进行规划。

（6）支撑系统规划

支撑系统主要表现在旅游型乡村的硬件设施建设上，既要考虑旅游者的旅游需求，还要兼顾村民的生活空间。支撑系统主要包括旅游服务系统规划和基础设施系统规划，其中旅游服务系统重点围绕旅游展开，主要包括游览设施、餐饮设施、住宿设施、旅游标识系统、商品购物、游客服务中心等；基础设施系统规划要充分体现乡村旅游规划与村庄规划的融合，在进行基础设施规划的过程中，注重乡村旅游形象的塑造，改善村民基础生活环境的同时，提升自身的旅游形象，其主要规划内容包括给水工程规划、排水工程规划等。

（7）土地利用规划

对于一般旅游型乡村来说，土地利用规划与旅游规划在衔接上存在很多问题，如由于土地利用规划的限制，一些旅游建设项目难以落地，旅游服务设施建设不足等。面对这种状况，除了政策上要进行规定以外，在具体的规划编制上也应该有所体现，综合性规划也是基于此而提出的。在具体的编制中主要体现在，土地利用规划应该更多的与旅游发展业态相结合，在坚持保护基本农田的前提下，根据旅游发展需要，着重进行旅游发展用地规划，为旅游发展提供该有的空间。

（8）村庄整治规划

村庄整治规划是改善乡村人居环境的重要措施，对于一般旅游型乡村而言，也是塑造良好旅游形象的必要路径，规划一定要考虑乡村的旅游功能，它的核心内容是村庄的环境整治和风貌提升。

①村庄环境整治

营造舒适的村庄环境是乡村规划的重要内容之一。村庄环境整治主要是针对村庄环境绿化和配套设施提出的整治意见。环境绿化方面还可具体分解为村旁绿化、宅旁绿化、路旁绿化、广场绿化、水旁绿化等，连片带点的进行绿化。配套设施整治重点指对环卫设施的整治，包括厕所、垃圾回收、废渣、废水等的治理。

②村庄风貌提升

村貌提升方面要防止照搬城市建设方式，要根据乡村景观特征进行风貌提升，结合旅游发展的需求，提出对重要街巷的立面、村口、重点院落等重要节点的整治方案。

### 5.4.2.1.3 实施保障内容

实施保障系统是保证规划内容顺利实施的重要条件，也是规划不可或缺的部分。一般旅游型乡村综合性规划在实施保障方面主要体现在将生态环境保护及文物保护内容、乡村旅游发展问题进行统筹编制，将保护与发展问题进行协调解决。实施保障系统主要包括保护规划、市场营销规划、保障体系规划、近期行动计划和投资估算与效益分析五大方面的规划内容。

（1）保护规划

保护是为了更好地发展，以保护促发展是一般旅游型乡村应该遵循的原则。保护规划包含生态环境保护、历史环境保护、街巷保护、建（构）筑物保护、非物质文化保护和旅游容量控制。一般旅游型乡村可以根据自身的需要，来进行相关的保护规划。

良好的生态环境是旅游者选择乡村游的重要原因，对其进行保护不容忽视。乡村生态环境主要包括乡村大气环境、水环境、噪声环境、固体废弃物等方面，在对其保护的过程中，要严格遵守相关的法律规定，坚持生态效益与经济效益的统一。

历史环境、街巷、建构物、非物质文化等保护是传统村落保护规划的核心内容，是否需要对这些内容进行规划编制要视一般旅游型乡村的具体情况而定，如果存在文物或是价值较高的非物质文化遗产，就要对其按照相关保护要求进行规划的编制，如果涉及的不多，只需要简单的提到就可以。

而旅游容量控制是十分必要的，它关乎乡村的持续生命力，是规划的重要一环。旅游容量的控制要在旅游资源及生态环境等不受破坏的基础上，满足消费者的旅游需求，主要包括旅游的生态容量、空间容量、心理容量和设施容量，通过科学定量的方式测算乡村能容纳的最大游客数量，维持乡村发展的可持续性。

（2）市场营销规划

乡村旅游营销是针对乡村旅游这一特定旅游产品的营销，是对乡村形象进行有效传播的重要手段。在市场营销过程中,采用合适的营销方法对于营销成功至关重要。乡村旅游市场营销应该充分抓住乡村旅游产品的特点,针对不同的目标市场采取针对性的营销策略,如不同的宣传手段、不同的优惠政策、不同的产品宣传重点,除此之外,还要时常关注市场变化特征,面对新的客源市场,采用新颖、个性的营销手段,做到市场营销的精准与全面。

（3）保障体系规划

规划工作的有效开展必须要有政策、资金、人力等相关机制做后盾。在保障体系规划中包括政策保障、资金保障、人力保障、旅游安全保障、制度保障,其中政策保障方面,要发挥政府的主导作用,制订有利于乡村旅游发展的各项政策,重点是乡村旅游用地政策与财政金融政策,驱动乡村旅游的发展;资金保障方面要结合国家的财政金融政策,探索适应乡村旅游业发展的投融资方式;积极培养乡村旅游人才,注重人才的引入,全面提升乡村旅游的发展能力;旅游安全保障是重中之重,不可马虎,这就需要建立完善的应急、预警系统,完善责任追究制度,保障旅游者的人身安全;制度保障方面要加强利益相关者协调机制和社区参与机制的建立,协调各方面利益主体的利益,尤其要关注村民的利益诉求,最终实现共赢。

（4）近期行动计划

规划必须要有时序安排,而近期行动计划是对近期旅游项目、村庄建设等各方面工作进行的安排,对于规划工作有序科学的开展意义重大。

（5）投资估算与效益分析

投资估算主要涉及旅游项目、村庄建设项目、基础设施、旅游营销等方面,在进行具体投资估算时,要根据项目工程等具体特征,做出较为详细的说明。

效益分析是指对乡村经济效益、社会效益和生态环境效益进行的具体分析,为规划的实施提供重要依据。

5.4.2.1.4 规划图件要求

实现"一张蓝图"是编制综合性规划的目的之一,这里的"一张蓝图"不是将所有的内容都展现在一张图上,而是在统一底图、统一比例尺的基础上进行项目的规划与设计。鉴于乡村地域范围比较小,各种图纸的信息量不是很大,在对村域进行项目规划时适宜统一采用1:5000—1:1000的比例尺,对其中某一片区或近期建设项目进行规划时适宜统一采用 1:1000—1:500 的比例尺。综合性规划的规划图件部分主要包括：区位图、相关上位规划图、现状分析图、旅游资源评价图、旅游市场分析图、发展规划图、规划总平面图、空间结构图、功能分区图、景观规划设计图、道路交通规划图、旅游线路规划图、土地利用规划图、村庄整治规划图、基础设施规划图、近期建设规划图等。

5.4.2.2 传统村落综合性规划内容框架

传统村落综合性规划的内容编制时要坚持"保护为主、兼顾发展"的规划原则，以传统村落保护发展规划统筹其他横向规划，形成"一本规划"。传统村落综合性规划的规划内容编制框架如图 4.9。

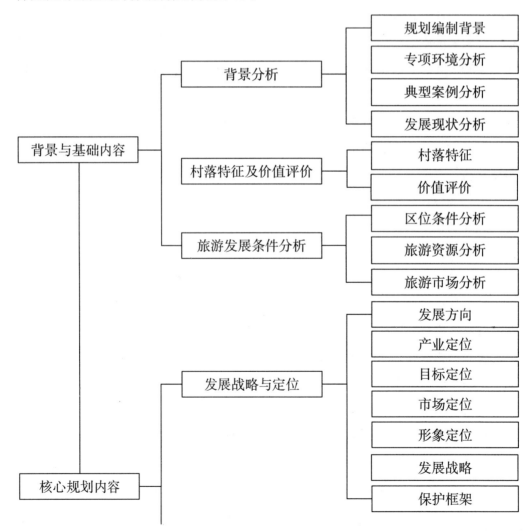

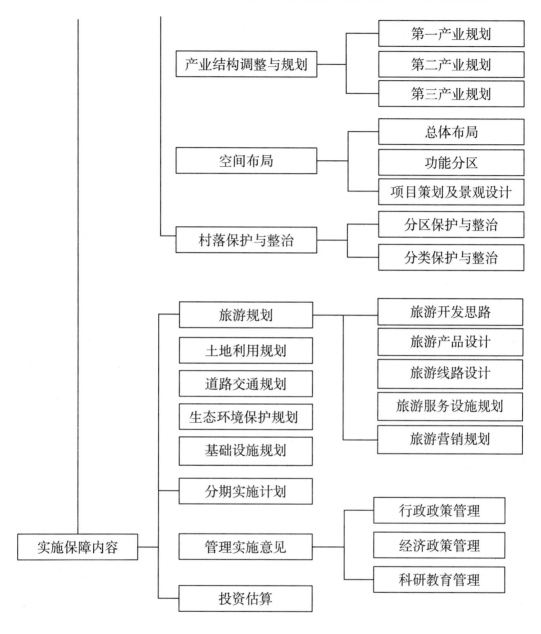

图 4.9 传统村落综合性规划内容框架

传统村落综合性规划编制内容也分为三个部分，与一般旅游型乡村一致，分别是背景与基础内容、核心规划内容、实施保障内容。内容的整合主要体现在以下几个方面，第一，将经济发展规划、旅游规划、土地利用等规划经过整合融入传统村落保护发展规划的框架之下，不再进行单独编制工作；第二，在编制过程中，以保护内容为主的前提下，加大发展部分的规划，将多种规划进行有效统筹。

5.4.2.2.1 背景与基础内容

这一部分内容主要包括背景分析、村落特征及价值评价和旅游发展条件等方面，是开展规划的基础工作。

（1）背景分析

①规划编制背景

对于旅游型乡村中的传统古村落，大力保护和活化利用村落中优秀的聚落文化、历史遗迹等是国家积极提倡的事业。旅游扶贫工作正在如火如荼地开展着，国家制定法律及相关规定为传统村落的发展保驾护航，为此当地政府做出规划编制的决策。

②专项环境分析

"以旅游促保护"观念逐渐被人们所认同，旅游型乡村当中的传统村落具备了发展旅游的条件，开发旅游成为这些乡村的重要途径。专项环境分析重点分析古村落开发旅游的环境及模式，只有总体把握古村落旅游发展的规律，才能因地制宜地开展规划工作。

③典型案例分析

筛选与规划地相似的国内外相关案例，将其作为规划的参考，学习成功案例的开发思路。

④发展现状分析

发展现状分析是对村落全方面现状的总结和问题分析，现状包括经济现状、交通现状、用地现状、公共服务设施现状、保护工作现状、旅游发展现状等，在此基础上总结存在的问题，为规划做铺垫。

（2）乡村特征及价值评价

如何保护和利用这些文化遗产是规划的重要任务之一，所以有必要对村落特征及价值进行分析与评定。基于"多规融合"的需要，在进行价值评定时，还应该对村落的旅游价值进行评价，为后续的旅游规划做积淀。

①乡村特征

村落特征主要由村落资源体现出来，主要包括村落风水选址特征、自然景观环境特征、传统格局和整体风貌特征、传统建（构）筑物特征、历史环境要素特征和非物质文化遗产特征。

②价值评价

村落价值评价是以传统村落特征分析为基础，通过定性、定量的方法，结合旅游发展的需要，对村落整体价值及旅游价值进行的评价。

（3）旅游发展条件分析

主要从区位条件、旅游资源、旅游市场这三方面来分析传统村落旅游发展的条件。区位条件主要是从地理位置、自然环境、历史沿革、交通区位、旅游区位等方面来分析。对传统村落中可以开发为旅游产品的资源进行全面调查，对其进行分类与评价。

5.4.2.2.2 核心规划内容

传统村落综合性规划的核心规划内容包括发展战略与定位、产业结构调整与规划、乡村保护与整治、旅游规划、土地利用规划、道路交通规划、生态环境保护规划、基础设施规划等。

（1）发展战略与定位

传统村落综合性规划要将保护放在首位，在此基础上围绕经济发展进行合理的开发设计，重点强调旅游产业的地位。

①发展方向

对传统村落发展现状、目前乡村旅游发展的态势、传统村落旅游发展条件进行全面调查和分析的基础上，提出传统村落的发展方向，从宏观上确定传统村落发展的总体目标。

②产业定位

大部分旅游型乡村中的传统村落可能更多是依赖于传统产业，生活贫困是居民的最大困扰，改善这些村落居民的生存发展状况成为国家工作的重点，为此国家提出了旅游扶贫的发展战略。在对旅游型乡村中的传统村落进行产业定位时，应该将旅游产业放在主导的位置，以旅游来促进产业的融合发展，这里需要强调的是旅游的开发以合理的保护为前提条件。

③目标定位

对于这类乡村，在进行目标定位时重点强调经济目标和社会文化目标。经济目标着重居民收入水平的提高、生活质量的改善，社会文化目标重在要保护传统村落中的文化遗产等要素，实现各种目标的统一。

④市场定位

传统村落的旅游市场定位要不断分析市场发展的趋势，借助所处的旅游区位优势来进行市场定位。

⑤形象定位

传统村落中特有的文化符号、文化资源是进行形象定位的基础，形象定位必须围绕旅游产品设计展开。在进行旅游标志、形象口号设计上要捕捉旅游产品的特色和旅游者的消费心理，做到主题鲜明，形象贴切。

⑥发展战略

针对传统村落发展的全过程，提出适宜传统村落的发展战略，包括产品战略、市场战略、营销战略、管理战略等。

⑦保护框架

保护框架主要从村落自然环境要素、人文环境要素、人工环境要素三大构成要素着手，按照节点—轴线—区域的空间层次以及它们之间的关系来确定保护框架的内容。

（2）产业结构调整与规划

这是传统村落综合性规划中规划融合的重要体现，对于原有的产业结构要进行合理的调整，规划合理多样化的产业结构，实现第一二三产业的融合发展，其中要着重开展旅游产业等第三产业的规划工作。

（3）空间布局

结合保护与旅游发展的需要，对传统村落进行总体空间布局，划分不同的功能区，针对不同的功能分区进行适当的策划及景观设计。

（4）乡村的保护与整治

乡村的保护与整治要坚持分区和分类保护相结合，以期做到保护工作的全覆盖。

①分区保护与整治

在分析和研究村落价值特色的基础上，对村落进行分区保护与整治，将村落划分为核心保护区、重点保护区、建设控制区和风貌协调区，并提出对不同分区的保护和整治要求。通过村落分区保护与整治，保证规划的重点保护与整体保护相结合。

②分类保护与整治

分类保护与整治是针对不同的保护对象提出不同的保护与整治措施，以做到具体问题具体分析，保证规划的针对性和可操作性。古村中存在不同性质的保护对象，在制定保护与整治措施时要对其进行分别规定，重点包括村落传统格局的保护与整治、建（构）筑物保护与整治、历史环境要素保护与整治和非物质文化要素保护与整治等。

（5）旅游规划

如何将旅游规划内容与保护规划内容相融合是传统村落型乡村进行综合性规划的重中之重。在进行旅游规划时，要充分意识到旅游发展的根本目的是保护古村，要以保护规划的内容为准则，不能过度开发旅游。在保护规划统筹之下的旅游规划主要从旅游开发的思路、旅游产品的设计、旅游线路的规划、旅游服务设施的规划及旅游营销规划等方面来开展。

（6）土地利用规划

在考虑村落特色与传统风貌的基础上，结合旅游发展的需求，土地利用规划是对现有不合理用地的调整，重点关注旅游和公共设施等相关用地需求。

（7）道路交通规划

传统村落进行道路交通规划时，要遵循原有的街巷格局，尤其是对核心保护区的街巷道路不可随意更改，对交通工具也应该有所限制，考虑到将来旅游发展的需要，还要合理地设置停车场等。

（8）生态环境保护规划

生态环境保护规划是对影响古村环境的各项环境问题提出的预防和治理措施，主要是水污染、生活污染、土壤污染、大气污染、噪声污染、固体废弃物污染等防治规划。

（9）基础设施规划

基础设施规划主要包括给排水规划、电信电力规划、燃气供热规划、卫生设施规划、环境绿化规划、防灾减灾规划等内容。

5.4.2.2.3 实施保障内容

（1）分期实施计划

动态规划才能保证规划的科学性和合理性，进行分期实施计划是动态规划的具体表现形式。分期实施计划将涉及的保护规划、旅游规划、土地利用等规划内容进行近、中、远期划分，规定不同规划期限内的具体任务和项目。

（2）管理实施意见

管理实施意见主要从行政政策管理、经济政策管理、科研教育管理三方面来阐述，其中行政政策管理分别对居民、管理人员、旅游者等主体提出管理实施意见，还要提出实施过程中的常规管理意见和提升规划法律效用的意见；经济政策管理从经济发展模式等角度提出相关的实施意见；科研教育是从人才培养、科研学习等方面提出具体方案以保障村落保护和旅游工作的相互促进发展。

（3）投资估算

对规划中的保护项目、整治项目、旅游等发展项目进行投资估算，为投资者提供依据。

5.4.2.2.4 规划图件要求

传统村落综合性规划的图件应该包含多种规划的核心图件，主要包括区位图、相关上位规划图、现状分析图（土地现状图、交通现状图、传统资源分布图、格局风貌和历史街巷现状图、建筑质量分析图、建筑风貌现状图、基础设施现状图、公共服务设施现状图）、旅游资源评价图、旅游市场分析图、村落保护区划总图、建筑分类保护规划图及相关整治规划图、土地利用规划图、道路交通规划图、旅游线路设计图、基础设施规划图、近期建设规划图。根据不同绘制信息图件的比例尺可以选用1:5000—1:500，一般多用1:2000。

5.4.2.3 两类乡村规划框架的异同

两种类型的旅游型乡村规划框架在思路、结构上是一致的，都体现着规划融合的思想，多种规划的核心内容在主导规划的统筹下形成了一本综合性的规划。而且，为了保障规划编制时的标准统一，规划框架主要包括背景与基础内容、核心规划内容、实施保障内容三大板块。

两类乡村规划框架的不同主要体现在：①主导规划不同，规划侧重点有差异。一般旅游型乡村重点放在乡村旅游规划上，旅游规划所占比重较大；传统村落发展旅游的重要前提是保护，因此，框架中保护规划的内容较一般旅游型乡村要多。②价值评价方面有所差异。传统村落首先强调村落自身的历史价值、文化价值、科学价值，其次才是旅游价值，一般旅游型乡村则更加注重乡村的旅游价值。③具体规划内容存在差异，在具体编制过程中要遵循具体问题具体分析，不应套用。

## 5.5 编制成果

现存关于旅游型乡村的多种规划，其规划成果要求有文本、说明书、图件及附件。经过融合的旅游型乡村综合性规划成果是以规划整合思想为指导，将规划技术路线、规划内容、技术要点等各方面加以呈现，主要有两种形式，一种是文字形式的成果，包括规划说明书、规划文本、基础材料及附件，用文字详细地说明规划的全部内容，另一种是图纸形式的成果，使规划成果更加立体、形象和直观。

# 第六章 结 语

## 6.1 本文结论

本文从"多规融合"的视角出发对旅游型乡村的规划问题进行了较为深入的探讨和分析,主要针对的是多规间不协调、编制多规费时耗力等的相关问题,通过分析问题,并结合旅游型乡村自身的特征构建了较为系统的针对旅游型乡村的综合性规划编制框架。具体来说,本文的主要研究结论有:

### 6.1.1 对旅游型乡村的概念进行了较为详细的界定

本文中的研究对象是旅游型乡村,笔者在对相关的文献进行梳理的过程中,整理相似概念的基础上,提取共同的特征因素,从资源、市场、旅游发展潜力等要素来定义旅游型乡村。通过界定旅游型乡村的概念,一方面可以明确具体的研究对象,另一方面将旅游型乡村与一般型乡村进行区分,为研究做好概念铺垫。

### 6.1.2 指出了旅游型乡村"多规"编制的现状和问题

本文对旅游型乡村多种规划编制的现状及问题进行了较为详细的分析,总结出旅游型乡村中主要存在乡村经济发展规划、村庄规划、乡村旅游规划、传统村落保护发展规划、村庄整治规划、土地利用规划、生态环境保护规划、乡村景观规划等多种规划,而且通过列表的方式对多种规划从管理、法律体系、编制依据、审批机关和规划年限等方面进行对比,最后得出了编制多种规划存在规划要求不一,规划成本高及规划操作性弱等问题。

### 6.1.3 提出了旅游型乡村综合性规划的编制框架

针对旅游型乡村编制多种规划存在的问题,提出了编制旅游型乡村综合性规划的思路和框架。第一,旅游型乡村综合性规划的内涵在于融合的是规划的全过程,主要表现形式是以一种规划为主导统筹其他所需规划,最后形成"一本规划";第二,提出了"主导规划"的选择标准,要同时考虑旅游型乡村中的特殊性和所选主导规划自身的完整性,并指明主导规划在规划中起着目标指引、内容指引的作用;第三,指出了旅游型乡村综合性规划的特点及实现条件;第四,构建了旅游型乡村综合性规划编制框架,主要从理论基础、基本原则、编制过程、内容框架和编制成果等全方面进行阐述。

## 6.2 不足与展望

本论文选题的灵感来源于笔者在规划公司做乡村旅游规划的工作当中,当时比较关注乡村编制多规的问题,后来在查阅了较多文献资料的基础上,确定了最终的硕士论文题目,所以论文具有一定的实践总结性。但是由于笔者自身实践不足和理论基础薄弱,论文依然存在很多的不足。首先,在旅游型乡村的定义和分类上,可能存在覆盖不全或是笼统覆盖的问题,在以后的研究中应该不断地进行细化和提炼,以求不断完善。其次,在分析旅游型乡村多规并存问题时,虽然存在旅游型乡村编制多规的实例,但是这些实例并不典型,所以本文没有以实际案例为分析对象,这样就导致最后的结论比较笼统,缺乏一定的针对性。最后,旅游型乡村综合性规划编制框架是在借鉴目前市场上探索的相关规划成果的基础上提出的,但是作为新的编制方法,其实践的指导性和有效性还有待进一步的验证,需要不断地进行修正和补充,才能更好地加以应用。

**作者简介**

康小青:女,山西省文水县人,2010.9—2014.6 山西大学旅游管理专业本科,2014.9—2017.6 山西大学历史文化学院旅游管理专业研究生,2017 年 9 月至今在山西省投资咨询和发展规划院工作。

# 第五单元

# 基于规划整合的"新型"乡村
# 旅游规划编制体系研究

卢珊珊　　张世满

**摘　要：**随着工业化及城市化进程的加快，越来越多的城市问题接踵而至，诸如人口暴增、环境恶化、犯罪、吸毒等，这一现象被人们形象地称之为"城市病"，"城市病"的加剧使得城市居民开始倾向于生态旅游和绿色旅游，乡村旅游在此背景下产生并受到推崇。目前，乡村旅游发展迅速，加速了美丽乡村建设、农村村容村貌改变及农民群众增收致富，在全球形成了"乡村旅游热"，并成为旅游新常态下重点发展的形式。

我国乡村旅游的大力发展离不开科学规划的指导。乡村旅游因其投资少、见效快、参与力强的特点，使得各地争先开发乡村资源、编制乡村旅游规划。然而从现有的研究资料来看，国内外学者并未对乡村旅游规划的编制体系进行系统研究，各规划编制单位因缺乏现成的乡村旅游规划编制体系的指导，导致乡村旅游规划市场混乱。《旅游规划通则》也需增加乡村旅游规划这一新兴的规划类别及编制标准。

本文以此为初衷，系统研究了旅游规划、乡村旅游规划、乡村旅游规划编制体系等基本问题，通过归纳总结，概括出现行乡村旅游规划编制体系的基本内容及存在的问题。在此基础上，笔者根据市场需求，结合市场上出现的新兴旅游规划，建构出将旅游发展规划、旅游区规划（总规、控规、修规）和村庄整治规划相融合的"新型"乡村旅游规划编制体系。文章采用文献研究法、比较借鉴法、访谈法及内容分析法，对"新型"乡村旅游规划编制体系进行了系统分析，并就其概念体系、编制程序、内容体系、研究成果、技术要求进行了详细说明，从而构建一套完整的规划编制体系，以期规范乡村旅游规划市场，为乡村旅游规划提供切实可行的规划编制程序，并推动《旅游规划通则》分类体系和内容体系的不断完善。

**关键词**：规划整合；"新型"乡村旅游规划；旅游规划通则；编制体系

# 第一章 引 言

## 1.1 研究背景

### 1.1.1 乡村旅游发展环境利好

随着工业化及城市化的不断推进，"城市病"问题日益突出，为城市居民及城市旅游带来诸多影响，旅游者为了暂时摆脱繁重的工作压力，将目光转向具有清新古朴的田园风光和浓郁的乡土文化的乡村地区，"看得见山、望得见水"成为旅游者新的追求，乡村旅游应运而生并受到推崇。作为新农村建设及解决"三农"问题的有力抓手，在过去十年间，中央及有关部委发布的与乡村旅游有关的文件多达 20 多个，尤其是今年乡村振兴战略的全面提出，为乡村旅游的发展提供了很大的契机，乡村旅游发展势头有增无减。2015 年以来，我国居民的消费需求不断升级，在满足了衣食住行等物质需求后，人们更加注重精神享受和品质生活。带薪休假制度的不断落实及自驾车的逐渐普及，使得人们具备了旅游的主客观条件，乡村旅游需求不断增长，乡村旅游在未来十年仍将高速发展。

### 1.1.2 《旅游规划通则》问题突出

GB/T18971—2003 《旅游规划通则》（以下简称《通则》）是由清华大学建筑学院根据中国旅游规划的需要起草的，自 2003 年颁布实施以来，已经在实践中运行了十余年。在这 15 年中，我国旅游业突飞猛进，同时，指导我国旅游规划编制的《通则》也暴露出诸多弊端。《通则》的分类方法扩展序列的包容性和扩充性不够，导致了与现实脱节、规划失灵的现象频频发生。近年来，旅游业的迅速发展使得旅游规划不断创新，市面上出现了类似养生旅游规划、乡村旅游规划等新兴旅游规划类型，但《通则》并未容纳这些新兴规划编制类型，也使得新兴规划无据可寻，《通则》的规划编制体系亟待创新和完善。

### 1.1.3 乡村旅游规划市场百花齐放

在乡村旅游规划过程中，有些规划编制单位按照总规、控规、修规的顺序编制乡村旅游规划,也有一些编制单位大胆创新,在参考《通则》中旅游区规划的基础上将总规、控规、修规三种规划进行了整合,例如有的规划编制单位按照"总规+修规"或"控规+修规"的方式进行编制,有的则在此基础上加入了村容村貌整治规划等内容,乡村旅游规划市场呈现出百花齐放的形式,乡村在委托编制单位编制旅游规划时也存在规划类型及规划深度的选择,在这种情形下,以《通则》的编制体系为基础,结合规划市场的发展变化和乡村的特殊性,以乡村旅游规划编制体系为研究对象,探索符合规划要求且具有普适性和可操作性的乡村旅游规划编制体系成为本文的出发点和落脚点。

## 1.2 研究目的和意义

### 1.2.1 研究目的

乡村旅游自 20 世纪 80 年代中期在我国兴起以来,经历了初创期、发展期、扩张期和升级期四个阶段,目前已成为增长最快的领域,且受到各地的广泛关注,逐渐成为新的生活方式。然而,我国乡村旅游规划尚处于初期阶段,且《通则》中的编制体系并未涵盖乡村旅游规划这一新兴类型,正是由于缺乏标准的乡村旅游规划编制体系的指导,乡村旅游规划实务中出现了编制体系混乱、规划成果实用性低、规划内容千篇一律等不合理问题,亟须进一步完善和规范。

本文通过文献资料查询,总结前人的研究成果并结合自身经验,提出乡村旅游规划编制体系的研究。具体而言,以问题导向为基本思路,通过发现问题→分析问题→解决问题的思维方式,围绕当前乡村旅游规划编制体系的内容,以市场需求为出发点,分析该体系存在的问题及解决策略,以期建构出一种专门针对乡村的具有实用性和指导性的旅游规划编制体系,并通过建构的乡村旅游规划编制体系促进《通则》分类体系和内容体系的修改和完善。

### 1.2.2 研究意义

#### 1.2.2.1 理论意义

首先,从现有研究成果来看,学者们多是从乡村旅游的发展现状入手,针对乡村旅游发展存在的问题,从多个视角给出对策和建议,如战略定位、空间布局、开发模式、社区参与等。对于乡村旅游规划编制体系的研究成果不多,本课题可以推动乡村旅游规划开辟新的研究领域。

其次，本文针对现行乡村旅游规划编制存在的问题进行分析，并在此基础上试图建构将旅游发展规划、旅游区规划和村庄整治规划进行融合的"新型"乡村旅游规划编制体系，从研究视角而言是一次理论创新尝试。

最后，乡村旅游规划编制体系的建构可以促进旅游规划理论研究的深入和发展。

#### 1.2.2.2.实践意义

首先，"新型"乡村旅游规划编制体系主要针对旅游型乡村进行构建，具有针对性和指导性，可以推动规划成果落地实施。

其次，"新型"乡村旅游规划编制体系的建构有利于规范市场上五花八门的编制体系，同时也解决了旅游型乡村以旅游区规划编制体系（总规、控规、修规）编制规划时费时费力且衔接不当的问题。

最后，"新型"乡村旅游规划编制体系的研究将推动旅游规划种类的拓展和完善。此类规划的实施对于更好地指导乡村旅游的开发具有明显的现实意义。

### 1.3 研究内容框架

本文从现行旅游规划编制体系入手，对旅游规划的类型及编制内容进行了归纳总结，并针对现行乡村旅游规划编制体系存在的问题，结合市场需求建构出基于规划融合的"新型"乡村旅游规划编制体系，并对其概念内涵、内容体系、技术要求等进行了详细阐述，以期为乡村提供具有实用性和针对性的旅游规划编制指导，并推动《通则》的修订和完善。

文章分为以下五部分：

第一部分，从选题背景出发，明确本文的研究目的和意义，并对内容框架和研究方法作了简要说明。

第二部分，首先对旅游规划的概念、类型及现行编制体系进行了分析，为深入了解乡村旅游规划编制奠定基础。其次，对乡村旅游规划的基本问题进行了归纳总结，包括乡村旅游规划的概念和研究进展。最后，根据笔者收集到的乡村旅游规划文本对现行乡村旅游规划编制体系的内容进行了深入分析，并结合市场发展状况，深入分析了现行乡村旅游规划编制体系存在的问题。

第三部分，对"新型"乡村旅游规划整合创新的必要性进行论述。

第四部分是本文的核心部分，从概念体系、编制阶段、内容体系、研究成果及技术要求五个方面对"新型"乡村旅游规划的编制体系进行了详细阐述。

第五部分总结全文,指出本研究的主要结论及不足之处,为后续研究指明方向。

本文的研究路径如图 5.1 所示:

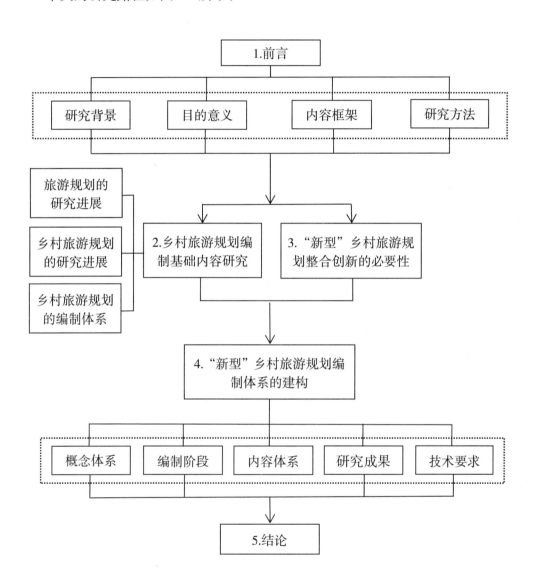

图 5.1 研究路径图

## 1.4 研究方法

### 1.4.1 文献研究法

笔者根据本文所选定的研究对象和方向，通过中国知网数据库查阅了大量关于乡村旅游规划的期刊、杂志、优秀硕士论文和博士论文，并阅读了大量著作，然后进行整理归纳，对乡村旅游规划的概念进行鉴定。

### 1.4.2 比较借鉴法

乡村旅游规划是乡村规划的组成部分，乡村旅游规划是旅游规划的一个分支，与城市旅游规划处于同一层次。因此，通过借鉴旅游规划、城市旅游规划以及其他相关规划的编制体系，可以帮助理解和解决乡村旅游规划编制体系问题。

### 1.4.3 访谈法

访谈法指研究者采用直接对话的方式，向被调查者了解事实、征询意见和建议的方法。本文通过对从事乡村旅游规划的专家、老师和同学进行访谈，了解乡村旅游规划编制过程中存在的问题及解决方案，进而为本研究提供参考。

### 1.4.4 内容分析法

为了充分了解现行乡村旅游规划的编制体系，笔者收集了 12 个乡村旅游规划文本，并以此为研究对象进行了内容分析，通过 ROST Word Parser 词频分析软件得出了乡村旅游规划编制体系的主要内容。

# 第二章　乡村旅游规划编制基础内容研究

截至当前，学术界已经积累了不少关于乡村旅游规划的研究成果。乡村旅游规划作为旅游规划的一种，深入了解旅游规划的研究进展有助于进一步把握乡村旅游规划的内涵。乡村旅游规划应根据乡村特有的属性及市场需求进行创新和改进。通过对现行乡村旅游规划编制体系的内容进行归纳总结，便于从实际层面分析乡村旅游规划编制体系存在的问题。

## 2.1 旅游规划的研究进展

### 2.1.1 旅游规划的概念

旅游规划从本质而言是针对各个旅游系统的变化而产生的预测和调节行为，其根本目的在于通过旅游资源的有序开发产生社会、经济和环境效益[1]。盖茨（1987）认为调查研究和科学评价是旅游规划的基础[2]，预测性是其本质属性。国内学者也对旅游规划进行了诸多定义。孙文昌（1999）将旅游规划定义为以旅游市场的发展趋势为基础，以旅游项目的设计为重点，科学安排旅游消费六要素的过程[3]。吴必虎（2001）在此基础上提出旅游规划重点解决规划区旅游业的发展方向问题，在发展过程中不仅要重视项目打造和营销宣传，更要重视环境保护。

国内外学者普遍认为旅游规划是对未来旅游业发展的总体构想和统筹安排，以资源特色为基底，以市场需求为导向，通过对区域内的资源、环境、人力、财力等多项要素的优化组合，最终实现当地经济、文化、社会、生态效益的最佳优化。

### 2.1.2 旅游规划的类型

由于各地各时期旅游发展情况的差异，国内外学者对于旅游规划类型的划分也存在较大的差异。此外，编制单位性质的不同及专业人员特长领域的差异，也使得旅游规划的类型变得丰富多样。但在现实实践中，作为国标的《通则》是各

---

① Murphy p e, *Tourism: a community approach* (Amercia: Methuen, 1985), p. 54.

② Getz D, "Tourism: A community approach," *Geographical Review*, 77 (1987): 246.

③ 孙文昌：《现代旅游开发学》，青岛出版社，2001，第 84 页。

级旅游发展规划及各类旅游区规划编制的标准。《通则》中的旅游发展规划强调行政区域性，以行政区域为规划单位，涵盖了全国、省级、地市级和县级四个层次的旅游发展规划。《通则》中的旅游区规划则根据规划的范围和深度分成总规、控规、修规及功能性专项规划。

### 2.1.3 现行旅游规划编制体系的主要内容

笔者根据《通则》的要求，从规划内容的角度对不同类型的旅游规划进行了系统梳理，详细内容见表 5.1。

表 5.1 现行旅游规划内容体系

| | 旅游发展规划 | 旅游区规划 | | |
|---|---|---|---|---|
| | | 总体规划 | 控制性详细规划 | 修建性详细规划 |
| 性质 | 偏重于战略规划，主要为旅游业发展提出明晰的思路，为申请政府旅游专项资金和招商引资提供规划支撑，为总体规划提供依据。 | 是以旅游创意策划和产品开发为特色，以旅游区用地布局和配套旅游功能优化为依托,是控制性详细规划的基础。 | 以总规为依据，对近期开发地区的各类用地进行划分，提出控制指标。 | 在控规的指导下，直接对建设项目和周围环境进行详细的安排和设计。 |
| 主要任务 | 明确旅游业在国民经济和社会发展中的地位与作用，确定旅游业发展目标和优先发展项目；优化空间布局。 | 客源市场分析与预测；形象定位；空间布局与规划分区；基础设施建设。 | 衔接总规和控规，为各类建设用地的各项指标提供控制指标方面的指导。 | 以总归或控规为指导，对各项建筑和工程设施进行设计和施工的指导。 |
| 特点 | 1. 宏观性<br>2. 战略性<br>3. 指导性 | 1. 全局性<br>2. 指导性<br>3. 方向性 | 1. 控制引导性<br>2. 图则标定 | 1. 具体性<br>2. 针对性<br>3. 可操作性 |
| 主要内容 | 1. 旅游业发展优劣势分析及与相关规划的衔接；<br>2. 客源市场分析与预测； | 1. 客源市场分析与预测；<br>2. 界定范围，现状调查，旅游资源评价； | 1. 明确用地类型及界限；<br>2. 规划分区，各类用地性质的控制指标； | 1. 综合现状与建设条件分析；<br>2. 用地布局；<br>3. 景观、绿地系统规划设计； |

| | | | |
|---|---|---|---|
| 3. 制定旅游主题形象和发展战略；<br>4. 提出旅游业发展目标及其依据；<br>5. 旅游产品的策划与开发；<br>6. 旅游发展重点项目对其开发时序的说明；<br>7. 提出旅游要素的空间结构及供给策略；<br>8. 提出保障旅游地在开发过程中可持续发展的措施；<br>9. 提出规划实施的保障措施；<br>10. 投资估算分析。 | 3. 主题形象定位；<br>4. 功能分区和土地利用规划,旅游容量的测算；<br>5. 交通路网系统的布局；<br>6. 景观、绿地系统的总体布局；<br>7. 基础设施、服务设施的总体布局；<br>8. 防灾系统和安全系统的总体布局；<br>9. 旅游资源保护范围和保护措施；<br>10. 环卫系统布局,防止、治理措施；<br>11. 近期建设规划,重点项目策划；<br>12. 实施步骤；<br>13. 投资估算分析。 | 3. 道路交通系统指标控制。 | 4. 道路交通系统规划设计；<br>5. 旅游服务设施及附属设施系统规划设计；<br>6. 工程管线系统规划设计；<br>7. 竖向规划设计；<br>8. 环境保护和环境卫生系统规划设计。 |
| 成果要求 | 1. 规划文本<br>2. 规划图表<br>3. 附件 | 1. 规划文本<br>2. 规划图表<br>3. 附件 | 1. 规划文本<br>2. 规划图表<br>3. 附件 | 1. 规划设计说明书<br>2. 图件 |

## 2.2 乡村旅游规划的研究进展

### 2.2.1 乡村旅游规划的概念

结合前文对旅游规划概念及内涵的理解，笔者认为，对乡村旅游规划的理解应把握以下几个方面：

首先，乡村旅游规划是一项根据乡村旅游资源特色及市场需求特点所进行的科学决策，科学规划不能脱离资源和市场这两大基础，否则就会引发"规划失灵"。

其次，乡村旅游规划的主体多样，从乡村旅游规划的策划到乡村旅游的参与，这一过程中的任何参与者都是乡村旅游规划的主体。第一，乡村旅游规划需要政府参与，政府政策及资金支持是乡村旅游规划的基础保障；第二，乡村旅游规划的决策过程需要未来经营者的参与，规划专家对乡村旅游的规划要结合未来经营者的理念及目标；第三，社区居民作为乡村旅游最直接的参与者，其发展意向及参与机制对乡村旅游的发展有着极大的影响。

最后，乡村旅游规划需要规划主体间有效的协调机制，确保规划成果涵盖政府、经营者、专家及群众的意见和建议，确保规划主体的协调参与，以此来保证规划是多方协调参与后绘制的一张蓝图，进而避免"规划失灵"的现象。

### 2.2.2 乡村旅游规划的研究进展

#### 2.2.2.1 国外乡村旅游规划研究

国外研究内容包括乡村景观与土地利用、乡村环境与生态保护、社区参与旅游规划过程、乡村地区"乡村性"的保护、乡村旅游规划中的市场和项目分析，等等。

在乡村景观与土地利用方面，Senes 和 Toccolini（1999）对 Paroodel Serio 乡村的土地利用规划进行了分析，并提出土地利用规划成果必须具有可持续性。

在乡村环境与生态保护方面，LM Campbell（1999）指出生态环境的保护是乡村旅游规划必然要面对和解决的问题。David Pavon 和 Montserrat Ventura（2003）通过案例分析法得出随着乡村旅游的不断发展，村庄的土地利用情况不断改变，生态环境问题也日益突出。LM Campbell（1999）提出在乡村旅游规划中必须考虑生态环境保护的问题。

在社区参与规划过程方面，Milfelner（2006）认为只有创新社区参与乡村旅游的模式，才能促进当地乡村旅游的可持续发展。Murphy（1985）创建了生态社区法用以强调生态社区的建立对旅游发展的重要性。Tress（2005）也强调，利益相关者在乡村旅游规划过程中的参与程度影响着乡村旅游规划的合理化。

关于乡村地区乡村性的保护问题，Franz Hdohfl 和 Susanne Lehringer（2005）以阿尔卑斯山区为案例地，通过对该地旅游规划的研究，得出"乡村性"的保护应当纳入旅游规划中。

关于乡村旅游规划中的市场开发和项目分析，Eleni（2009）认为评估乡村旅游者的各种特征是乡村旅游项目策划和市场开发的前提。Macdonald（2003）对西方乡村旅游规划项目类型进行了研究总结，主要包括庄园旅游、古堡旅游项目、牧场旅游等。

### 2.2.2.2 国内乡村旅游规划研究

国内学者多是从乡村旅游的发展现状入手，针对乡村旅游发展存在的问题，从多个视角给出对策和建议，如开发模式、规划原则、法规建设、战略定位、空间布局、社区参与等。

乡村旅游规划虽积累了很多实践成果，但规划市场仍因缺乏具体的编制标准而尚未成熟。规划编制单位资质的不同也使得规划成果的质量参差不齐，其编制内容大多以项目建设和空间布局为主，缺乏对乡村生态环境和人文环境的保护，景观规划也因不加选择的盲目建设变得杂乱无章[①]。

关于开发模式的探讨，学者们从乡村旅游资源的特性、乡村经济发展水平及农业旅游类型角度给出了不同的模式类型。尹振华（2004）认为乡村资源并非稀缺资源，乡村遍布各地，但凡有乡村的地方都可以开发乡村旅游，这也决定了乡村旅游并不能够产生绝对吸引力，乡村旅游宜采取"农旅结合"的复合型开发方式[②]。也有学者指出，我国乡村经济发展水平落后，旅游开发不宜大肆建设，而应当采取"做减法"的开发模式，追求设施建设的"减"、旅游项目的"简"和投资项目的"俭"。王德静（2002）指出由于乡村旅游类型多样，其开发模式也应当以此为基础选择不同的发展模式[③]。

在规划原则方面，李伟认为乡村旅游的开发主要是旅游项目的策划，因此，其规划原则应该针对旅游项目提出，遵循创新性、前瞻性和发展性原则[④]。郭焕成（2003）对观光农业进行了定性，并就其空间布局的原则进行了详细探讨。

关于法规建设，学者们的观点基本一致，认为乡村旅游的发展离不开法规的指导。从目前的发展现状来看，制定关于保护乡村生态环境与人文资源、实施乡村土地利用规划、建设管理、农户上岗条例等法规或实施细则势在必行[⑤]。

---

① 吕明伟、郭焕成：《观光休闲农业园区景观规划设计的理论与实践》，海峡两岸休闲农业与观光旅游学术研讨会论文，2004。

② 尹振华：《开发我国乡村旅游的新思路》，《旅游学刊》2004 年第 19 卷，第 40—44 页。

③ 王德静：《略论我国农业旅游的开发模式》，《河南商业高等专科学校学报》2002 年第 5 卷。

④ 李伟：《乡村旅游开发规划研究》，《地域研究开发》2003 年第 22 卷，第 72—75 页。

⑤ 王云才：《国际乡村旅游发展的政策经验与借鉴》，《旅游学刊》2002 年第 17 卷，第 45—50 页。

有关战略定位的研究与规划原则略有相似，多数学者并未对两者做出严格区分。但吴建华明确指出乡村旅游规划的战略在于特色化、品牌化和可持续[1]。李伟、郭芳从宏观层面分析和把控规划战略，认为规划战略应当是乡村产业、经济、生态方面相匹配的协同发展。

在乡村旅游规划的布局区位方面，赵立增（2006）指出区位是乡村旅游得以形成和发展的首要因素，而我国目前发展较好的乡村旅游地区多集中于都市近郊或景区周边。也有学者以区位为分类标准，将乡村旅游的类型划分为"景区边缘型、都市郊区型和老少边贫地区型"[2]。

关于社区参与乡村旅游规划的研究，郑群明（2004）论述了社区居民参与的必要性和可行性，肯定了社区参与在资源开发、编制规划及旅游服务的提供等方面的重要性，明确指出规划过程必须参考居民意见[3]。罗永昌以郎德村作为案例地，从参与机制、分配机制、激励机制和管理机制四个方面提出建议，为居民参与乡村旅游规划提供了具体举措[4]。

### 2.2.3 乡村旅游规划编制研究

综合国内专家学者的研究成果发现，关于乡村旅游规划的编制应当存在宏观和微观两个层面上的规划设计，但对于宏观层面规划类别的选择却存在分歧。

申葆嘉（1995）和张丹（2013）认为乡村旅游规划应当编制旅游发展规划，更准确地说是只要开发和建设旅游地（大至一个广阔的地区，小至一个度假区或景点），都要先行制定发展规划。甘巧林虽然也认为乡村旅游应当编制发展规划，但该发展规划处于旅游总体规划之下，换言之，大范围的总体规划是乡村旅游发展规划的上位规划。

魏有广（2007）认为乡村旅游规划编制体系除了具备总规层面的规划外，还应制定专项乡村旅游规划。李永文（2006）在魏有广（2007）的基础上又丰富了微观层面的规划类别，认为详细规划也尤为必要。由此可见，部分学者对乡村旅

---

① 吴建华、郑向敏：《我国乡村旅游发展存在的问题与对策分析》，《旅游论坛》2004年第15卷。

② 陈文君：《我国现代乡村旅游深层次开发探讨》,《广州大学学报（社会科学版）》2003年第2卷。

③ 郑群明、钟林生：《参与式乡村旅游开发模式探讨》，《旅游学刊》2004年第19卷。

④ 罗永常：《乡村旅游社区参与研究——以黔东南苗族侗族自治州雷山县郎德村为例》，《贵州师范大学学报（自然科学版）》,2005年第23卷，第108—111页。

游规划所编制的宏观层次规划限定在旅游区总体规划层面。

总体来看，尽管乡村旅游规划已经积累了不少成果，但从学者们的研究角度而言，多是从乡村旅游的发展现状入手，针对乡村旅游发展存在的问题，从多个视角给出对策和建议。当然，也有少数学者对乡村旅游规划的编制提出了建设性的意见，指出乡村旅游规划存在规划类别的选择、规划内容的侧重、乡村特色的挖掘和规划之间的协调等方面的问题。

从研究综述不难发现，学者们对乡村旅游规划应当考虑在宏观发展战略、微观详细规划、突出地域特色、注重规划协调等方面达成共识，这为探讨基于规划整合的"新型"乡村旅游规划编制体系奠定了基础，也是本研究的理论出发点。

## 2.3 乡村旅游规划编制体系研究

### 2.3.1 乡村旅游规划编制体系

乡村旅游规划编制包括规划队伍的组织、规划实践的开展及规划成果的完成等。从狭义的角度而言，乡村旅游规划编制主要为规划成果完成阶段，包括文本、说明书的写作，图件的绘制及围绕乡村旅游规划工作所进行的专项研究等。

目前，我国尚无完整的乡村旅游规划编制体系，其编制主体也较为多样，政府、集体经济组织、企业法人等均可以成为乡村旅游规划的编制主体，这也造成了当前规划编制没有标准可依。

### 2.3.2 当前乡村旅游规划编制体系的主要内容

为了归纳出乡村旅游规划的编制框架，笔者以规划文本作为内容分析的对象，将收集到的 12 个乡村旅游规划文本的目录整理到了一个 word 文档中，并将其转化为 ROST Word Parser 软件能够识别的.TXT 形式，对其进行了词频分析，得到了表 5.2 的高频词汇。

表 5.2 规划文本的高频特征词

| 序号 | 关键词 | 使用频率 | 序号 | 关键词 | 使用频率 |
|---|---|---|---|---|---|
| 1 | 规划定位 | 3.89% | 29 | 娱乐设施规划 | 1.5% |
| 2 | 规划分区 | 3.89% | 30 | 购物设施规划 | 1.55% |
| 3 | 环境保护规划 | 3.89% | 31 | 基础设施规划 | 1.55% |
| 4 | 空间布局 | 3.69% | 32 | 给排水规划 | 1.36% |
| 5 | 资源评价 | 3.50% | 33 | 电力电信工程规划 | 1.36% |
| 6 | 市场分析 | 3.50% | 34 | 管线工程规划 | 1.36% |
| 7 | 营销规划 | 3.30% | 35 | 竖向规划 | 1.36% |
| 8 | 村容村貌整治规划 | 3.30% | 36 | 住宿设施规划 | 1.36% |
| 9 | 旅游保障机制 | 3.10% | 37 | 餐饮设施规划 | 1.36% |
| 10 | 投资估算 | 2.72% | 38 | 规划原则 | 1.36% |
| 11 | 实施计划 | 2.72% | 39 | 规划范围 | 1.17% |
| 12 | 村庄发展现状分析 | 2.72% | 40 | 旅游发展背景条件分析 | 1.17% |
| 13 | 资源调查 | 2.52% | 41 | 服务设施规划 | 1.17% |
| 14 | 交通设施规划 | 2.52% | 42 | 供热工程规划 | 0.97% |
| 15 | 游线组织规划 | 2.52% | 43 | 发展模式 | 0.97% |
| 16 | 重点项目景观设计 | 2.33% | 44 | 发展方向 | 0.97% |
| 17 | 旅游产品体系规划 | 2.16% | 45 | 旅游产业要素规划 | 0.97% |
| 18 | 道路系统规划 | 2.16% | 46 | 规划背景 | 0.97% |
| 19 | 绿地系统 | 2.16% | 47 | 旅游发展潜力分析 | 0.78% |
| 20 | 防灾规划 | 2.16% | 48 | 附属设施规划 | 0.78% |
| 21 | 旅游开发（发展）机制 | 2.16% | 49 | 村庄详细规划 | 0.78% |
| 22 | 发展目标 | 1.94% | 50 | 土地利用规划 | 0.78% |
| 23 | 旅游市场环境分析 | 1.75% | 51 | 规划理念 | 0.39% |
| 24 | 规划总则 | 1.55% | 52 | 规划目的 | 0.39% |
| 25 | 规划依据 | 1.55% | 53 | 贫困现状及成因 | 0.39% |
| 26 | 规划期限 | 1.55% | 54 | 扶贫潜力分析 | 0.39% |
| 27 | 村庄旅游发展基础条件分 | 1.55% | 55 | 旅游产品开发思路 | 0.39% |
| 28 | 发展思路 | 1.55% | 56 | 周边资源环境分析 | 0.19% |

从词频分析结果可见,规划文本的高频特征词主要集中于规划总则、资源调查与评价、市场分析与营销规划、投资估算及实施计划、村容村貌整治规划、产业要素规划、游线组织规划、产品体系规划、景观设计规划。词频分析结果也表明资源开发、市场定位和产品打造是乡村旅游规划解决的关键问题。

现行乡村旅游规划将乡村看作一个旅游景区,编制的规划体系也主要以旅游区规划的体系为指导,以总规+详规为主要编制方法。详规内容包括土地利用规划、景观规划,也有乡村按照总规、控规、修规的编制体系进行纵向编制。

### 2.3.3 当前乡村旅游规划编制体系存在的问题

从内容分析的结果来看,乡村旅游规划的编制主要以景区规划为指导,其编制体系也有所创新。然而,乡村旅游规划的编制仍然存在一些问题。

#### 2.3.3.1.乡村旅游规划编制类型不明确

乡村旅游规划作为旅游规划的一种,应当遵循《通则》的编制体系和编制要求。然而,从《通则》的分类结果来看,旅游规划被分为旅游发展规划、旅游区规划和功能性专项规划三大类型,《通则》的分类方法并没有涉及乡村旅游规划这一规划类型,使得乡村旅游规划的编制体系不明确。乡村的行政单元属性决定了其应该编制旅游发展规划,然而由于乡村资源体量和地理范围较小,编制旅游区规划也未尝不可,无论编制哪一种类型的规划都有一定的道理,但也均存在不妥之处。

#### 2.3.3.2.乡村旅游规划编制成果百花齐放

正是由于《通则》对旅游规划的分类存在拓展性不够的问题,使得乡村旅游规划在编制实践中没有一致的编制依据,最终导致规划成果五花八门。从现有的乡村旅游规划编制成果中不难发现,乡村旅游规划的编制大多将乡村看作一个规模较小的景区,其规划编制成果自然也照搬旅游区规划的编制要求,即按照总规、控规、修规的顺序进行纵向编制,也有一些编制单位针对乡村的具体情况进行了尝试和创新,出现了"总规+详规"、"控规+修规"等规划融合的编制形式,乡村旅游规划市场出现乱局。

2.3.3.3 不同规划编制体系指导下的乡村旅游规划各有利弊

旅游发展规划和旅游区规划在规划过程中的侧重点不同，解决的主要问题也存在差异，这就导致了乡村旅游规划按照上述两种规划依据编制出来的成果存在差异。

如果乡村按照旅游发展规划的要求进行编制，规划成果对乡村发展方向和发展战略进行了宏观把控，然而对乡村这个小的地域空间来说，规划成果显得过于宏观，在实施过程中过于灵活，缺乏可操作性，难以落地。如果以旅游区规划要求编制，规划成果存在微观层面的建设指导，弥补了旅游发展规划缺乏可操作性的不足，但其自身的编制体系也存在着诸多问题。首先是编制类型的选择问题。旅游区规划存在总规、控规、修规三个编制层次，究竟选择哪一种类型进行编制是乡村编制旅游规划面临的首要问题。按理来说，为确保乡村旅游规划的编制成果涵盖宏观、中观、微观三种层次的要求，乡村应当按照总规、控规、修规的顺序纵向编制旅游规划，但由于乡村地区经济发展水平较为落后，编制三个层次的规划显得费时费力，很少有乡村能够同时编制这三种层次的规划。其次是规划之间的协调问题。如果乡村编制了三个层次的规划，其编制主体又不是同一家规划单位，那么乡村旅游规划成果还将存在衔接不到位的问题。由此可见，按照《通则》中的两大编制体系来编制乡村旅游规划各有利弊。

2.3.3.4 乡村旅游规划"三化"痕迹明显，"乡村性"丧失

"乡村性"是乡村别于城市而存在的特点，乡村的土色土香、聚落分布、乡土文化等正是其独有的特色，更是其吸引力的主要来源。然而，现行乡村旅游规划实务中，存在着规划人员对乡村旅游规划的研究过于表面和浮躁，为了提高城市旅游者的居住质量，满足其在旅游过程中的日常需求，一谈及规划建设项目，就片面地将城市建筑不加选择地照搬到乡村，大广场、现代游乐设施、现代化建筑几乎在每一个乡村旅游规划中都随处可见，似乎成为乡村旅游规划的标配，这使得乡村旅游的城市化、商业化、人工化不断加重，丧失了乡村旅游的精髓，甚至严重破坏了乡村原有的景观。

# 第三章 "新型"乡村旅游规划整合创新的必要性

## 3.1《旅游规划通则》修订完善的要求

乡村旅游的科学发展离不开旅游规划的指导，然而，在规划实务中，并没有现成的编制体系用于指导编制，这导致了市场上出现了五花八门的编制体系，规划成果的质量也参差不齐。从我国旅游规划的编制现状来看，《通则》是编制各级旅游发展规划及各类旅游区规划的规范，作为旅游规划的一种类型，乡村旅游规划并未被纳入《通则》中，《通则》的编制体系也难以满足当前的市场需求和多变的外部环境。因此，从《通则》修订和完善的角度而言，针对市场需求和理论完善的现实状况，乡村旅游规划应当自成一类，探索以乡村为规划对象，以乡村特色为规划亮点，以农民增收、农业增长和农村稳定为规划目标，既符合规划标准又具备普适性和可操作性的乡村旅游规划体系刻不容缓。《通则》分类标准和编制规范要求"新型"乡村旅游规划编制体系的建构。

## 3.2 乡村的景区与行政生产单位双重属性要求旅游发展规划与旅游区规划相融合

乡村旅游的目标即通过特色产品开发迎合市场需求，吸引消费者，通过乡村景区的建设产生经济效益。从这一层面上看，乡村具有景区属性，乡村旅游规划应当按照旅游区规划的编制体系编制，为乡村旅游项目的建设和设计提供具体指导。

然而除了旅游景区这一属性外，乡村还具备另外的属性——行政单位和生产单位。乡村作为中国行政区划结构中的最小单元，从《通则》的分类标准而言，应当编制旅游发展规划。其次，乡村是从事农业生产的农民聚居地，与传统旅游景区相比，乡村除了具备一般旅游景区的特点，即拥有"青山绿水"外，还拥有支持其自身发展的农业产业，包括农场、林场、园艺、蔬菜产地等，由此可见，乡村并非一般的景区，作为发展旅游业的乡村还是生产单位。乡村与景区的最大区别就在于乡村是生产单位，更是农民赖以生存的场所，农民的生活和生产都发生在养育他们的这一方水土上，而旅游业作为传统农业的后续产业，从空间上而言是农村土地利用功能的叠加，这也意味着旅游业的发展离不开农业的支撑。乡村旅游推动了农业的转型升级，农村一产、二产和三产的快速发展势必会影响乡村的经济结构，选择优势产业、合理调整产业结构成为乡村旅游发展必然会面临的问题。乡村旅游业不仅仅要解决传统旅游景区中"青山绿水"的开发建设问题，还要考虑乡村产业结构的调整，这也决定了乡村旅游规划仅仅以景区规划编制体系为指导是不全面的，还应当包含旅游发展规划，为乡村产业结构的调整提供战略指导。

由此可见，乡村因其景区与生产单位的双重属性决定了乡村发展旅游业既需要编制旅游区规划又需要编制旅游发展规划，然而，编制两种类型的规划显得太过烦琐，且乡村经济水平的限制也使得编制两种规划力不从心，从这一层面看，将旅游区规划与旅游发展规划相结合是非常必要的。融合后的乡村旅游规划体系既要包含旅游发展规划的内容，又要涵盖具有乡村特色的旅游区规划的内容，旅游发展规划部分的内容主要解决产业协调、发展战略、目标、定位等问题，而旅游区规划部分的内容则侧重"乡村景区"的开发建设。特别需要说明的是，"新型"乡村旅游规划集旅游发展规划和旅游区规划于一体，两者兼顾，不再细分总规和详规，而是一个宏观战略性与微观可操作性相结合的新型规划，后续可根据需要编制各类型专项规划。

### 3.3 解决与相关规划衔接不当的问题

与相关规划衔接的问题存在两个方面，一方面是不同层次和深度的旅游规划之间的衔接问题，另一方面是旅游规划与乡村其他规划之间的衔接问题。

首先，无论是旅游发展规划还是旅游区规划，都存在规划层次的划分，规划层次的不同也导致了规划编制存在宏观、中观、微观的区别。这就存在一个问题，即旅游规划的编制过程究竟应该"从上至下"还是"从下至上"？如果按照前者，即按照旅游发展规划、总规、控规、修规的顺序依次编制，这样虽能够把握宏观的平衡与协调，但是将因为缺乏基础性规划而成为空中楼阁。如若按照后者，也就是先从详规入手，再以此为基础，编制总规和旅游发展规划，这样非常容易引发重复性建设。总之，从上至下将导致空中楼阁，缺乏基础，从下至上则容易盲目和混乱①。

其次，规划协调的问题还存在于乡村旅游规划与乡村其他类型规划之间，如乡村经济发展规划、村庄规划、保护发展规划、生态环境规划等。如果村庄因旅游发展的需要依次编制旅游发展规划、总规、控规和修规，那在与乡村其他规划的协调方面不仅存在旅游规划之间的协调问题，还存在四个层次的旅游规划与乡村其他规划的协调问题，规划之间的协调成为一项很复杂的工作，而"新型"乡村旅游规划将旅游发展规划与旅游区规划融为一体，整合成为一个全新的旅游规划，与乡村其他规划的协调相比原来四个层次的协调更加方便快捷，也减少了多种规划之间的重复性。因此，考虑到旅游规划与乡村其他规划之间的衔接问题，"新型"乡村旅游规划成为大势所趋。

### 3.4 乡村旅游规划的"农村"和"农民"问题要求村庄整治规划的融入

乡村旅游主要集中在乡村地区，而乡村因为农业水平落后、农村环境欠佳、农民收入微薄的特点导致乡村的基础设施无法满足乡村旅游的发展需要。

首先，乡村旅游以城市居民为消费群体，在其提供的旅游服务中，便捷的旅游交通系统和完善的基础设施是保障，因而乡村旅游的发展是以村庄基础设施的建设和完善为前提的。其次，农村居民对于现代性的追求也要求乡村旅游的发展要保障村民的基本生活条件。最后，乡村旅游规划并非景区规划的"凭空建设"，更加注重乡村现有土地价值和资源价值的盘活，这也意味着乡村旅游发展过程中的住宿设施多是对既有农房、庭院、自建房的完善、加固和风貌设计指引，而旅游整体环境的营造也是在现有村庄的基础上以乡村特色的挖掘、历史文化遗产和乡土特色的保护为手段，通过绿化、美化、重要景观整治提升整个乡村的村容村貌。

《通则》并未涉及上述内容，而村庄整治规划主要是为了改善村庄人居环境、保障居民基本生活条件、提升村庄整体风貌②。考虑到乡村旅游规划中的农村和农民问题，村庄整治规划的融入十分必要。

① 吴殿廷、朱桃杏、王瑜等：《旅游规划编制前沿问题探讨》，《旅游研究》2012年第4卷。
② 康小青：《基于多规融合的"旅游型乡村"综合性规划研究》，山西大学，2016，第20页。

### 3.5 乡村旅游规划经济性的要求

从现阶段及未来一段时间来看，乡村旅游主要集中在经济发展水平落后的地区，且乡村规模较小，因而其编制乡村旅游规划面临着较为窘迫的现状。首先，就乡村地区而言，其范围较小，且资源种类不多，再加上乡村经济水平的限制，编制旅游发展规划、景区规划和村庄整治规划显得劳民伤财，甚至得不偿失。其次，正是因为乡村地区的上述属性，也导致了乡村旅游规划应更加注重实用性和可操作性，这对规划成果的质量提出了很高的要求。

按照《通则》的要求，乡村因其地理范围较小，多数按照景区规划的体系编制旅游规划，而"小型旅游区"又可以跨过总规直接编制详规，经济不发达的乡村往往由于经济条件的限制，直接从详细规划入手编制旅游规划，而且只有这一个层面的旅游规划。这一现象使得乡村旅游规划缺乏总规的宏观指导，缺乏系统综合性的分析和定位，更不用说编制具有战略性指导意义的旅游发展规划了。按照这样的编制办法，如果形象定位和发展方向不准确，只会导致"纸上画画、墙上挂挂"的命运。然而，如果乡村依次编制旅游发展规划、旅游区规划和村庄整治规划，除了费时费力外，还存在规划衔接不到位的问题。因此，乡村编制旅游规划适宜进行规划整合，既节约成本，又避免了规划衔接不当的问题，使得乡村旅游的发展既有战略性宏观层面的指导，又具备可直接建设的操作性，还能实现农村整体环境的提升和农民资产的升值。

### 3.6 符合"规划融合，共绘一张蓝图"的规划编制趋势

近年来，乡村旅游规划的编制形式日趋多样，旅游规划的融合已经成为规划市场上的新趋势。然而，这些规划编制形式的创新并不符合《通则》的标准和要求，多样化的编制办法使得乡村旅游规划市场更加混乱。探索基于规划融合的"新型"乡村旅游规划编制体系既符合"规划融合"的编制趋势，又能推动《通则》分类标准及编制体系的不断完善，进而促进乡村旅游规划编制体系的完善。

# 第四章 "新型"乡村旅游规划
# 编制体系的建构

"新型"乡村旅游规划是就现行乡村旅游规划市场不规范的现象而提出的具有针对性和实操性的规划，为进一步明确"新型"乡村旅游规划编制体系，笔者将从概念体系、编制阶段、内容体系、编制成果、技术要求五个方面进行详细阐述。

## 4.1 "新型"乡村旅游规划概念体系

### 4.1.1 "新型"乡村旅游规划的基本概念

从整合基础来看，"新型"乡村旅游规划是以《通则》中的旅游发展规划、旅游区规划（包括总规、控规和修规）及村庄整治规划为基础内容，通过整合或取舍而产生的新的旅游规划类别。

从操作过程来看，"新型"乡村旅游规划并非原有内容的简单相加，也不是全盘重新建构，而是根据乡村发展旅游的实际情况和拟解决的关键问题，将不同性质和深度的规划重点内容进行有机整合，力争最终的规划成果既涵盖旅游发展规划的产业发展战略引导，又包括总体规划的整体布局，既包含控规的建设控制，又囊括修规的建设指导，还融合村庄整治规划的村落提升，成为发展与建设相结合、策划与设计相统一的综合性乡村旅游规划。

实质上，当前市场上新兴的规划编制方式与本文提出的"新型"乡村旅游规划编制体系可谓异曲同工，但缺乏规范化的编制标准和体系。"新型"乡村旅游规划编制体系的建构力求在总结当前成果的基础上，立足乡村实际情况，整合优化现有编制成果，对乡村旅游规划提档升级，建构符合规划要求且具有普适性和可操作性的乡村旅游规划编制体系，引导乡村旅游规划市场走向规范化，并试图推动《通则》的不断完善。

### 4.1.2 "新型"乡村旅游规划的特点

#### 4.1.2.1 编制主体的单一性

"新型"乡村旅游规划对《通则》和《村庄整治规划编制方法》中的规划内

容进行了整合，多个规划，一个成果，整个乡村旅游规划的编制由一家规划单位负责完成，规划成果避免了不同层次的旅游规划由不同规划单位编制所造成的规划衔接不当的问题。

#### 4.1.2.2 开展机制的开放协调性

为确保乡村旅游规划真正成为老百姓的"心里想"，成为推动乡村发展的"金钥匙"，"新型"乡村旅游规划的编制将采用由政府、专家、管理者及社区居民共同参与的"开放式"机制开展，将情况调研、资料整理、项目分析、可行落地有机结合，实现全民参与和资源共享的政策部署，调动乡村居民建设乡村旅游目的地的积极性，形成全方位、多角度、立体化的顶层设计，让规划真正成为吸纳多方利益相关者意愿的美好蓝图。

#### 4.1.2.3 规划的"反规划"性

"反规划"是基于我国城市化的加快及城市在市场经济背景下无序扩张的问题而产生的一种城市规划与设计的新方法。2006 年，俞孔坚首次在乡村规划中提到要先做"反规划"，即乡村规划首先应从规划不建设用地入手，而非传统的建设用地规划。近年来，"反规划"理论逐渐受到学者们的肯定，并多次被旅游研究领域的专家应用到旅游规划理论研究中去。在旅游规划中，"反规划"理论的应用在于指导旅游景观规划，即优先划定不建设区域，再以此为背景进行空间结构布局。

针对乡村旅游快速发展、乡村旅游规划研究不深入导致的以牺牲乡村资源、毁坏生态环境为代价追求经济效益的现状，本文认为，乡村旅游规划应引入"反规划"理论，改变传统思路的项目先行，先划定乡村旅游开发中的不建设区域，如农田、湖泊、湿地、生态保护区等，以此作为乡村旅游的"底"，然后再在底上画"图"，以环境保护—资源调查—分析—市场—产品为工作思路，确保环境和资源能永续利用，构建良好的景观生态系统，促进乡村旅游规划的可持续发展。

#### 4.1.2.4 规划内容的全面系统性

"新型"乡村旅游规划的内容较为全面，既涵盖了发展规划的战略指导，又包括了总体规划的空间布局，既包含控规的建设控制，又囊括修规的建设指导，还汲取了村庄整治规划的村落提升，将五种不同层次的规划进行有机融合，凝练精髓,形成以乡村为研究对象的系统性旅游规划。

4.1.2.5 规划成果的经济实用性

"新型"乡村旅游规划编制体系主要针对乡村进行研究和编制,结合乡村的特点、乡村旅游发展现状及乡村旅游规划市场,沿用《通则》的一些技术思想,将《通则》中的旅游发展规划、旅游区规划(尤其是详规)和《村庄整治规划编制方法》相融合,规划成果经济实用,针对性强,可以直接指导乡村旅游的开发建设,具有极高的实用价值。

### 4.1.3 "新型"乡村旅游规划的意义

4.1.3.1.规范乡村旅游规划市场,推动《通则》不断完善

"新型"乡村旅游规划将不同层次和深度的旅游规划类型进行有机整合,将五个层次的规划内容融合在一个规划成果中,形成兼具战略指导性、综合系统性、内容针对性、建设可操作性、乡村特色性的综合旅游规划,为乡村旅游规划的编制建构一个模板,在规范乡村旅游规划市场的同时也会推动《通则》分类方法及拓展性的不断完善。

4.1.3.2.保护乡村生态环境,促进乡村旅游可持续发展

"新型"乡村旅游规划编制体系引用"反规划"理论,在资源调查与分析的基础上,通过确定合理的生态环境容量,以乡村生态资源的永续发展为目标,优先考虑生态环境保护,对乡村的人工建设进行限制,确保乡村生态环境不会遭到破坏,旅游者可以持续领略"青山绿水"的魅力。"反规划"理念的引入将改变传统乡村旅游建设发展过程中的先开发后保护、先建设后维护的开发方式,做到保护在前开发在后,确保乡村旅游的发展活力。

4.1.3.3 提高乡村旅游规划编制效率,增强规划经济性和实用性

"新型"乡村旅游规划将不同层次和深度的规划进行融合,将多个规划内容集中在一个规划成果中,且整个过程由同一规划单位编制,无论是从前期的调研,还是后期的规划评审环节,都大大减少了编制五种类型规划造成的时间成本和经济成本,提高了规划编制效率。同时,"新型"乡村旅游规划集宏观、中观、微观内容体系于一体,是发展与建设相结合的规划,可以直接指导乡村旅游的建设和发展,是一项落地性较强的规划,具有很强的实用性和建设指导性。

## 4.2 "新型"乡村旅游规划编制阶段研究

目前关于乡村旅游规划编制技术路线的研究尚无定论，但国内多个学者就旅游规划的技术路线提出了建议，本文针对乡村旅游的特性，以《通则》中的编制阶段为基础，在归纳总结国内学者对旅游规划应遵循的技术路线的指导下，将"新型"乡村旅游规划编制阶段分为前期准备、实地调查与分析、总体思路商定、具体规划及征求意见修改评审等阶段。

**第一阶段：前期准备**

这一阶段的主要工作内容包括：①前期资料收集；②规划团队组建；③工作方案制定；④工作任务分解；⑤"开放式"协调参与机制制定。

第二阶段：实地调研与分析

这一阶段的工作内容包括：①旅游发展市场环境调查分析，从国家、省市、县域等层次对乡村旅游的市场发展现状及特点进行调查分析；②旅游发展基础条件调查与分析，包括区位条件、自然环境、人文环境等；③村庄基础条件调查分析，包括村庄建筑格局、街巷院落、基础设施、公共设施、产业结构发展现状、用地现状及旅游业发展现状调查与分析；④旅游资源调查与分析；⑤客源市场调查与分析，包括游客数量、人口统计学特征、季节性分布、旅游方式、旅游偏好、消费水平等，并在此基础上预测乡村未来客流总量、结构及水平等，为之后的市场细分奠定基础[①]。

**第三阶段：总体思路商定**

这一阶段是整个乡村旅游规划过程中最为重要的阶段，决定了乡村未来的发展方向，是对乡村旅游业发展的宏观把控和指导。主要任务是根据上一阶段对乡村发展现状及旅游业发展条件的分析和把握，解析旅游业发展与乡村其他产业（特别是农业）间的关系，确定旅游业在整个乡村经济发展中的地位和作用，并以此为基础，结合国家、省、市、县甚至村庄对发展乡村旅游业的法规文件及政策条例，确定乡村旅游的战略定位、发展方向、发展模式、产业定位、形象定位及发展目标。

**第四阶段：具体规划**

具体规划阶段是乡村旅游规划的核心阶段，直接关系到乡村为游客提供的旅游产品及服务。这一阶段的规划工作依次要完成以下任务：①对空间布局进行规

① 国家旅游局：《旅游规划通则》（GB/18971—2003），2003。

划,在这一过程中必须要考虑"反规划性",即优先确定用地性质,先划定乡村旅游开发中的不建设区域,如农田、湖泊、湿地、生态保护区等,然后以此为基础进行空间布局规划,并指导景观系统、绿地系统及基础设施的规划;②进行重点项目策划、村庄基础设施规划、配套设施规划、村容村貌整治规划,这主要是针对乡村社区建设所做的规划;③旅游市场分析与营销规划,在对乡村的旅游市场做出分析的前提下,明确指出乡村旅游的细分市场、地域指向及针对细分市场宜采用的营销宣传手段;④旅游发展机制及实施保障规划,主要从政策、资金等多方面给出建议,同时要强调居民的有效参与。

**第五阶段:征求意见修改评审**

在规划文本初步形成之后,开放式协调机制内的各方代表,包括委托方、多学科专家组成的规划团队、村籍精英组成的顾问团队等都应当就规划草案提出意见和建议,规划编制单位应当充分尊重各方意见,对规划草案进行修改和完善。随后,委托方应组织评审,编制单位在评审通过后要根据评审意见对规划内容进行补充、修改、完善和提升。

## 4.3 "新型"乡村旅游规划编制内容体系的建构

### 4.3.1 建构思路

"新型"乡村旅游规划编制体系中,五个类型的规划内容都要有,但解决的问题不同。

旅游发展规划部分的主要任务为:①制定乡村的旅游业发展战略;②点明乡村的旅游业发展方向;③明确乡村的旅游业发展模式;④指明乡村的旅游业发展定位;⑤设定乡村的旅游业发展目标。

总规部分要解决的主要问题是:①村域内旅游资源调查与评价;②目标市场的调查与分析;③空间布局与规划分区;④游客容量预测;⑤提出规划时序,策划重点项目;⑥针对开发步骤、建设管理和运营提出建议;⑦做出投资预算分析。

控规部分要解决的主要问题是:①明确乡村范围内各类不同性质用地的界限;②规定规划建筑、交通道路等的控制性指标。

修规部分主要解决的问题是:①景观规划;②道路交通设计;③绿地系统设计;④服务设施规划设计;⑤工程管线规划;⑥环境保护及环卫系统规划设计。

需要说明的是,对于旅游区总体规划与修建性详细规划中重合的部分,如绿地、景观、环卫等系统规划，并非直接在总规中摒除，而是考虑到乡村旅游规划的实用性和实操性，应以修建性详细规划为主，但不能脱离总体规划的总体部署及控制性详细规划的刚性限制。

最后，《村庄整治规划编制办法》（以下简称《办法》）中的安全防灾整治、村民给水设施整治、道路交通安全整治、排水污水整治、厕所整治、环境卫生整治、村庄节能改造等与旅游区规划中的基础设施规划设计、道路交通系统规划设计、旅游安全保障规划及服务设施规划设计重复，因此对这两部分内容进行整合，因旅游区规划中的详细规划相较于《办法》深入到了景观设计层面，因此以旅游区规划为准，但也不可忽略《办法》中的硬性要求。将《办法》中剩余编制内容及标准作为"新型"乡村旅游规划中村容村貌整治规划主要解决的问题，并加入整体调研与评价的内容，即①村庄建筑质量分析；②村庄建筑风貌分析；③农房改造规划设计；④村庄风貌整治规划；⑤村庄整治长效管理机制。

为了直观展示"新型"乡村旅游规划的编制内容体系，笔者将整个框架分为基础部分、战略部分、规划部分、保障部分及规划图件部分，并依次做出详细解读和说明。

### 4.3.2 基础篇

"新型"乡村旅游规划的基础部分主要是对村庄的基础条件、旅游资源赋存状况及乡村所在区域旅游发展的市场环境及客源市场状况的调查。基础调查是旅游规划的基础，是乡村旅游发展方向定位及项目策划的先决条件，因而要全面、详尽、深入。基础部分的内容在旅游发展规划和总规中均有涉及，但前者的调查不够全面、深入，所以，这一部分基本按照旅游区总规的要求来做。

#### 4.3.2.1.村庄基础条件分析

作为乡村旅游业规划及发展的先决条件，村庄基础条件的分析显得尤为重要。村庄基础条件分析部分应包括规划范围界定、区位条件分析、村庄自然条件与人文条件的调查及村庄发展现状、居民意愿的调查。需要指明的是，对于村庄发展现状的分析中应包含村落建筑现状、基础设施及公共服务设施现状、产业（包括农业、工业等）及旅游业的发展现状。

在《通则》的原有规划体系中，旅游发展规划涵盖内容广泛，但并未涉及村庄村落建筑现状调查；总规并未涉及村庄村落建筑、产业发展现状的分析及调查；

修建性详细规划中只涉及"综合现状及建筑条件分析"这一项；村庄整治规划要求资料收集要全面反映乡村实际状况，乡村居民的需求是重中之重。在"新型"乡村旅游规划中，基础条件分析部分对原有规划体系的编制内容进行了整合，内容更为全面细化，力求为后期乡村旅游规划方向定位及项目建设打下扎实的基础。

（1）规划范围界定

通常来说，规划范围是村庄的行政区划的总面积。然而，也可能因甲方的规划意愿产生改变，视具体情况而定。规划范围的界定也决定了资源调查的范围。

（2）区位条件分析

区位条件通常包括经济区位、地理区位、交通区位和旅游区位等，对区位条件进行分析有利于抓住乡村发展旅游业的优势条件。经济区位通常是指地理范畴上的经济增长带或经济增长点及其辐射范围，对经济区位进行分析有利于后期客源市场的确定及客源总量的预测。地理区位即规划区的地理位置。交通区位即对规划区周边的铁路、航空、公路等交通条件的分析。旅游区位则是对乡村周边旅游景区或者景点的地理位置及资源类型的调查和分析，利于分析乡村与周边的竞合关系。通过对乡村区位条件的调查和分析，有利于明确其区位优势，有利于后期对规划区的客源市场及发展方向进行明确定位。

（3）自然、人文条件概况

乡村的自然及人文条件通常也称为地脉和文脉。自然条件主要包括地形地貌、气候条件、水系与水资源、土壤植被、生物资源等。作为乡村发展旅游业的资源本底，对乡村环境及乡村区别于城市的特色风貌起着基础的决定作用，资源环境也是乡村的主要吸引点之一。人文条件则包括乡村的历史沿革、民俗文化等。人文条件中的文化资源对于规划中旅游产品体系及节庆活动的策划有着直接的影响。对乡村自然条件及人文条件的深度调查利于乡村旅游规划因地制宜、植根本土，避免后期规划分析与定位的决策失误导致规划失灵和规划难以落地的问题。

（4）村庄发展现状

村庄发展现状即对村庄的整体发展状况进行摸底和调查，包括村庄的建筑风貌、公共设施与基础设施建设情况、村庄产业发展现状及旅游业发展历史及现状。对村庄的建筑风貌进行调查有利于整体上把握村庄外形特点，为后期村庄的形象定位、风貌整治奠定基础。村庄公共设施与基础设施的建设情况是村庄整治规划的重点内容，建设现状直接影响了后期规划的布局和细节设计。产业现状的调查是为了对乡村各类产业的结构、盈利、规模和特色进行总体把握，根据发展潜力对乡村的产业结构进行调整，确定各个产业的优先发展顺序。旅游业发展历史与现状的调查直接关系到后期规划目标的制定、发展战略与发展模式的选择，是村庄发展现状调查的重中之重。

（5）居民意愿的调查

对居民意愿的调查包括村民对发展乡村旅游、对乡村旅游规划的意见及参与乡村旅游发展的意愿。综合性乡村旅游规划要确保整个规划成果涵盖村民的发展意愿和构想，确保村民能够成为乡村旅游的参与主体，通过从事旅游产业要素的发展来拓宽增收渠道、增加收入。

4.3.2.2 旅游资源调查与分析

旅游资源的调查是调查工作的重点，决定了其开发利用的方向和产品类型的选择。对旅游资源的调查可根据国标《通则》中的相关条文，对乡村旅游资源特色、开发潜力等要素进行定性及定量分析评价，旅游资源的调查和分析可以为乡村旅游资源的开发利用提供重要依据，可以帮助规划者更加清晰地认识乡村旅游开发的现状及乡村旅游资源开发利用的方向。

对于这一部分的调查与分析，旅游发展规划和旅游区总体规划中均有涉及，但从调查深度来看，旅游发展规划的资源调查较为粗略，不够细致，因此，"新型"乡村旅游规划中对于旅游资源的调查以总规为主，但要求更加严格，要对旅游资源的种类、数量、质量、分布、价值、存在环境、利用现状和开发条件进行摸底，依照国家标准《中国旅游资源普查规范》，通过现场踏勘、文献查询、专家访谈、归纳总结等多种方法对村域内资源进行整理。随后，对旅游资源进行定性和定量分析，力求全面、客观地反映资源价值及资源特色，进而确定特色项目的打造和开发。

4.3.2.3 客源市场分析

客源市场的分析关系到乡村地区未来目标市场的定位和选择，是整个战略决策的关键所在。旅游发展总体规划和总规对该内容均有涉及，且分析内容基本一致，即分析预测需求总量、地域结构、消费结构等。在"新型"规划中，客源市场分析主要分为三大部分：一是市场环境调查与分析，二是客源市场定位与细分，三是市场规模分析与预测。

（1）市场环境调查与分析

遵循由宏观到微观、由整体到部分的原则，具体而言，要对整个国内的旅游需求进行整体把握，再从省、市、县、区域内市场需求出发，结合规划村域内的资源特色及游客需求，对村域发展乡村旅游的大市场环境做出合理预判，为客源市场的定位和细分提供背景条件。

（2）客源市场定位与细分

客源市场的定位与细分以市场环境调查分析的结果为前提，从地域分布、游客群体的细分及营销策略及产品设计等方面详细区分和设定。对于客源市场的地域分布，要通过充分的调查和分析，对规划区形成市场、完善市场和提升市场做出有效界定，循序渐进，做强乡村旅游。游客群体的细分对旅游发展市场环境的调研提出更高的要求，在前期调研时应对调查对象的性别、年龄、职业、消费偏好、消费水平等特征进行调查，并根据调查结构，从上述五个方面详细划分目标市场。对客源市场的细分有助于景区有计划、有目标地对目标市场采取不同的营销手段和策略，有助于景区游客数量的保证和建设项目的开发。

（3）市场规模分析与预测

旅游市场规模分析与预测是指在大量过去和现在的相关数据的基础上，对未来旅游市场的展望和推测。规划应以项目规划目标为依据，参考周边景区、省内、国内类似景区的人均消费水平和规划区近几年的旅游发展情况，对规划区各阶段市场总量及成长速度进行理论推算，对规划区的游客数量及增长规模进行合理评估与预测。

### 4.3.3 战略篇

战略篇主要解决乡村旅游的发展定位。乡村旅游发展定位包括战略定位、发展方向、发展模式、产业定位、形象定位和发展目标。旅游发展定位在旅游发展规划和总规中均有涉及，分别为旅游发展规划中的"提出旅游主题形象和发展战略"、"提出旅游业发展目标及其依据"和总规中的"确定主题形象和性质"。乡村旅游发展定位关系到乡村发展的宏观战略布局，已然上升到战略层面，它决定了乡村旅游产业的未来走向。旅游发展规划主要解决向什么方向发展的问题，而总规则解决怎样发展的问题。换言之，旅游发展规划是发展方向、发展战略的规划，而总规则是发展目标、发展措施的规划。

因此，在"新型"乡村旅游规划中，乡村旅游的发展定位以旅游发展规划为主，辅以旅游区总体规划的内容，确保规划发展定位具有战略性、指导性、宏观性和可实现性。

#### 4.3.3.1 战略定位

战略定位分为宏观和微观两个层次。宏观战略定位是乡村旅游在区域旅游发展中的角色和定位，是乡村旅游发展的纲领和方针；微观战略定位则是乡村旅游在村域经济中的定位，这一定位决定了乡村旅游产业在村域产业中的发展时序和投资分配。明确规划区旅游业的战略定位，找准自身特色和比较优势，可以实现快速发展和联动发展。

#### 4.3.3.2 发展方向

发展方向是指根据乡村旅游资源的特色及市场需求所打造的旅游产品和重点项目的类型和价值。发展方向是旅游资源产品化的指导，决定了乡村旅游的产品开发所针对的是哪种类型的消费市场，为旅游者提供哪种旅游价值，通常发展方向包括观光、休闲、度假、体验、文化等类型。发展方向的确定有利于乡村旅游与更大范围的旅游市场进行对接，明确自身的发展类型，也有利于具体项目的建设。

#### 4.3.3.3 发展模式

发展模式是指乡村在发展旅游业过程中的开发方案和发展思维，是旅游业发展状况良好的乡村旅游案例的集合，是对不同境遇下解决乡村旅游发展问题的方案和经验的高度概括和总结，为解决同一或类似旅游发展问题的乡村提供参考性的建议和思路。

#### 4.3.3.4 产业定位

产业定位是战略定位的细化，更确切地说是战略定位的微观层面。它主要通过确定旅游产业在乡村各项产业中的比重和地位对乡村产业结构进行调整和优化。通常，按照旅游业的发展程度和规模，可以将其划分为：成长型产业、先导产业、支柱产业和主导产业等。一般而言，一个村庄的发展依赖于多种产业，不可能仅仅把旅游业当作发展经济的唯一产业，明确旅游业在整个乡村经济的地位，既有利于旅游开发力度的确定，又有利于旅游产业的发展与其他产业的协调。

#### 4.3.3.5 形象定位

形象定位是对规划区文脉的深入挖掘和剖析，是基于自然地理基础、历史文化传统和社会心理积淀而提炼出来的旅游目的地形象。从本质上看是为了市场营销活动，根本目的是依靠形象吸引游客前来旅游。形象定位通常以宣传口号的形式出现，既点明乡村旅游的发展思路，又起到画龙点睛的宣传效果。

### 4.3.3.6 发展目标

发展目标分为总体目标、阶段性目标和细分目标。总体目标对村域旅游业的发展有着极为重要的意义，它设定旅游发展的方向目标，并指明旅游发展的途径。阶段性目标根据建设期限可分成近期目标和远期目标，通常，近期目标以改善旅游基础设施为主，使得乡村旅游吸引力体系得到根本性优化，旅游经济效益明显提高。远期目标则以旅游业带动作用为依托，促进多方面效益的全面提升。细分目标则是从经济、社会、环境和文化等方面制定的具体目标。

## 4.3.4 规划篇

### 4.3.4.1 旅游空间布局与规划分区

空间布局是针对乡村的地域文化特征与空间资源关系，对规划区旅游发展做出的空间层次上的整体部署。对规划区空间结构的划分，有利于明确规划区同类资源及空间地域特色的分布，进而为后期规划区项目建设的分布及组合关系奠定基础，而不同项目在空间上的落点，也进一步明确了项目建设的先后次序及游客接受旅游服务的线路指引。

在现行旅游规划编制体系中，旅游发展总体规划明确指出要"提出空间布局的基本原则"，总规指出要"确定功能分区"，而在控制性详细规划中则指出"规划分区，规定用地性质及控制指标"，修建性详细规划也提出"用地布局"。村庄整治规划要求绘制"村庄用地布局图"。不难看出，原有规划体系中对于旅游空间布局及规划分区均有涉猎，但其规划要求及划分层次却有所不同。旅游发展规划和总规均侧重于旅游利用角度的空间范围划分，不同点在于旅游发展规划更加注重宏观层面的逻辑关系及要素结构的空间落地，而旅游区总体规划则细化到了功能分区的结果及承载能力的判定，两者存在宏观指导与微观落实层次上的差别。以此为基础，再比较控规和修规的内容，不难发现，控规是对规划分区在用地性质上的严格把控，包括地块面积、容积率、绿地率、建筑密度、建筑限高等，而修建性详细规划则是规划分区中项目建设的一个深入规划。村庄整治规划并非针对旅游利用进行用地性质控制，不同旅游规划体系中的侧重点不同，故每种类型的规划编制各有侧重。

在"新型"乡村旅游规划编制体系中，旅游空间布局与功能分区的编制以旅游规划为标准，是原有规划编制体系精华的融合和浓缩，即这一板块的编制遵循从宏观到微观的原则。既要包含将整个乡村空间区域划分成若干功能空间的决策原则及办法，又要涵盖各个功能分区对游客服务的承载力，还要囊括详规中对用地性质及面积等的指标控制和项目建设规划，以此为标准进行逐级规划和说明。

4.3.4.2 重点项目策划

乡村旅游通过旅游项目的打造，实现创意乡村、诗意乡村、浪漫乡村。重点项目的打造是乡村传递创意、诗意和浪漫色彩的载体，也是乡村旅游吸引旅游者的招牌。总规要求进行"重点项目策划"，控规则规定项目建设的控制性指标，修规要求进行"景观系统规划设计"。

在"新型"乡村旅游规划编制体系中，重点项目的策划集百家之长，将总规、控规和修规的内容融会贯通，既要有总规层面对于规划区整体景观布局、特性的考量和宏观指导，又要以此为基础，融合控规中对于重点项目在建筑体量、规模、色彩等硬性指标的控制，还要在微观上落实到修规层面，对重点项目的景观进行规划设计，细致到具体建筑、景观小品等的摆放布置，力求重点项目的打造从整体布局到细节的层层深入、不断细化，直至直接指导项目建设。

4.3.4.3 乡村基础设施规划

基础设施包括给排水、电力、电信、供热、防灾等系统。乡村地区由于经济发展落后及地形地势的限制等原因，基础设施相较于城市落后很多，有些乡村地区甚至没有自来水供应，基本的饮水问题还要靠水井解决。乡村旅游的游客群体以城镇居民为主，城镇游客回归乡村体验原汁原味的乡村性的同时，也要求服务的现代化，电力、电信、供热等方面的需求是必不可少的。乡村旅游的发展要求乡村基础设施不断完善，同时，乡村居民对现代生活的追求也对基础设施的发展提出相应要求。

旅游发展规划作为区域性规划，以宏观旅游产业的发展为主要目标，缺乏对基础设施规划的要求。总规明确要求"旅游区基础设施的总体布局"，在控制性详细规划中并未对基础设施规划做出详细要求，但这一部分内容与道路、建筑等规划内容相关，且有的规划编制单位在控规中也有专门的章节研究基础设施规划，有的也称作市政工程规划。修规要求提出"工程管线系统规划设计"和"竖向规划设计"。村庄整治规划要求"村庄安全防灾、生活给排水设施、厕所、电杆线路、村庄节能整治"。

在"新型"乡村旅游规划编制体系中，基础设施的规划要求其各项指标能够满足乡村居民及未来旅游发展的游客需求。基础设施规划包括总规、控规、修规和村庄整治规划四个规划层次上的统筹。首先，基础设施的规划设计要以整个规划区的地形地势、分区结构、道路走向、地景环境及各个工程管线的确定为主，结合规划区旅游发展的需要，对基础设施的总体布局做出综合部署，使之尽可能得到合理高效的利用。然后，在总规的基础上，结合村庄整治规划的要求，对各类工程管线的数量、位置、走向、种类、材料、用途等进行详细控制，确保基础设施的建设既能够满足旅游发展的需要，又不影响整个乡村旅游景观的和谐性。最后，要在修规层面对各类工程管线的各个详细铺设环节进行规划设计，使得各管线布置符合各项规范要求，实现技术、卫生和安全的统一。

#### 4.3.4.4 乡村服务设施规划

旅游服务设施及附属设施规划旨在为游客的旅游活动提供各项服务，为其创造一个舒适、便捷的活动空间，具体包括游客服务中心、旅游标识系统以及住宿、餐饮、娱乐、购物四大要素。

旅游发展规划作为宏观战略规划，重点强调各要素的空间布局及其供给的原则，更多的考量整个空间范围的分区是否合理；旅游区总规强调对"旅游服务设施的总体布局"做出部署；旅游区控规主要是对其风格、色彩、体量的控制，并对交通出入口方位、停车泊位、建筑后退红线、建筑间距等的要求；而修规直接上升到景观设计层面，要求对旅游服务设施进行设计指导。

在"新型"乡村旅游规划编制体系中，服务设施规划以总规的总体部署为基础，以控规的指标控制为限制，主要以修规的规划设计图为指导进行修建、整治和配置，确保服务设施既能够起到服务利用功能，又能够兼顾景观效果，与规划区的总体氛围交相呼应。

#### 4.3.4.5 乡村道路交通系统规划

乡村道路交通系统是旅游者在乡村内部的交通游览依托，道路系统的完善程度直接决定着目的地的可进出性，影响目的地旅游发展状况。道路交通系统可划分为路网系统、道路层级、交通工具、出入口和停车场。旅游发展规划中对于道路系统规划的内容放在旅游产业要素规划中，且主要强调其空间布局，旅游区总规对道路系统的要求为"布局主要交通设施的规模、位置",控规要求"道路交通系统的规划控制",修规则要求"道路交通系统规划设计",村庄整治规划要求"提出村庄道路的整改措施;确定村内道路的层级、宽度、铺装材质;确定道路及地块的竖向标高;提出停车方案及整治措施;确定道路照明方式;确定电线杆、交通标志、交通设施及公交站点的位置"。

在"新型"乡村旅游规划编制体系中,对道路系统按照总体布局和具体控制与设计的思路进行规划。首先,在总规层面,要依据整体规划布局及交通走向,对路网系统进行整体空间布局的规划、主次干道道路系统层级的规划,在村庄整治规划层面,对交通节点进行定点和规划,确保道路交通的合理性及各个规划分区的串联性。在控规层面,结合村庄整治规划中对村内道路的指标要求,对规划区各区域内的道路类型、道路红线、断面形式、竖向标高等进行控制,从技术层面对道路建设的科学性进行把控。在修规层面,要根据道路种类的差异,对道路宽度、铺装材料、道路走向、景观小品、建筑规模等进一步设计。

4.3.4.6 乡村绿化设计

乡村绿化即通过不同植被的搭配种植,绿化美化规划区环境,从一定程度讲,绿化系统本身也是乡村的景观,对游览分区、环境美化、氛围营造等发挥着重要作用。乡村绿化设计在总规、控规和修规中均有涉及。总规是对"绿地系统总体布局"的规划;控规是"绿地性质、面积及界限"的规划;修规将绿地系统的规划上升到了景观设计层面;村庄整治规划对绿化范围、植物种类及重要节点的类别和绿化整治方案做出了详细要求。

在"新型"乡村旅游规划编制体系中,根据总规和村庄整治规划的要求,划定村庄、街巷、节点的绿化范围,在控规层面明确用地性质,最后在修规层面详细确定绿化树种、形态及组合形式,发挥绿地系统对村庄整体形象的提升作用。

4.3.4.7 环卫系统规划

环卫系统由环境保护和环境卫生两部分构成。在现行规划编制体系中,环卫系统规划在旅游发展规划中并未直接说明,但包含于可持续发展保护利用的内容,且以宏观性的措施为主要内容出现;在总规中,提出"环卫系统布局,防治、治理措施";控规则是对环卫设施及建筑的指标进行控制;修规要求对环卫系统的规划设计;村庄整治规划要求对"环境卫生整治"。

"新型"乡村旅游规划编制体系中,环卫系统以发展规划论证分析—总体规划系统布局—控制性详规和村庄整治规划指标要求—修建性详规设计说明的关系进行规划设计。具体来看，旅游发展规划从可持续发展的角度出发，要将资源开发利用与保护的关系进行论证，强调环境保护与卫生维护的重要性，并提出具体措施；旅游区总体规划和村庄整治规划相结合，在把握项目建设、道路建设等基础上，提出环卫系统在规划区的总体布局和重要节点；控制性规划和村庄整治规划对环卫设施（垃圾车、垃圾桶等）、建筑（垃圾中转站、化粪池等）的体量、色彩、风格进行整体控制；修建性详细规划详细设计环卫设施和环卫建筑的具体形态，包括材质、色彩搭配、建筑结构等。

### 4.3.4.8 村容村貌整治规划

村容村貌是向旅游者展示乡村文化与色彩的窗口，是旅游者对乡村第一印象的决定因素。村容村貌整治是对乡村人居环境提升的一大举措，是保障村民生活条件、治理村庄环境、提升村庄风貌的有效措施，也是"新型"乡村旅游规划编制体系的一大亮点。

在对村容村貌做出整治规划前，要对村庄综合现状进行详细调研，采取现场勘探、入户调查的方式，摸清乡村现状。同时，在调研与规划阶段，要充分发挥村民的主体地位，征询村民意见，避免大包大揽，确保村民能够参与到规划编制的各个阶段。随后，对村庄如下内容做出规划。

（1）村庄建筑质量分析

根据村庄建筑的修建年代、建筑形式、结构风格和保存状况，对村庄建筑质量进行分类，并绘制村庄建筑质量分析图，直观展示村庄建筑质量的优劣比例及分布状况。

（2）村庄建筑风貌分析

村庄建筑原以乡土建筑为主，但随着经济水平的发展及城镇建筑样式风貌的影响，村庄建筑也存在风貌不一的状况。为体现乡村旅游的乡村性，应以乡土建筑风貌协调性为主，通过对建筑年代、风格、尺度、材质、色彩及门窗构件等因素的综合评价，对村庄的建筑风貌进行分类和评价，并绘制村庄建筑风貌分析图，直观展示村庄建筑风貌分布状况，审视建筑风貌是否协调，为随后村庄风貌整治规划奠定基础。

（3）农房改造规划设计

基于对村庄建筑质量、建筑风貌的调查和分析，对村中危房旧房提出加固整治方案，对现有的农房和庭院做出整改方案，完善其功能。尤其是参与乡村旅游服务活动的农房和庭院，要选取具有乡土风格的院落进行整治设计，通过农活农具、农村景观小品等的布置，打造不同农家主题风格的精品院落，并就村民自建房屋的风格、色彩、高度控制等进行设计指引，完成农房改造规划。值得一提的是，农房改造规划应尊重现有格局，保护乡村特色，避免大拆大建和贪大求洋。

（4）村庄风貌整治规划

村庄风貌整治规划包括：村庄环境绿化整治措施，墙体、路面、屋顶、门窗等的整治方案及村庄主要街巷的景观整治方案。村庄环境绿化和节点景观整治方案在前文景观、绿地系统规划设计中已有涉及，此处不再赘述，主要就村庄墙体路面、屋顶门窗、主要街巷的立面整治进行规划说明。

对于村庄的立面整治要以村庄整体建筑风貌为基础，对街道临时建筑予以拆除，对不符合村庄整体建筑风貌的立面进行景观整治。规划应对建筑立面的造型、体量、色彩、高度等进行控制，明确建筑风貌风格和基调，并对村庄主要街巷进行立面整治设计，以设计图的形式展现村庄风貌的引导。对于村庄屋顶、门、窗、墙体等材质、色彩和做法做出具体说明，并配以规划导引示意图。

（5）村庄整治长效管理机制

《村庄整治规划编制办法》明确指出"鼓励规划编制单位与村民共同制定村规民约，建立村庄整治长效管理机制；防止重整治建设、轻运营维护管理"[1]。村庄整治长效管理机制的建立，首先要设立村级领导小组，责任到人，强化监督，提升村庄整治指导服务能力。其次要确立可靠的筹资渠道，保证专职人员的管理经费，确保专款专用；最后要充分调动村民参与的积极性，引导制定村民普遍接受和遵守的村规民约，通过表彰奖励的形式激励农民群众积极主动参与村庄整治管理，形成良好氛围。

4.3.4.9 投资估算及融资

（1）投资估算

投资估算是对规划区规划建设设施进行的经济投入估算，投资估算分析不仅对乡村旅游开发建设的资金投入进行了直观展示，也在某种程度上体现出乡村旅游的开发价值和开发难易程度。

---

① 住房城乡建设部：《村庄整治规划编制办法》，建村〔2013〕188号。

（2）市场融资

旅游市场融资是指乡村可以在金融市场上筹集用于旅游开发建设和生产经营的资金。通常旅游市场融资与旅游建设项目有关，包括旅游景点的建设、旅游服务设施建设、劳动力成本等内容。

（3）政府投资

政府投资与市场融资相比，关注点在于乡村居民生活条件的改善，主要包括村庄基础设施建设、村庄环境整治、村容村貌整治及更新改造建设费用等。

旅游发展规划与总规均涉及投资估算分析。对比两者，旅游发展规划和旅游区总体规划均为粗略估算分析，因为对旅游项目规划尚未详细到景观设计层面，故对于项目预算并不细致。在"新型"乡村旅游规划中，对于投资估算要点面结合，要根据详细规划对材质、体量、规模等各种指标的把控，相对精确地分析各个子项目的费用，进而汇总成整体投资估算，尽量做到科学合理。

### 4.3.4.10 旅游发展综合效益分析

旅游发展综合效益分析是对经济、社会和环境三大方面的效益进行评估。

经济效益是乡村发展旅游业带来的直接经济效益及继发效益，也即旅游消费收入及其引发的相关收入。通常经济效益评估应当包含宏观和微观两部分，宏观经济效益评估主要指旅游项目对区域经济的影响，包括旅游项目对乡村经济增长的贡献率、对乡村产业结构调整的贡献率及旅游业在乡村经济中的乘数效应。微观经济效益评估的对象为旅游企业，包括旅行社、交通部门、酒店、餐饮、景点和娱乐场所等，主要评估其投入产出比。

社会效益是乡村旅游的开发对当地社会发展及文化进步所带来的影响，主要包括增加就业机会、提高知名度和美誉度、继承和发扬传统文化的作用、保护和维护传统建筑、对传统社会结构、社会风气、思想意识及职业道德的影响等。

环境效益则是指旅游发展对保护和改善乡村环境带来的影响，包括空气、水体、动植物、地质地貌等在内的自然生态环境；交通、卫生状况、服务质量等人文环境。

### 4.3.5 保障篇

乡村旅游规划能否顺利实施以及具体实施状态，依赖于一系列支持和保障措施，如资源保护与永续利用，旅游发展在政策、投融资、人才、营销等方面的保障，旅游者在乡村参与旅游活动的人身安全保障、环境资源保护等，这些构成了旅游规划的保障性内容。

### 4.3.5.1 旅游资源环境保护规划

资源开发、项目建设和旅游运营均会影响资源和环境。作为乡村旅游区别于城市旅游的关键因素，同时也是乡村旅游赖以生存的特色所在，乡村特色资源及乡村环境的保护必须纳入乡村旅游规划的范畴。乡村旅游的可持续发展，不仅仅局限于经济水平的稳步提升，更应该注重经济、环境和社会效益的三位一体式协调发展。因此旅游资源环境保护规划应包括乡村生态环境保护、人文历史资源保护及环境影响评估与环境容量控制三大部分。

（1）乡村生态环境保护

乡村生态环境是乡村旅游活动赖以生存的背景，一旦乡村生态环境遭到破坏，乡村的旅游吸引力也将大打折扣甚至不复存在。乡村生态环境应采用生态保护与污染防治的两点论，采用重点、分区、分类治理。建立合理的生态环境保护监管体系、环境污染分类治理体系和自然环境保护建设体系，从监管、治理和建设三个方面全方位对生态环境进行保护治理。

（2）人文历史资源保护

人文历史资源包括古建、古墓、古文化遗址、近现代史迹、非物质文化景观、现代社会景观等。对于人文历史资源的保护，要树立开发与保护并重的观念，避免破坏性开发和过度商业化开发，提升乡村旅游发展的文化品位和精神内涵。对人文历史资源的保护也应采取分类保护的原则，具体问题具体分析，具体类型具体保护。

（3）旅游环境影响评估和环境容量控制

旅游环境影响评估是合理评估旅游活动对生态环境、各类旅游资源、社会文化及对当地村民的生活、生产方式及心理的影响。旅游环境影响评估有利于总体上把握旅游发展在各个方面的承载力和负荷量，其具体表现形式即容量的计算和控制。乡村旅游规划应当对自然生态环境容量、社会环境容量、游客心理和生理容量及当地居民心理和生理容量进行合理估算，确保游客数量和旅游发展在最佳容量值以内，同时要建立预警机制、应急预案和分流措施，对游客数量和环境容量进行合理控制。

#### 4.3.5.2 乡村旅游发展机制规划

乡村旅游发展机制是指为了确保核心的利益相关者——社区居民的有效参与和利益分配而制定的包括咨询机制、教育机制、决策机制、监督机制、分配机制在内的五大机制[①]。这五大机制的服务对象均为社区居民,体现社区居民参与的重要性。

咨询机制即为社区居民在旅游开发和经营管理中所遇到的问题和困难提供解决方法或意见的咨询机构及其组织形式。由于社区居民的文化素养相对较低,对全新的发展理念和经营方式的理解可能存在脱节,这就需要咨询机构帮助他们理解新兴的发展理念,对接行业潮流。

教育机制即为村民提供学习、进修机会的培训方式。一方面要加强社区居民外出考察、进修学习,通过学习和对比来认识不足、提升自己;另一方面要加强人才引进,或者通过专家培训等方式使得社区居民了解服务标准,学习服务技巧,提高服务能力。

决策机制是社区居民发挥其作为乡村旅游参与主体作用的直接表现,无论是前期的资料收集、居民意愿调查还是后期的形象定位、产品设计、推广宣传,都应当充分考虑社区居民的意见,使之参与到整个决策过程中。

监督机制是社区得以反馈旅游发展中存在的问题、监督相关政府及企业运行的规范、调和旅游发展所产生的社会经济文化效益的保障机制[①]。这一机制的实施通常以村民旅游组织作为表现形式,旅游发展过程中的一切事物不仅要向政府部门汇报,还要让村民旅游组织知晓,确保村民的监督和意见建议能够落到实处。

分配机制是为了保证社区居民能够按劳取酬、确保公平公正而建立的分配制度。通常,社区居民的分配所得与其参与程度成正比,参与程度越高,获利能力越强。为了提高居民参与的积极性,建立公平公正的分配机制必不可少。

#### 4.3.5.3 实施保障规划

实施保障通常包括政策保障和营销保障两大内容。

政策保障不仅影响发展乡村旅游的热情,同时也极大牵制着开发商的投资意向。政策保障从政策法规方面为乡村旅游的资金、公共基础设施等提供政策指引,帮助村集体用好用活乡村发展的优惠政策;同时,相关旅游扶持的建议性政策应该与相关部门协商沟通,为旅游开发商的投资打下一剂强心针。

---

① 安艳艳:《基于社区方法的乡村旅游发展机制研究》,《北京第二外国语学院学报》2007 年第 39 期。

营销保障即乡村旅游产品的包装和宣传。规划应当根据目标市场需求，对规划区的旅游产品进行创意包装和宣传，对营销措施进行有效规划。

#### 4.3.5.4 旅游安全保障规划

旅游安全是影响游客出行的首要因素，旅游危险情况的规避和防护是乡村旅游发展的重中之重。旅游安全保障规划包括自然灾害的防范、工程安全、活动环境安全、社会治安、保险机制及旅游医疗卫生等。

在现行乡村旅游规划体系中，旅游安全保障规划在旅游发展规划和总规中均有涉及。旅游发展规划中对旅游安全保障规划内容涵盖于"规划实施的保障措施"中，且内容以宏观措施类为主，在旅游区总体规划中，旅游安全保障规划主要体现为"防灾系统和安全系统的总体布局"，村庄整治规划要求"明确村庄内避灾疏散通道和消防通道，明确消防水源位置、容量。"

在"新型"乡村旅游规划中，旅游安全保障体系的建设不仅要有总体布局上的部署和安排，还要针对项目性质的不同，详细安排各项防灾设施的种类及应急预案和防治措施、救援程序及保险保障，做到有据可依、有序进行。

#### 4.3.5.5.近期行动计划

近期行动计划是指找出乡村旅游发展的重点，并对其开发时序做出时间上的安排。为了保证乡村旅游发展能够尽快产生成效，通常筛选投资少、见效快、抗风险能力强的项目作为近期建设的重点进行滚动式开发，而对于辅助性项目则作为远期发展建设的重点。

近期行动计划在旅游发展总体规划和总规中均有涉及，但两者有差异。由于旅游发展规划属于区域性规划，对于开发时序的安排以重点旅游区为主，即从整个区域中挑选出最有开发实力和潜力的旅游功能区，这个功能区就成为最有旅游投资和开发利益的区域[①]，对于建设重点的选择较为宏观，其所谓的功能区甚至相当于乡村旅游规划的总体。旅游区总体规划中旅游发展建设实施规划以重点项目为选择依据，相对比较具体，适宜乡村旅游规划对于近、远期开发建设重点的选择。

在"新型"乡村旅游规划中，旅游发展建设实施规划以旅游区总体规划为标准进行开发时序的安排。

"新型"乡村旅游规划的编制体系详见图 5.2。

① 李蕾蕾:《介绍西方旅游规划的一种新趋势》,《人文地》1998 年。

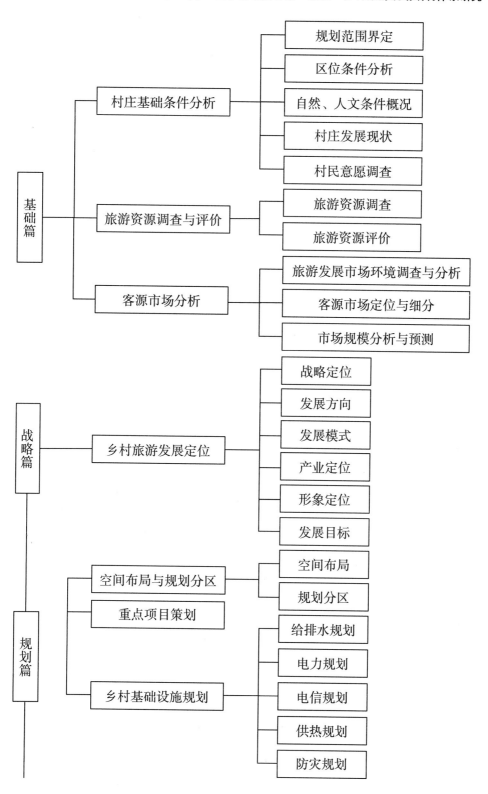

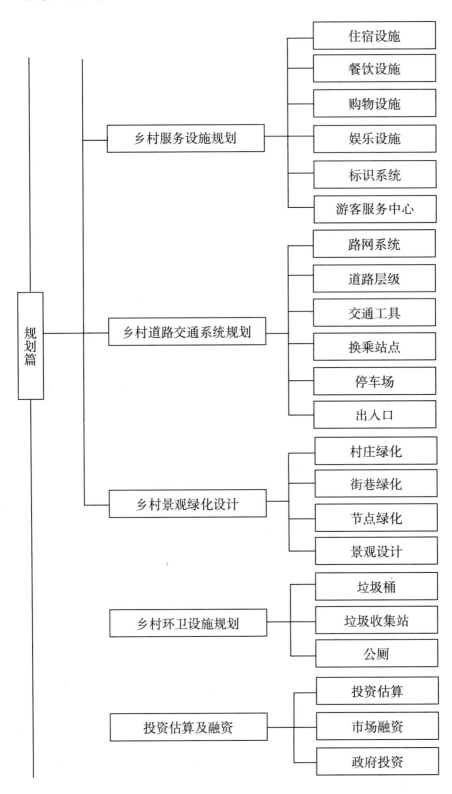

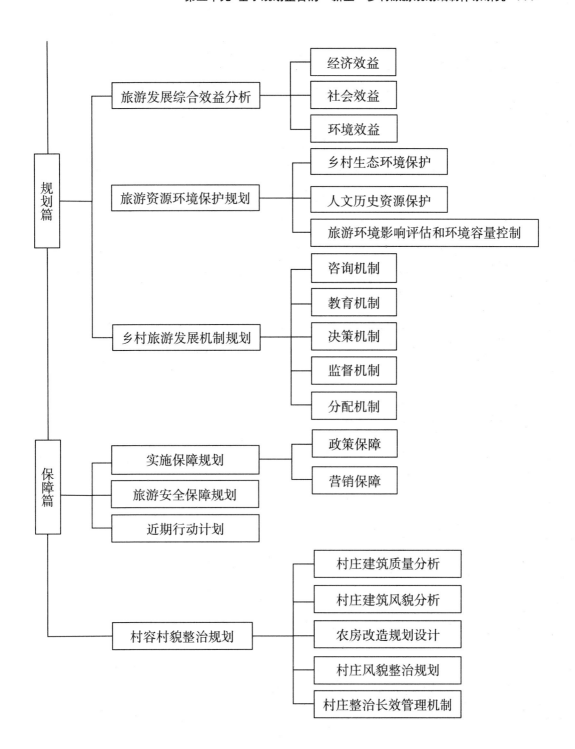

图 5.2 "新型"乡村旅游规划编制体系

### 4.3.6 规划图件

规划图件是规划成果之一，它以图像为表现形式，主要用于"展示具有空间分布规划要素而规划文本又难以表述时的重要图像成果"①。其绘制要求严肃、专业和美观。"新型"乡村旅游规划的规划图件是在规划内容的基础上做出的图件说明，由于"新型"乡村旅游规划的规划内容对旅游发展规划、旅游区规划和村庄整治规划进行了有机融合，因而其规划图件也将根据内容体系对三种规划图件进行融合，确保内容体系与规划图件的统一。

对规划图件进行整合后，"新型"乡村旅游规划的规划图件主要包含三个层次：首先是现状及分析图，包括：村庄综合利用现状图、村庄土地利用现状图、地理区位分析图、交通区位分析图、周边旅游资源分析图、市场分析图、村庄建筑质量分析图、村庄建筑风貌分析图；其次是规划设计图，包括：空间结构规划图、规划总平面图、乡村道路交通规划图、旅游线路规划图、乡村服务设施规划图、标识系统规划图、给水管线规划图、排水（雨水、污水）管线规划图、供电线路规划图、供气线路规划图、旅游标识系统设计图、村庄道路街巷整治规划图、村庄环境绿化整治规划图、村庄环境卫生整治规划图、村庄墙体立面整治设计图、典型院落风貌导引设计图、各节点平面设计图、各节点景观设计图；最后是效果图或示意图，是通过图片等传媒来表达各个节点所需要以及预期达到的效果。详见表5.3。

表5.3  规划图件

| | | |
|---|---|---|
| 现状图 | 村庄综合利用现状图 | 周边旅游资源分析图 |
| | 村庄土地利用现状图 | 市场分析图 |
| | 地理区位分析图 | 村庄建筑质量分析图 |
| | 交通区位分析图 | 村庄建筑风貌分析图 |
| 规划图 | 空间结构规划图 | 供气线路规划图 |
| | 规划总平面图 | 旅游标识系统设计图 |
| | 乡村道路交通规划图 | 村庄道路街巷整治规划图 |
| | 旅游线路规划图 | 村庄环境绿化整治规划图 |

① 罗寿梅：《旅游规划图件及其编制内容之我所见》,《华南师范大学学报（自然科学版）》2006年，第127—133页。

| | 乡村服务设施规划图 | 村庄环境卫生整治规划图 |
|---|---|---|
| | 标识系统规划图 | 村庄墙体立面整治设计图 |
| | 给水管线规划图 | 典型院落风貌导引设计图 |
| | 排水(雨水、污水)管线规划图 | 各节点平面设计图 |
| | 供电线路规划图 | 各节点景观设计图 |
| | 重点项目规划设计图 | |
| 效果图 | 各个节点效果图 | |

## 4.4 "新型"乡村旅游规划编制成果研究

"新型"乡村旅游规划是《通则》中四种规划和村庄整治规划的整合和统筹,是五种规划成果的协调和统一,其规划成果包括文本、图件、说明书及专题研究。

文本具有法律效力,也是规划评审的主要内容。规划文本较为简单,它更像是一种实操性规划大纲,直击规划建设内容,清晰扼要,其表现形式以条款为主,不会对规划依据及建设内容做解释说明。

图件,顾名思义是图片文件,以图片为展现形式直观、立体地表达规划成果。

规划说明书是整个规划成果最为详尽的说明,从展现形式来看,文字是其主要构成部分,在需要直观展示的部分辅以图片展示,详细展现整个规划的依据及内容,对重点规划内容进行详细分析说明。

专题研究是针对乡村旅游的特殊情况而做出的专题调研,如针对乡村的发展模式,可就全国类似村落资源的成功案例进行专题调研,选择适合规划乡村的发展模式。专题研究并非规划成果的硬性要求,应该根据乡村的具体情况进行选择,专题研究可附在说明书最后,方便阅读。

## 4.5 "新型"乡村旅游规划编制技术要求

"新型"乡村旅游规划编制作为一种综合协调工作,从其编制程序及编制内容方面,与之前的乡村旅游规划有所不同,因而对参与规划的工作人员也有着更高的要求。

为了确保"新型"乡村旅游规划的规划成果是多方要求下的一张蓝图,并能够通过顶层设计助推美好蓝图转化为生动现实,"新型"乡村旅游规划的编制将组成"三个团队"协调参与,以"开放式"机制开展规划设计工作,具体的三个团队包括:

### 4.5.1 多学科专家组成的旅游规划编制团队

由于"新型"乡村旅游规划涉及的规划内容很广泛，因此，需要集合宏观经济、历史文化、旅游产业、生态、景观、建筑、艺术、地理等多学科领域的专家学者，由这些多学科专家学者组成乡村旅游规划编制团队，在充分调研的基础上，根据乡村实际结合各方意见，就可能编制出高质量的乡村旅游规划。

### 4.5.2 多方面专家组成的旅游规划顾问团队

由旅游及相关领域的专家、学者组成规划编制顾问、评审团队，通过组织专家论证会等形式，征询对乡村旅游规划编制工作的意见，建议相关政府部门建立多学科成员组成的专家顾问团，以论证会、评审会的形式为乡村旅游规划进行咨询、把脉和把关，保证规划成果的高水平。

### 4.5.3 村籍精英人士组成的旅游发展咨询团队

充分发挥XX乡村的人才优势，通过商会等各种形式，汇聚关心家乡、心系故土的热心人，包括XX村籍政界、商界、文化界、村委会领导及村民代表，组成XX村乡村旅游发展咨询团队，集思广益，为家乡的发展建言献策，为乡村旅游规划的编制把脉问诊，并将征求的意见建议汇总建立数据库，为乡村旅游规划的编制提供意见指导和信息支持。

## 4.6 "新型"乡村旅游规划编制体系的说明

"新型"乡村旅游规划作为旅游规划的一种，沿用了《通则》的一些技术思想，将旅游发展规划、旅游区规划和村庄整治规划进行了整合，建构出了具有普适性的乡村旅游规划编制体系。在整个规划编制体系中，重点内容包括：村庄基础条件分析、乡村旅游发展定位、旅游空间布局与规划分区、乡村基础设施、乡村道路交通系统、村容村貌整治规划和乡村旅游发展机制规划。其中，乡村基础设施、村容村貌整治规划、乡村旅游发展机制规划、村庄发展现状及居民意愿调查是"新型"乡村旅游规划区别于传统旅游区规划所特有的内容。

本文所建构的"新型"乡村旅游规划编制体系的内容框架可根据各个村庄的具体情况进行灵活调整，如对于没有特色资源的乡村可省去旅游资源调查与分析部分，在规划编制过程中也可根据规划实际对部分章节进行合并取舍，并非必须严格按照上述内容一成不变，此编制体系仅作为参考标准，不必一定拘泥于上述内容。

# 第五章 结 论

## 5.1 结论

作为新农村建设及解决"三农"问题的有力抓手,乡村旅游从兴起到逐渐成熟发展迅速,然而快速发展的背后也逐渐暴露出诸多问题,规划类型的五花八门、规划成果的参差不齐,使得乡村旅游规划市场呈现出嘈杂热闹的局面,在这种情形下,本文以《通则》的编制体系为基础,结合规划市场的发展趋势,以乡村旅游规划编制体系为研究对象,建构出较为具有普适性和可操作性的乡村旅游规划编制体系。本研究成果包括:

首先,总结了现行乡村旅游规划编制体系的内容及存在的问题

本文通过对多个规划文本进行内容分析,提取出规划文本的高频特征词,理清了现行乡村旅游规划编制体系的基本框架,并结合乡村旅游规划市场的发展现状,总结出现行乡村旅游规划编制体系的主要内容。乡村旅游规划作为一种新兴的规划,并未包含在《通则》中,这使得乡村旅游规划的编制无据可依,进而导致了乡村旅游规划形式的多样性,以及成果五花八门、层次不一甚至难以衔接的问题。

其次,提出了"新型"乡村旅游规划的概念

针对现行乡村旅游规划编制体系的弊病,明确说明了编制"新型"乡村旅游规划的必要性,并详细说明了"新型"乡村旅游规划的概念体系,包括基本概念、特点及意义。

其三,建构了"新型"乡村旅游规划编制体系

本文以问题为导向,在充分分析现行乡村旅游规划编制体系存在的问题的基础上,从编制阶段、内容体系、规划成果及技术要求四个方面详细阐述了"新型"乡村旅游规划的编制体系,为乡村编制"新型"乡村旅游规划提供了明确的框架展示和技术要求。

### 5.2 研究局限

本文的选题来源于导师在大量的规划实践中的思考和探索，其次，笔者在山大文景旅游规划设计院的实习期间因参与多个乡村旅游规划，对此类规划也积攒了一些经验。虽然本文在参考了大量国内外文献及规划文本的基础上，几经努力终于完成，但仍然存在以下不足：

首先，乡村旅游规划编制体系相对复杂，相较于《通则》中的景区规划和旅游发展规划，乡村旅游除具备上述规划的特点外，还存在其本身的特性和特征。乡村旅游规划编制体系应涵盖乡村旅游规划的方方面面，可谓是一个复杂的旅游规划系统，虽然本文建构出了"新型"乡村旅游规划编制体系，但必定存在不妥之处，还有待检验和完善。

其次，为了客观了解现行乡村旅游规划的编制体系，笔者通过对收集到的乡村旅游规划文本进行词频分析，以高频词汇来反映规划编制的内容，然而，样本的选取主要来自山大文景旅游规划设计院，样本数量及代表性还有待丰富。

最后，"新型"乡村旅游规划编制体系是对于乡村地区编制旅游规划的一次探索，在理论和实践方面缺乏有效支撑和论证，由于国内外学者对乡村旅游规划编制体系的研究很少，因此，本文可直接参考的文献资料不多，这也影响了本文研究的深度。在后续研究中可增加样本数量，吸收专家学者的意见和建议，进一步完善"新型"乡村旅游规划编制体系的内容。

**作者简介：**

卢珊珊：女，山西省阳城县人，2011.9—2015.6　山西大学旅游管理专业本科，2015.9—2018.6　山西大学旅游管理专业研究生。

# 后 记

今年 7 月，我所带的最后一名旅游管理硕士研究生卢珊珊顺利毕业，为我 15 年的硕士生培养画上句号。去年后半年，我就给已经工作的另外 4 位研究生布置了任务，就是修改她们的硕士论文，准备结集出版。她们毕业后都继续从事旅游方面的工作，或做旅游行政管理，或做旅游教学，或做旅游规划编制，很快就按照要求交回了论文修订稿，经过我再一次审阅修改后，连同刚刚通过硕士论文答辩的珊珊同学的论文，于 2018 年 6 月上旬将定稿提交本书的责任编辑山西人民出版社的贠荣亮先生。经过贠先生及其他编校装帧人员的精心编排校对，于 2018 年 12 月正式出版发行，对他们的辛勤付出表示感谢。

出版之际，我还要感谢我的这 5 位研究生。她们在本科期间就是我们专业的优秀学生，我给她们上过不止一门课。因为优秀，毕业后免试继续攻读研究生，有幸我们又成为硕士阶段联系更紧密的师生。期间我们密切配合，教学相长，共同进步。书稿的构思主要源于我的想法，但书稿的完成主要是她们的辛劳。如果没有她们的努力实践，我的想法也变不成现实，而且在写作过程中，融入了她们自己不少的思考与创作，才使得这些文章不仅有思想、有观点，而且掌握了国内相关研究的最新动态，有理论、有案例，结构严谨，内容充实，分析全面，论证系统，结论有据，保证了本书的质量。

本书的出版还要特别感谢山西师范大学的资助。2017 年秋天，山西师范大学互联网+与旅游产业升级协同创新中心成立，很荣幸我被特聘为中心教授，随后还为我设立了研究项目："全域旅游背景下旅游规划创新研究"，并资助经费5万元。说实话，如果没有这5位研究生的硕士论文做支撑，我也不敢承担这一项目，是她们的成果为本项目的完成奠定了坚实基础。另一方面，如果没有山西师大的项目经费支持，这本书的出版印行也许会遇到很大困难。所以，这本书可以说是山西大学和山西师范大学共同的成果。

最后，我要感谢我的母校也是我目前的工作单位山西大学，是山西大学历史文化学院（前身为历史系）这个平台，为我提供了成长进步和施展才能的环境与条件，我所取得的每一点成就都与山西大学密不可分。也正是山西大学旅游管理硕士点使我能够带出这几位优秀的硕士生，进而才有了读者朋友面前的这本书。

张世满

2018年7月于山西大学